"十三五"国家重点出版物出版规划项目

中国道路

经|济|建|设|卷

中国特色
信息化发展道路

THE DEVELOPMENT ROAD OF
INFORMATIONIZATION WITH
CHINESE CHARACTERISTICS

朱燕 著

中国财经出版传媒集团
经济科学出版社
Economic Science Press

图书在版编目（CIP）数据

中国特色信息化发展道路/朱燕著．—北京：
经济科学出版社，2019.2
（中国道路·经济建设卷）
ISBN 978 - 7 - 5218 - 0219 - 1

Ⅰ．①中…　Ⅱ．①朱…　Ⅲ．①信息化建设 -
研究 - 中国　Ⅳ．①G203

中国版本图书馆 CIP 数据核字（2019）第 023828 号

责任编辑：刘战兵
责任校对：郑淑艳
责任印制：李　鹏

中国特色信息化发展道路

朱　燕　著

经济科学出版社出版、发行　新华书店经销
社址：北京市海淀区阜成路甲 28 号　邮编：100142
总编部电话：010 - 88191217　发行部电话：010 - 88191522
网址：www. esp. com. cn
电子邮件：esp@ esp. com. cn
天猫网店：经济科学出版社旗舰店
网址：http://jjkxcbs. tmall. com
北京季蜂印刷有限公司印装
710 × 1000　16 开　17 印张　220000 字
2019 年 2 月第 1 版　2019 年 2 月第 1 次印刷
ISBN 978 - 7 - 5218 - 0219 - 1　定价：60.00 元
（图书出现印装问题，本社负责调换。电话：010 - 88191510）
（版权所有　侵权必究　打击盗版　举报热线：010 - 88191661
QQ：2242791300　营销中心电话：010 - 88191537
电子邮箱：dbts@ esp. com. cn）

《中国道路》丛书编委会

顾　　　问：魏礼群　马建堂　许宏才

总　主　编：顾海良

编委会成员：（按姓氏笔画为序）

马建堂　王天义　吕　政　向春玲

汪林平　陈江生　季正聚　季　明

竺彩华　周法兴　赵建军　逄锦聚

姜　辉　顾海良　高　飞　黄泰岩

傅才武　曾　峻　魏礼群　魏海生

经济建设卷

主　　　编：黄泰岩　吕　政　王天义

总　　序

　　中国道路就是中国特色社会主义道路。习近平总书记指出，中国特色社会主义这条道路来之不易，它是在改革开放三十多年的伟大实践中走出来的，是在中华人民共和国成立六十多年的持续探索中走出来的，是在对近代以来一百七十多年中华民族发展历程的深刻总结中走出来的，是在对中华民族五千多年悠久文明的传承中走出来的，具有深厚的历史渊源和广泛的现实基础。

　　道路决定命运。中国道路是发展中国、富强中国之路，是一条实现中华民族伟大复兴中国梦的人间正道、康庄大道。要增强中国道路自信、理论自信、制度自信、文化自信，确保中国特色社会主义道路沿着正确方向胜利前进。《中国道路》丛书，就是以此为主旨，对中国道路的实践、成就和经验，以及历史、现实与未来，分卷分册做出全景式展示。

　　丛书按主题分作十卷百册。十卷的主题分别为：经济建设、政治建设、文化建设、社会建设、生态文明建设、国防与军队建设、外交与国际战略、党的领导和建设、马克思主义中国化、世界对中国道路评价。每卷按分卷主题的具体内容分为若干册，各册对实践探索、改革历程、发展成效、经验总结、理论创新等方面问题做出阐释。在阐释中，以改革开放四十年伟大实践为主要内容，结合新中国成立近七十年的持续探索，对中华民族近代以来发展历程以及悠久文明传承的总结，既有强烈的时代感，又有深刻的历史感召力和面向未来的震撼力。

丛书整体策划，分卷作业。在写作风格上，注重历史和现实相贯通、国际和国内相关联、理论和实际相结合，对中国道路的重大理论和实践问题做出探索；注重对中国道路的实践经验、理论创新做出求实、求真的阐释；注重对中国道路做出富有特色的、令人信服的国际表达；注重对中国道路为发展中国家走向现代化的途径、为解决人类问题所贡献的中国智慧和中国方案的阐释。

在新中国成立特别是改革开放以来我国发展取得的重大成就基础上，近代以来久经磨难的中华民族实现了从站起来、富起来到强起来的历史性飞跃，焕发出强大生机活力，迈进中国特色社会主义道路发展的新时代。在新时代建设社会主义现代化强国的新的历史征程中，中国财经出版传媒集团经济科学出版社、中国特色社会主义经济建设协同创新中心精心策划、组织编写《中国道路》丛书有着更为显著的、重要的理论意义和现实意义。

《中国道路》丛书 2015 年策划启动，2017 年开始陆续推出。丛书 2016 年列入"十三五"国家重点出版物出版规划项目、主题出版规划项目，2017 年列入国家"90 种迎接党的十九大精品出版选题"，2018 年获国家出版基金资助。

《中国道路》丛书编委会
2018 年 12 月

目　录

信息化基本理论

一、信息化基本概念

从人类文明的发展进程看，人类社会大致经历了农业化、工业化和信息化三个社会发展阶段。信息化是当今世界经济和社会发展的大趋势，是人类文明发展的最新阶段。信息化是我国全面建成小康社会、实现社会主义现代化的必然选择。本节主要对信息化的相关概念进行阐述和概括。

（一）信息化

1. 信息化的经典定义。

日本是最早使用信息化相关概念的国家。日本社会学者梅棹忠夫于 1963 年在他的《信息产业论》中首先提到"信息化"。1964 年，日本学者神岛二郎在《论信息社会的社会学》一书中第一次使用"信息社会"的概念。1967 年，日本科学、技术和经济研究小组对信息化进行了阐述，认为信息化是由工业社会向信息社会演进的动态发展过程。日本学者提出信息化和信息社会的概念后，这些概念得到了广泛应用，并出现在 1998 年的联合国文件中。联合国出版的《知识社会》对信息化进行了界定和论述："信息化既是一个技术的进程，又是一个社会的进程。它要求在产品或服务的生产过程中实现管理流程、组织机构、生产技能以及生产工具的变革。"①

1997年，在我国召开的首届全国信息化工作会议上，信息化被定义为"培育、发展以智能化工具为代表的新的生产力并使之造福于社会的历史过程"。② 2002年10月，国家信息化领导小组批准颁布的《国民经济和社会发展第十个五年计划信息化重点专项规划》对信息化的内涵进行了界定："信息化是以信息技术广泛应用为主导，信息资源为核心，信息网络为基础，信息产业为支撑，信息人才为依托，法规、政策、标准为保障的综合体系。"③ 2006年5月，中共中央办公厅、国务院办公厅下发的《2006~2020年国家信息化发展战略》指出："信息化是充分利用信息技术，开发利用信息资源，促进信息交流和知识共享，提高经济增长质量，推动经济社会发展转型的历史进程。"④

我国学者周宏仁在其著作《信息化论》中认为："信息化是由信息革命所引起的一个社会经济变革的过程。"他将信息化定义为："利用现代信息技术对人类社会的信息和知识的生产进行全面的改造，并因而导致人类社会生产体系的组织结构和经济结构发生全面变革的一个过程，是一个推动人类社会从工业社会向信息社会转变的社会转型的过程。"⑤

从以上具有代表性的定义可以看出，信息化是一个过程，是

---

① Robin Mansell and Uta Wehn (Eds). *Knowledge Societies*：*Information Technology for Sustainable Development*，Oxford University Press，1998.

② 周小虎、陈芬：《中国企业信息化管理案例》，经济管理出版社2014年版，第4页。

③ 国家信息化领导小组：《国民经济和社会发展第十个五年计划信息化重点专项规划》，中国信息年鉴，2002年10月，http：//www. cia. org. cn/information/information_01_xxhgh_3. htm。

④ 中共中央办公厅、国务院办公厅：《2006~2020年国家信息化发展战略》，中华人民共和国中央人民政府网，2006年3月19日，http：//www. gov. cn/gongbao/content/2006/content_315999. htm。

⑤ 周宏仁：《信息化论》，人民出版社2008年版，第97页。

经济和社会全方位转型的历史过程，这种转型以信息技术的创新为动力。信息技术是信息化的动力和源泉，没有信息技术的创新和发展，信息化就不可持续，经济和社会的转型将被中断。信息化是信息技术的应用过程，首先是信息技术在经济领域的应用，随后扩展到政治、社会、文化、军事等领域，最终实现社会的全面转型和发展。只要信息技术的创新是可持续的，信息化过程就是动态发展的，信息化是一个没有终点的动态发展过程。

因此，我们可以将信息化分解为三个连续的过程：信息技术的创新、信息技术的应用以及经济社会的转型。信息技术的创新是源头和起点，信息技术的广泛应用是过程，而经济社会的全面变革和转型，即工业社会向信息社会的过渡，是信息化的最终目的。促进信息化发展的信息技术应该是广泛应用且高度渗透的信息技术，不能进行科技成果转化的技术不能为生产力的提高和经济社会的转型做出贡献。完善的信息资源共享网络和信息传播媒介，能够促进信息交流和资源共享，使信息技术转化为现实的生产力，提高生产力发展水平，提高经济增长的质量。信息技术的应用不但可以提高生产力，而且可以改变企业的生产方式和组织方式，改变产品交换方式以及消费方式，最终导致全社会的生产关系发生变化。信息化过程实现了经济和社会的转型，因此信息化又称为信息革命。信息化促进了工业社会向信息社会过渡，信息社会成为信息革命后人类文明发展的最新阶段。

2. 信息化的要素及分类。

一个可持续的信息化过程必须构筑六个基本要素：信息技术、信息资源、信息基础设施、信息应用平台、信息人才、信息政策。信息技术是信息化的动力和源泉。信息同能源、材料并列为当今世界三大资源，这里的信息资源指的是信息内容本身，经过加工处理对决策有用的数据，因此信息资源是信息化的基础性要素。信息基础设施主要是指各种信息传输媒介及网络体系的集合。信息基础设施是国家基础设施的一部分，因为覆盖范围广、建设成本高，所以大多由国家投资建立。信息应用平台是信息技术和信息资源转化为实际生产力的应用过程，通过与具体产业和企业的结合，促进经济增长和社会转型。信息人才和信息政策则为信息化的实施提供了保障，没有高精尖知识武装的信息人才，信息技术的创新以及信息化过程的管理将不能持续进行，没有国家支持的完善的信息化政策，信息化也将会陷入混乱。因此这六大要素是信息化过程中必不可少的基础性要素，它们共同为信息化可持续发展提供了动力和保障。

从不同的角度进行划分，信息化可以分为多种类型。从参与信息化主体的角度划分，信息化可分为宏观的国家信息化、中观的产业信息化和微观的企业信息化；从三大产业层面进行划分，信息化可分为农业信息化、工业信息化和服务业信息化；从全产业链的角度划分，信息化可分为研发设计信息化、生产过程信息化、营销管理信息化等；从人类活动类型的角度划分，信息化可分为经济信息化、政治信息化、社会信息化、军事信息化等；从广大消费者直接参与的信息化领域的角度划分，信息化可分为电子商务、电子政务、数字城市（医疗、教育、就业、社会保障）等。

（二）信息技术

信息技术（information technology，IT）也被称为信息和通信技术（information and communications technology，ICT），是一种能扩展人的信息功能的技术，包括对信息的获取、存储、传输和处理环节等。电报、电话、电视等信息传输媒介被称为传统的信息技术。20世纪70年代以后，因为微电子技术的出现，作为两大支柱的计算机技术和通信技术不断融合发展，出现了基于微电子技术的以数字化为特征的现代信息技术。现代信息技术主要包括计算机技术、通信技术、微电子技术、软件技术、传感器技术、集成电路技术、显示技术、控制技术等。

1. 信息技术革命。

迄今为止，人类文明史上产生了三次影响全人类经济社会发展方式、具有普遍应用性的技术创新：蒸汽技术、电力技术和信息技术。18 世纪 60 年代，蒸汽机的发明和使用开启了第一次工业革命的进程。19 世纪 70 年代，电力成为新能源并进入应用，人类进入了电气时代。20 世纪 40 年代（1946 年），由穆克利（John W. Mauchly）和艾克特（J. Presper Eckert）研制的世界第一台电子数字计算机 ENIAC 在美国诞生，从此开启了人类的信息化时代。第一台电子数字计算机发明并投入使用后，信息技术的创新进程加快，应用不断扩大，信息革命深入发展。1947 年，贝尔实验室发明了世界第一支晶体管；1951 年，第一台商用计算机系统 UNIVAC－1 诞生；1956 年，使用晶体管制造的第二代计算机诞生；1965 年，世界第一个商用卫星通信系统投入使用；1971 年，世界第一个微处理器 Intel 4004 诞生；1976 年，世界第一台超级计算机 Cray－1 诞生，其运算速度达每秒 2.5 亿次。这些都是具有里程碑意义的信息技术的创新发展。进入 21 世纪，信息技术不断创新，取得了突破性进展，并在各个领域进入大规模应用阶段，极大地推动了经济发展和社会转型。

2. 新一代信息技术。

互联网在全球普及之后，表现出强大的生命力，基于互联网的各种信息技术不断创新发展，下一代通信网络、物联网、三网融合、新型平板显示、高性能集成电路、云计算、高端工业软件等新一代信息技术不断取得突破性进展。云计算和物联网是新一代信息技术的代表。

（1）大数据和云计算。大数据（big data）是指在一定时间内无法用常规软件工具进行捕捉和处理的数据集合，而云计算正是对海量数据进行分布式处理和挖掘的新模式。2006 年，谷歌（Google）首席执行官埃里克·施密特（Eric Schmidt）首次提出了"云计算"（cloud computing）概念。美国国家标准和技术研究院认为云计算是一种可以随时随地方便地、按需地通过网络访问可配置计算资源（如网络、服务器、存储、应用程序和服务）的共享池的模式。① 在2012年的国务院政府工作报告中，云计算作为附注形式出现，并将其定义为："基于互联网的服务的增加、使用和交付模式，通常涉及通过互联网来提供动态易扩展且经常是虚拟化的资源。是传统计算机和网络技术发展融合的产物，它意味着计算能力也可作为一种商品通过互联网进行流通。"②

云计算是在互联网基础之上产生的一种新的计算方式，是计算机和网络技术融合的产物。云计算是一个虚拟的计算资源池，通过互联网向用户提供资源池中的各种计算资源。普通的互联网服务不能满足用户规模的不断增加以及服务内容的日益复杂，因此云计算将海量数据集中起来，通过互联网快速向用户提供资源池里的各种计算资源，可以在数秒之内处理数以千万计甚至亿计的信息，提高数据处理能力及信息传播速度。云计算借助于分布式计算、网络存储、虚拟化等高新技术手段，对大数据进行分析、处理，实现对资源的灵活调配，具有高可靠性、高扩展性、通用性、超大规模、按需服务等无可比拟的优越性。当然，云计算的发展经历了电厂模式、效用计算、网格计算和云计算四个阶段才发展到现在较成熟的水平和层次。随着经济发展和处理大数据的需要，云计算在企业智能化生产和管理中的作用日益重要。

（2）无线射频识别技术和物联网。无线射频识别技术（RFID）是一种通过射频通信实现的非接触式的自动识别技术，在阅读器和射频卡之间进行非接触双向数据传输，以达到对目标进行识别和数据交换的目的。物联网是基于无线射频识别技术而

①　Mell P. , Grance T. *The NIST Definition of Cloud Computing*. National Institute of Standards and Technology, 2011.

②　温家宝：《政府工作报告——2012年3月5日在第十一届全国人民代表大会第五次会议上》，中华人民共和国中央人民政府网，2012年3月15日，http://www.gov.cn/test/2012 - 03/15/content_2067314.htm。

发展的一种网络，被认为是计算机、互联网之后的第三次信息革命浪潮。

早在 1995 年，比尔·盖茨就提到"物联网"（the internet of things）。1999 年，美国麻省理工学院的凯文·阿什顿（Kevin Ashton）教授正式提出物联网的概念。2005 年，国际电信联盟（ITU）发布的《ITU 互联网报告 2005：物联网》提出了在任何时间和任何地点实现任意物体之间的互联，以及无所不在的网络、无所不在的计算等物联网相关内容，并对物联网做了如下定义："通过二维码识读设备、射频识别装置、红外感应器、全球定位系统和激光扫描器等信息传感设备，按约定的协议，把任何物品与互联网相连接，进行信息交换和通信，以实现智能化识别、定位、跟踪、监控和管理的一种网络。"① 2006 年，国际电信联盟在日内瓦举办射频识别研讨会，对物联网的相关问题进行了更深入的分析和讨论。在 2012 年的国务院政府工作报告中，物联网作为附注形式出现。我国对物联网的定义为："通过信息传感设备，按照约定的协议，把任何物品与互联网连接起来，进行信息交换和通讯，以实现智能化识别、定位、跟踪、监控和管理的一种网络。它是在互联网基础上延伸和扩展的网络。"② 物联网的四大关键技术分别是物品识别技术（无线射频识别技术）、物品感知技术（传感器技术）、物品思考技术（智能技术）、物品信息嵌入技术（纳米技术）。物品通过信息的嵌入、感知、识别、思考一系列智能传导和识别，实现泛在的计算和互联。

物联网是在互联网基础上的扩展和应用，其用户端从人与人

---

① ITU, *ITU Internet Reports* 2005：*The Internet of Things*. WSIS in Tunis, Tunisia on 17 November 2005.

② 温家宝：《政府工作报告——2012 年 3 月 5 日在第十一届全国人民代表大会第五次会议上》，中华人民共和国中央人民政府网，2012 年 3 月 15 日，http：// www. gov. cn/test/2012 – 03/15/content_2067314. htm。

之间扩展到物与物之间，是物品之间的信息交流和识别。通过无线射频技术、智能感应技术、全球定位系统等信息媒介，物和物之间、人和物之间、人和人之间实现互联，通过泛在网络计算形成"泛在"的社会网络。物联网的互通性和智能化特征，使其能够在产品生产制造、工业监测、政府工作、环境保护以及智能交通等社会生活中发挥越来越重要的作用。以数字化、智能化为特征的新一代信息技术的创新和发展越来越成为经济增长和社会转型的关键要素。

20 世纪 70 年代以后，现代信息技术的发展经历了以下四个阶段：计算机主机阶段、局域网阶段、互联网阶段、物联网和云计算阶段。随着信息技术的不断创新和发展，信息化水平逐渐提高。但是信息化水平的提高不仅仅是以信息技术的创新为标志的，更重要的信息技术在经济、政治、社会、军事领域的渗透和应用，信息技术要转化为现实生产力，并对经济增长以及对社会转型做出重要贡献。

（三）信息产业

1963 年，日本社会学者梅棹忠夫在《信息产业论》中提到与信息产业相关的一些观点。1977 年，"信息产业"的概念出现在美国经济学家马克·波拉特（Marc Porat）的《信息经济：定义与测算》中，他将社会经济划分为农业、工业、服务业、信息业四大类，将信息产业划分为一级信息部门和二级信息部门。

1997 年，《北美产业分类体系》（*North American Industry Classification System*，NAICS）首次将信息产业作为一个独立而完整的产业部门。信息产业包括信息产品制造业和信息服务业。

1998 年，国际经济合作与发展组织（OECD）根据联合国的国际标准产业分类体系（ISIC），建立了完整的信息产业分类体系，并将信息产业分为信息技术制造业和信息技术服务业两个部分。2007 年，OECD 重新界定了信息产业，在信息技术制造业和信息技术服务业的基础上又增加了信息技术贸易业。

广义的信息产业指所有以电子计算机为基础的，与信息内容的处理直接相关的领域，涉及信息的生产、处理、存储、流通、分配等环节，包括信息产品制造业、信息服务业，甚至还包括信息技术的研发业、各种通信网络运营业、信息技术人才教育等。信息产业也可以概括为将信息转变为商品的行业。随着信息技术的发展，信息产业的范围也不断扩展。

在当前的信息产业研究中，信息产业被看成是区别于农业、工业以及服务业的第四产业，属于知识、技术和信息密集的产业部门。第四产业的发展是与第一产业、第二产业、第三产业密切结合在一起的，第四产业是前三大产业发展的助推器，是国家重要的战略性产业，在推动国家经济增长和发展过程中发挥着重要的作用。

（四）信息经济

信息经济是基于信息、知识和智力的一种新型经济，它是以现代信息技术为手段、以信息资源为基础、以信息产业为支撑和主导的经济形式。信息经济是信息化在经济领域的渗透和表现。信息经济是继农业经济和工业经济之后的现代化经济形态，与前两种经济形态相比具有更高的生产效率，是知识密集型、技术密集型、信息密集型产业主导的经济形态。

"信息经济"概念最早由美国学者马克卢普（F. Machlup）在1962 年出版的《美国的知识生产与分配》中提出，他认为信息经济包括教育、科学研究与开发、通信媒介、信息设施和信息活动五个方面。1977 年，马克·波拉特在《信息经济：定义与测算》中继承和发展了马克卢普的研究。他用具体的数据进行经济分析，认为美国等资本主义国家在 20 世纪 60 年代中后期至 70 年代有一半以上的经济活动与信息活动有关，已经过渡到信息经济。[①]

信息经济因为其低能耗、高效益、数字化、满足个性化需求等特点，成为经济增长的主力军。中国信息化协会发布的《2016中国信息经济发展报告》显示，2015年，全球发达国家信息经济占GDP的比重在50%左右，成为拉动经济增长的重要动力。2008~2015年，中、美、日、英等主要国家信息经济增速是国内生产总值增速的1.57~4.05倍，信息经济占GDP的比重增加了12.3~21.2个百分点。2002~2015年，中国信息经济占GDP的比重从10.0%增长至27.5%，对GDP增长的贡献率达31.4%，已成为我国经济发展的重要引擎。[②]

（五）信息社会

信息社会是信息科学技术发展的必然结果，是信息化在全社会各个生产生活领域的反应。"信息社会"的概念是日本学者神岛二郎于1964年在《论信息社会的社会学》一书中首次使用的，他认为日本在当时正快速进入信息社会。2003年，日内瓦信息社会世界峰会发表的《原则宣言》指出："信息社会是一个以人为本、具有包容性和面向全面发展的社会。在此信息社会中，人人可以创造、获取、使用和分享信息与知识，使个人、社会和各国人民均能充分发挥各自的潜力，促进实现可持续发展并提高生活质量。"[③] 因此，信息社会是一个以人为本、包容性发展的社会，目标是利用信息资源实现社会的可持续发展。

根据生产力尤其是生产工具的特点，人类文明发展阶段可以概括为农业社会、工业社会和信息社会。生产工具的机械化和电

---

① 许文苹、陈通：《基于与商品经济比较研究的信息经济新解》，载于《西北农林科技大学学报（社会科学版）》2011年第5期，第100~106页。

② 中国信息化百人会：《2016中国信息经济发展报告》，中国信息化百人会网站，2017年1月14日，http://www.chinainfo100.com/。

③ 国家信息中心：《中国信息社会发展报告2016》，国家信息中心官方网站，2016年5月15日，http://www.sic.gov.cn/index.htm。

力化使人类文明由农业社会过渡到工业社会；生产工具的智能化和数字化使人类文明由工业社会过渡到信息社会。信息技术在经济、政治、文化、军事等领域的综合运用，促进了人们的生产生活方式向信息化、智能化、数字化方向发展。信息社会是信息化的生产力和生产方式、信息化的社会组织和管理结构、信息化的交易方式、数字化的生活方式、信息化的政务形态、智能化的军事体系的统一联合体。

信息社会主要有以下几个特点：第一，信息产业和知识产业居主导地位，信息经济所创造的产值占绝对优势；第二，劳动力的主体是信息生产者和传播者，智能机器人代替传统劳动力成为生产的主力；第三，全球化进一步增强，贸易方式和结算方式的智能化；第四，智慧地球、数字城市改变了人们生活方式和交往方式，医疗、教育、保险、交通等越来越依赖智能设备。

要全面建成小康社会，必须实现工业化、信息化、城镇化和农业现代化同步发展，其中信息化是工业化、城镇化和农业现代化的加速器。信息化不是最终目的，而是实现其他"三化"必不可少的生产力方面的因素。信息化的成就体现在对经济、政治、文化、社会和军事等领域的应用上，体现在社会的转型发展中。信息化在经济方面的应用和影响主要体现在信息化对农业、工业和服务业的渗透与融合发展中。信息化使农业的现代化水平不断提高，不断走向智能化、网络化；信息化使新型工业化水平不断提高，逐步实现智能制造和个性化生产；信息化使服务业的信息密集度和知识密集度不断提高，逐渐走向现代服务业。

二、信息革命的影响

现代信息技术飞速发展，促使经济社会结构发生巨大变革，引发了全球性的信息革命，从而对世界的经济、政治、军事、文化、社会等生产生活的各个方面产生广泛的影响。

(一) 对经济的影响

1. 对农业的影响。

农业的信息化是转变农业生产方式、实现农业现代化的必然要求。信息化对农业的影响和渗透涉及农业领域的技术研发、生产、管理、市场、消费等各个具体环节。现代信息技术在农业中的广泛应用可促进农业经济结构调整，提高生产、分配、交换、消费各个环节信息化水平，增强市场竞争力，实现农业的智能化、数字化和网络化，加快农业现代化进程。

在农业中应用的现代信息技术主要包括计算机技术、通信系统、互联网、人工智能、全球定位系统、地理信息系统、遥感技术等。以计算机技术为代表的信息技术在农业生产中的广泛应用，有助于促进农业生产经营管理的信息化、农业信息获取的便捷化、农业支持系统的网络化、农业专家系统的智能化，从而提高农业生产效率及市场流转速度。具体表现在以下几个方面：

第一，农业生产过程的信息化，可以提高自动化水平，改进生产方式，提高劳动生产效率。信息技术改进了农业基础设施装备，提高了其智能化水平，实现了生产的全面自动化。信息自动传输、计算机自动控制、遥感控制大大节省了人力物力，有助于降低生产成本，提高利润水平。

第二，农产品流通过程的信息化，可以推动信息网络、电子商务和现代物流的发展，大幅降低流通成本。信息技术可以将农业和分散的农民融入全球经济平台中，实现农产品和市场的无缝对接。农民可通过网络系统及时获取市场信息，按照市场的需求进行生产，减少生产的风险。农业电子商务的发展，能够实现农产品贸易的网络化以及金融、物流等贸易服务的网络化，扩大市场、降低成本。

第三，农业管理过程的信息化，有利于提高农业管理效率。

政府通过开发建设网络办公系统，建立开放的农业政务管理数据库，能够实现行政审批和市场监督的网络化，同时提高相关政策的发布和传播速度。

信息技术和信息网络在农业中的应用，有助于实现技术研发部门、农业生产部门、农业经营部门、金融和物流等服务部门、政府管理部门与消费者的一体化，从而提高农业生产效率，降低生产和交易成本，最终实现农业的全面现代化。目前，发达国家的农业信息化水平已经非常高。美国的众多农场和农业公司已经普遍使用网络技术；日本早在1994年底就已开发农业网络400多个，农业生产部门的计算机普及率达到93%。

2. 对制造业的影响。

信息技术对制造业的影响体现在制造业产业链的每一个环节，具体包括制造技术的信息化、生产过程的信息化、经营管理的信息化等。信息技术在制造业全产业链的融合、渗透，能够促进制造业经济结构调整、生产方式转换、组织方式变革和服务型制造的发展，提高企业的运行效率、增强竞争力。

第一，信息化在催生新兴产业的同时推动产业结构优化升级。信息化的发展带动了以信息技术为核心的新兴产业的发展，并能够带动传统产业的分化与重组，实现资源的优化配置，提高传统产业的信息化水平和产品附加值，促进产业结构优化升级。

第二，信息化促进企业生产方式的变革。信息技术的应用，有助于提高生产设备的技术含量和自动化、智能化水平，促进企业由粗放型生产向集约型生产转变，提高资源利用率、降低资源消耗，实现企业的可持续发展。

第三，信息化促进企业组织方式的变革。信息技术和信息网络能够促进企业内部信息流的发展，实现企业的组织方式由垂直多层次管理向扁平化管理和事业部制的转变。网络化的平台会促进企业信息资源在管理层和执行者之间自由流动，提高管理和执行效率，降低成本。

第四，信息化促进服务型制造的发展。伴随着信息技术的应用和信息网络的发展，企业可以迅速便捷地获取消费者的需求信息，因此企业的生产制造会由以产品为中心的制造转向以消费者需求为中心的制造。企业不再只关注产品的生产制造环节，而是更多地关注产品的研发设计、营销管理、技术咨询、售后服务等服务型环节。

3. 对服务业的影响。

基于现代信息技术和先进管理理念，传统的服务业逐渐向以信息密集和知识密集为特点的现代服务业转变。现代服务业是建立在智能化的信息基础设施之上的，信息资源和信息网络推动服务向定制化和精准化方向发展。信息技术整合服务的各个环节，将大大提高服务业的经济效益和国际竞争力。

第一，信息化促进传统服务业优化升级。信息技术广泛渗透到传统服务业中，有助于提高服务业的信息化水平，促使其向现代服务转型。信息化改变了零售、物流、金融、公共生活服务等传统服务业的服务方式，使其呈现出网络化、智能化、数字化的特征，服务质量和服务效率不断提升。

第二，信息化推动新兴服务业的产生和发展。信息化促进了以信息技术为核心的通信服务、信息技术服务和信息内容服务等新兴业态的产生和发展。电信服务、互联网服务、信息咨询服务等随着信息技术的发展而不断壮大。

第三，信息化促进生产性服务业的发展。生产性服务是指伴随着信息技术和知识经济的发展而产生的，面向生产性的企业而不是直接向个体消费者提供的服务。现代企业在生产环节之外，逐渐延伸产业链，发展技术研发、营销管理、物流、咨询服务、客户服务等产业链的高附加值环节。为了满足企业不断外化的职能，生产性服务业逐渐发展起来。生产性服务业的范围具体包括为生产活动提供的研发设计与其他技术服务、货物运输仓储和邮政快递服务、信息服务、金融服务、节能与环保服务、生产性租赁服务、商务服务、人力资源管理与培训服务、批发经纪代理服务、生产性支持服务等。

（二）对政治的影响

信息技术不仅引起经济领域的重大变革，而且改变了政府行政管理和公共服务的方式。经济领域信息化水平不断提高，而政府作为经济的宏观调控者，其执政手段和方式必然发生相应的变革。信息技术应用到政治领域，主要体现在电子政务的发展中。

电子政务（E-government，EG）是指政府部门运用信息技术尤其是互联网技术，建立网络化的政务公共服务平台，进行信息发布、公共服务、经济管理、社会管理、综合监督、宏观调控等政府公务活动。电子政务的发展提高了政府公共服务能力和政府办公效率。信息革命对政府综合执政能力的影响主要体现在以下几个方面：

第一，网络化公共服务平台提高了信息传播速度及透明度。政府通过信息化网络公共服务平台，及时发布各类政策法规及信息，提高了信息传播速度；及时公布各类行政审批、监察监督等信息，提高了政府工作的透明度。

第二，社会管理及综合监察信息网络增强了社会综合治理能力和监管能力。基于互联网的优越性，政府可以建立全面覆盖的社会管理系统，高效应对各类突发事件，从而提高政府的应急处理能力。政府通过审批、税收、金融、海关、安全等信息系统，提高对市场和社会的监管能力及宏观决策能力。

第三，政府运用信息技术改进政务流程，建立了以公众和社会为中心的电子政务系统。政府通过信息化网络，及时了解社会公众的需求信息，通过与民众的互动和交流，更好地掌握民情，实现从管理型政府向服务型政府的转变，促进社会的和谐发展。

第四，政府内部信息系统的建立和完善，有助于实现政府内部上下级之间以及同级相关部门之间的沟通交流，提高办公速度和效率。

电子政府是新型服务型政府的发展趋势。电子政务是政府运用信息化手段实现经济管理和市场监督、社会管理、公共服务和内部协同办公等职能的重要方式。根据对象的不同，电子政务可以分为政府间的电子政务（G2G）、政府和商业机构间的电子政务（G2B）、政府和民众之间的电子政务（G2C）、政府和雇员之间的电子政务（G2E）。

（三）对社会及文化的影响

信息技术的发展及广泛应用，首先会对经济领域和政治领域产生影响，继而会导致社会组织结构以及人们的生活方式发生变革。具体而言，人们的教育方式、社会保障方式、医疗方式、生活方式、就业方式、交往方式、思维方式会随着信息化的推进而发生变化。

信息技术促进教育基础设施和教学信息资源向数字化、网络化方向发展，教学、科研等教育方式随之发生改变。计算机和网络通信技术应用于教育后，多媒体计算机辅助教学、网络教学、虚拟现实仿真教学等新的模式得到普遍应用。新的教学模式改变了过去以教师为中心的教育方式，数字化、网络化的教学方式使得学生广泛参与其中，广大学生变成学习的主动者和探索者，学习积极性和学习效率大大提高。另外，远程教育、数字图书馆、网络考试等教育资源拓宽了教育面，为全民教育提供了基础保障。

社会保障作为一种国民收入再分配形式，有利于实现社会公平、维护社会和谐，提高公共福利水平。一般来说，社会保障包括社会保险、社会救济、社会福利、优抚安置等形式。信息技术与社会保障相结合，建立社会保障信息网络，可以实现对社会保障接受者信息的统一管理，建立流动电子档案，对保障者进行动态监测，提高社会保障的服务和管理水平。

医疗信息化具有很大的优越性，已经成为国际发展趋势。医疗信息化不仅包括医疗设备和手段的信息化，还包括医疗过程和管理的信息化。信息技术的提高，促进了医疗设备的智能化、数字化，提高了仪器的精准度和诊疗效率。医院通过建立管理信息系统，对就诊的各个环节建立统一信息平台，优化并简化了就诊流程；通过智能化手段采集并登记病人信息，建立患者数据库，建立电子档案，提高了医务服务效率，减少了病人等待和就诊的时间。医生运用医疗网络平台，借助于患者电子档案，实现远程医疗，扩大了诊疗范围，降低了诊疗成本。与此同时，信息化有助于促进国家公共卫生系统的发展和完善，提高国家在疾病防控、卫生监督、突发公共卫生事件方面的综合服务能力。

信息革命对各国的文化领域产生了重大影响，人们的价值观和生活方式呈多元化发展趋势。随着互联网的发展和广泛应用，人们可以接触到多种多样的文化知识、风俗民情、世界观和价值观，世界文化融合发展的趋势越来越明显。信息技术的发展促进了文化传播手段的网络化，网络电台、网络媒体等信息媒介提高了知识文化内容的传播速度，增强了不同文化的世界影响力。

信息化改变了人们的生活方式和出行方式。购物、教育、娱乐等都可以通过互联网进行。数字城市、数字社区逐渐建立起来，水电、煤气等基本生活服务都可以通过网络信息平台完成。扫地机器人、带预约功能的电饭煲等智能电器为家庭日常生活提供了便利，提高了人们的生活质量。信息化也给交通旅游、求职就业等带来了便利，数字地球由理想变为了现实。

三、世界信息化总趋势

信息技术是经济生产方式和社会生活方式转型升级的引擎。世界各国纷纷抓住信息革命带来的机遇，制定并实施各种政策，大力发展国家信息化，促进信息技术的生产力转化，实现由工业社会向信息社会的转型。2016 年 11 月 18 日，中国互联网络信息中心（CNNIC）发布的《国家信息化发展评价报告（2016）》指出："从全球范围来看，以美国、英国、日本、中国、俄罗斯为代表的大型经济体，具有强大的信息产业基础和庞大的用户市场规模，信息化发展优势明显。以瑞典、芬兰为代表的北欧国家，信息化发展处于较高水平的稳定状态；亚洲国家信息化发展不平衡，日本、韩国、新加坡已跻身世界领先行列，西亚、南亚国家还存在较大的提升空间。"[1] 信息化水平较高的国家主要集中在北美和西欧，美国的国家信息化水平提升较快，由 2012 年的世界第六位上升为 2016 年的世界第一位；亚洲的日本、韩国和新加坡的信息化水平也较高。2016 年信息化水平排名前十的国家见表 0 - 1。

表 0 - 1　　　　信息化发展水平排名前十国家一览

国家	2016 年总指数	2016 年排名	2015 年排名	2014 年排名	2013 年排名	2012 年排名
美国	84.1	1	6	6	6	6
英国	82.7	2	2	3	4	8
日本	81.5	3	10	16	14	3
瑞典	81.4	4	7	1	1	1
韩国	81.0	5	3	8	8	4
芬兰	80.4	6	1	2	2	2
荷兰	80.3	7	11	4	3	7
新加坡	80.1	8	8	15	13	14
以色列	78.6	9	5	7	7	5
德国	78.5	10	9	10	12	12

资料来源：中国互联网络信息中心：《国家信息化发展评价报告（2016）》。

---

[1]　中国互联网络信息中心：《国家信息化发展评价报告（2016）》，中国互联网络信息中心网，2016 年 11 月，http：//www.cnnic.net.cn/hlwfzyj/hlwxzbg/hlwtjbg/201611/t20161118_56109.htm。

（一）世界各国纷纷制定发展规划推动信息化进程

信息化的发展得益于政府、企业、社会的协同创新及推动。各国政府通过制定有利于信息化发展的政策，推动信息技术创新及科技成果的生产力转化，为信息化的加速发展营造良好的环境，努力争夺信息领域的制高点。

美国、欧盟、日本、韩国等发达国家和地区把信息化发展战略作为国家（地区）战略的重要组成部分，制定了符合本国国情和条件的国家（地区）战略和规划，推动信息化的发展。20世纪90年代以来，美国政府密集制定了多项国家发展规划：1993年，克林顿政府向国会正式提出了建设"国家信息基础设施（NII）"的计划，1994年提出了"全球信息基础设施行动计划（GII）"，1996年提出了"下一代互联网规划（NGI）"。欧盟的信息化规划基本和美国同时起步，1994年制定了社会行动计划"欧洲信息社会之路"，1999年制定了十年发展战略。韩国政府在信息化方面起步也较早，1996年制定了"信息化促进基本计划"，1999年制定了"Cyber Korea 21计划"，2004年又推出了国家信息化战略"u－Korea"。日本政府于2001年制定了五年信息化发展规划"e－Japan战略"，2004年制定了"u－Japan战略"，把建设高速网络、电子商务、电子政务、人才培养、网络安全作为重点建设领域。2008年，俄罗斯政府制定了"俄罗斯联邦信息社会发展战略"，后又出台了《俄罗斯联邦2014～2020年信息技术产业发展战略和2025年前景展望》，力争实现赶超发展。

进入21世纪，印度、巴西等发展中国家和新兴经济体在世界信息化潮流中也纷纷制定各种发展规划和政策措施，努力抓住信息化发展机遇，利用信息技术推动经济社会转型发展。

（二）互联网普及率逐渐提高，成为推动世界经济增长的动力

在世界范围内，网络宽带进入普及和提速时期，以计算机和互联网为基础的现代信息技术高速发展，物联网、云计算、移动互联网等新一代信息技术不断创新发展。美国政府先后发布了《联邦云计算战略》《支持数据驱动型创新的技术与政策》《网络空间战略》；德国政府出台了《2014～2017年数字化议程》；英国政府出台了《2015～2018年数字经济战略》；墨西哥政府出台了《国家数字化战略2013》。这些政府都以互联网技术为基本出发点，通过数字化创新来驱动社会经济发展，提高国家竞争力。

在各国政府政策的推动下，全球范围内的互联网普及率和增长率均逐年提高。2014年，全球互联网增长率为6.6%，截至2014年底，全球拥有互联网接入的家庭达到44%。全球最大的社会化媒体专业传播公司We Are Social发布的《2016年数字报告》显示：2016年全球网民达到34.2亿人，相当于全球人口的46%，年增幅达10%，其中冰岛成为互联网普及率最高的国家，高达98%。2012～2014年，使用电子邮件的国家数量从126个增加到132个，使用率从65%增长到68.4%。在互联网发展的基础之上，以互联网为基础的经济增加值不断提高。2006～2014年，在美国、中国、英国、巴西、加拿大、法国、德国、印度、意大利、日本、韩国、俄罗斯、瑞典13个经济领先国家，其中互联网创造的价值占GDP增长值的21%。2011～2014年，全球信息技术产业年均增长2.6%，高于全球GDP增长速度。[①]

（三）社会信息化创新取得突破发展

世界各国纷纷利用信息技术创新教学方式，网络教育的知识传播功能不断增强，如美国的3D打印课程，英国的教师和学生在三维虚拟世界中进行交流。兴起于美国的慕课（MOOC）作为一种新型网络课程，为更多的学生提供了免费优质大学课程，掀起了

---

① 《中国信息化年鉴》编委会：《2015中国信息化年鉴》，电子工业出版社2016年版，第480页。

网络教育的革命。在医疗保健领域，网上预约、远程医疗等医疗服务新模式出现，英美等发达国家建立了全民数字健康档案，提高了医院对患者的评估能力和医疗的精准度。美国会诊中心实现了全美所有医疗资源联网共享，促进了远程医疗的发展。墨西哥的32个州中已经有14个实现了远程医疗。患者数据库的建立实现了以病人为中心的个性化医疗服务。加拿大建立了能交互操作的电子医疗健康本档案，制定了统一的医疗信息共享交换标准。数字化的就业和社保平台，实现了跨区域的信息共享和异地服务，如美国的社保信息平台化使得其公民在全球很多国家都可享受社保福利。

（四）　电子政务成为政府公共服务的普遍形式

各国政府都积极利用信息网络和网络空间开展政务活动，建立在线政府。电子政务已经开始由静态发布信息的网站向政府与企业、政府与公众双向互动的阶段转变。美国形成了联邦政府、州与市县三级政府的不同类型的电子政务，共同形成了在线政府。新加坡的"整合政府"通过整合政府的各种职能，通过网络化的平台统一提供服务，并设立了电子公民中心。欧盟的"电子政务行动计划"向公众提供"一站式"服务。韩国的"智慧政府实施计划"推动了韩国快速适应智能时代的到来。美欧日等国家和地区通过颁布一系列法规，制定发展规划，建立标准化的门户网站，提高政府公共服务能力。世界范围内的整合政府职能、提高行政效率的网络办公平台得到快速发展。

在世界范围内，欧美的电子政务水平较高。2016 年《联合国电子政务发展报告》显示，电子政务发展指数（EGDI）欧洲最高（达到 0.7241），其次是美洲（0.5245）、亚洲（0.5132）、大洋洲（0.4154）和非洲（0.2882）。[①] 根据电子政务发展指数

①　联合国经济和社会事务部：《2016 联合国电子政务调查报告（中文版）》，国家行政学院电子政务研究中心，2016 年 7 月。

可以看出，全球电子政务发展水平并不平衡，非洲地区的电子政务发展滞后，与发达的欧洲存在较大差距，数字鸿沟依然明显。

四、世界互联网的发展

习近平指出："当今世界，网络信息技术日新月异，全面融入社会生产生活，深刻改变着全球经济格局、利益格局、安全格局。世界主要国家都把互联网作为经济发展、技术创新的重点，把互联网作为谋求竞争新优势的战略方向。"① 在全球信息革命飞速发展的新时期，互联网在全球得到普遍应用，正在与各个领域深度融合，必然会对世界各国经济社会发展产生战略性和全局性影响。

（一）互联网的产生和发展

随着现代信息技术的融合发展，互联网诞生并成为人类重要的公共信息基础设施。互联网诞生于 1969 年，美国国防部高级研究计划署（Defence Advanced Research Projects Agency）最早开发了 ARPAnet。1971 年，美国人雷·汤姆林森（Ray Tomlinson）开发出了电子邮件。1983 年，ARPAnet 开始对外开放，但只限于对科研和军事领域的开放。1990 年，美国国家科学基金会（National Science Foundation）建立了 NSFnet 取代 ARPAnet，并向全社会开放。1990 年，欧洲粒子物理研究所的蒂姆·伯纳斯—李（Tim Berners – Lee）创建了万维网（World Wide Web），从此互联网以网页的形式向社会开放普及，成为信息传输和交流的媒介。

---

① 《习近平主持中央政治局集体学习强调以 6 个"加快"建网络强国》，载于《人民日报（海外版）》2016 年 10 月 10 日。

互联网的普及和应用将人类带入了互联网时代。互联网具有开放性、全球性、分享性等特点，随着时代的发展，它越来越成为经济发展和社会生活必不可少的信息媒介和平台。互联网的商业化使得商业机构、政府、客户等参与经济交流和社会交往的主体都变成互联网的一个节点。现代信息技术和互联网成为当今信息革命的重要推动力量。

（二）世界互联网发展现状

1. 互联网成为战略性基础设施。

从世界范围看，互联网正积极推动新一轮信息化发展浪潮，众多国家纷纷将发展宽带网络作为战略部署的重点，抢占经济竞争的制高点。目前世界上已经有 145 个国家和地区从国家战略角度来推广宽带，国家宽带战略纷纷出台，以加快超高速光纤宽带建设，推动信息基础设施更新换代，信息基础设施正进入宽带普及提速的新时期。美国制定"连接美国"国家宽带战略，提出实现至少每秒 100M 的下载速率和每秒 50M 的上行速度；加拿大制定"宽带加拿大：连接农村"计划；欧盟制定"欧盟数字议程"，提出到 2020 年至少 50% 的欧洲家庭能够使用速率为 100Mbps 的互联网接入；英国提出"数字英国"计划；瑞典制定"瑞典宽带发展战略"，提出到 2020 年使瑞典 90% 的家庭和企业都能接入 100Mbps 的高速网络。①

2. 全球互联网发展迅速。

从全球范围看，信息基础设施正进入宽带普及提速的新时期，信息网络飞速发展，宽带接入量稳步提升，网民数也逐渐提高，人类已经进入全球互联的信息网络时代。互联网已经覆盖全球 224 个国家和地区，部分发达国家已经实现互联网的全覆盖。《衡量信息社会报告 2014》数据显示，全球互联网一直保持强劲

---

① 赛迪智库整理，2014 年 12 月。

的发展势头，截至 2014 年，全球互联网用户达 30 亿人，其中欧洲的互联网普及率已经达到 75%，居世界第一位，美洲也已经有 2/3 的人使用互联网。全球固定宽带普及率达到 10%，移动蜂窝用户数已接近 70 亿人，全球拥有互联网接入的家庭占 44%，其中发达国家 78% 的家庭都已接入互联网。《衡量信息社会报告2015》数据显示，2015 年互联网发展依旧迅速，上网人数已达 32 亿，占全球人口的 43.4%，而全球蜂窝移动用户接近 71 亿，蜂窝移动信号已覆盖 95% 以上的世界人口。截至 2015 年底，全球约 46% 的家庭将可在家中上网，而在 2010 年仅为 30%。《衡量信息社会报告 2016》数据显示，因为互联网基础设施不断完善普及，截至 2016 年底，互联网用户总数约为 39 亿，占全球总人数的 47%。移动互联网发展迅速，移动宽带已经覆盖了全球 84% 的国家和地区。

全球固定宽带、移动宽带的普及率逐年上升，宽带下载速率也实现了飞跃。根据国际电信联盟发布的数据，冰岛、卢森堡、挪威、丹麦等国家互联网普及率已超过 95%，日本、英国、德国等大型经济体也达到 90% 左右；瑞士、荷兰、韩国、丹麦等国的固定宽带普及率已超过 40%；新加坡、芬兰、科威特、日本等国移动宽带普及率超过 120%。[①] 世界范围内的超高速宽带和超高速移动宽带也进入发展的快车道，根据联合国宽带发展委员会发布的数据，在超高速宽带发展方面，截至 2014 年初，摩洛哥的超高速宽带普及率为 44.7%，全球排名第一，瑞士、丹麦、荷兰、法国和韩国的普及率也都超过 38%。在超高速移动宽带普及率方面，新加坡位居世界第一，普及率高达 135.1%，芬兰、日本、澳大利亚、巴林、瑞典、丹麦等国的普及率也都在

---

① 中国互联网络信息中心：《国家信息化发展评价报告（2016）》，中国互联网络信息中心网，2016 年 11 月，http：//www. cnnic. net. cn/hlwfzyj/hlwxzbg/hlwtjbg/201611/t20161118_56109. htm。

107%以上。

3. 发展中国家成为互联网发展的增长极。

以非洲、亚太地区为代表的发展中国家互联网建设起步较晚,但是发展迅速,已经成为全球互联网发展的重要增长极。国际电信联盟发布的《衡量信息社会报告》显示,发展中国家在全球国际总带宽中所占比例从 2004 年的 9% 上升为 2014 年的 30% 以上。发展中国家网民数已经占全球总网民数的 2/3,互联网用户数量在 2009 年至 2014 年间翻了一番,互联网的普及率已经达到 32%。发展中国家移动蜂窝用户数已经占全球总数的 78%,其中亚太地区和非洲国家增长最为迅速,亚太地区的普及率已经达到 89%,非洲国家的普及率为 69%。2010~2014 年,非洲网民数增加了 10%,增长迅速。We Are Social 发布的《2016 年数字报告》数据显示,亚太地区是新增网民绝对数量最多的地区,仅 2016 年一年网民数就增长了 2 亿人。

尽管发展中国家互联网发展水平不断提高,但在全球范围内互联网发展并不平衡,数字鸿沟明显。以 2014 年为例,发展中国家在互联网接入方面和发达国家存在明显差距,全球还有 43 亿人尚未使用互联网,其中发展中国家占到 90%。截至 2015 年底,家庭拥有住宅互联网接入比例在发达国家达到 81.3%,而发展中国家仅为 34.1%。《衡量信息社会报告 2016》指出,发达国家使用互联网人数平均约为 80%,而发展中国家为 40%,在欠发达国家,互联网使用人数甚至低于 15%。城乡之间互联网发展也极其不平衡,农村互联网的普及率远远低于城市,发展中国家的城乡差距要远远高于发达国家,发达国家互联网接入率的城乡差距仅为 4%,而发展中国家却达到 35%。

互联网是信息化发展的重要信息基础设施,是促进经济增长和社会转型的关键信息资源。在信息革命的发展过程中,互联网正与经济社会各领域融合发展,释放出巨大的能量,不断提升实体经济的创新力和生产力,催生社会发展新形态。

第一章

中国信息化发展历程

当代信息革命开始于 1946 年，以第一台通用电子数字计算机埃尼亚克（ENIAC）的诞生为标志。20 世纪 70 年代以后信息革命进程加快。中华人民共和国成立以后，在党和政府的领导下，全国人民努力抓住机遇，主动迎接信息革命的挑战。1956年周恩来亲自主持制定了《一九五六——一九六七年科学技术发展远景规划纲要》，明确提出把电子数字计算机的研发作为战略性任务，中国从此开启了信息化进程。1956～2017 年，中国的信息化已经走过了 61 年的岁月。在这 60 多年的时间里，中国的信息化道路并不平坦，但是我们最终在信息化、工业化和农业现代化的融合发展过程中走出了一条具有中国特色的信息化发展道路。

一、新中国成立到改革开放之前：
准备阶段（1949～1978 年）

（一）电子通信业开启了我国自主创新时代

1950 年 5 月，中央人民政府政务院批准在重工业部建制内成立电信工业局，由中央军委通信部代管，负责统一管理全国的电信工业企业，新中国的电子工业从此诞生了。

中国通信工业坚持"自力更生为主，争取外援为辅"的方针。抗美援朝期间，国家决定中国人民志愿军所需的通信装备全部立足国内，自己生产解决，从此我国走上大规模自主创新的道路。到 1952 年，我国的通信工业已经能自制中短波收音机、短波报话机、小型电台等多种通信设备。1953 年 4 月，政务院批准原第一机械工业部电信工业局划归第二机械工业部，并改名为"第二机械工业部第十局"，主要提供通信、导航设备、广播设备等。1963 年 2 月，中共中央和国务院决定将第三机械工业部第十总局从部建制中分离出来，成立无线电工业部（第四机械工业部），下设 4 个生产技术司，其中第二生产技术司主管通信、导航、计算机、广播电视等产品的生产技术管理工作。1963 年 9 月和 1964 年 6 月，第四机械工业部在北京分别召开了中小型通信机专业会议和大型发射机系列化会议。

1970 年，中国开始研究卫星通信技术并成功地发射了自己设计制造的第一颗人造地球卫星。1975 年 12 月，中国第一座模拟 10 米天线卫星通信地球站研制成功。1976 年 12 月，中国第一座数字制 15 米天线卫星通信地球站研制成功。这些成就为我国卫星通信事业的发展奠定了基础。

1949～1978 年改革开放前将近 30 年的发展中，国家高度重视通信工业的基本建设，据不完全统计，当时全国共有通信工业企业 170 余个，从业人员近 18 万人，仅工程技术人员就达到 23 000 余人。中国通信工业已经建成了一个自主研发与规模生产相结合的门类齐全的工业体系，为国民经济建设提供了大量的通信设备和导航设施。

（二）以计算机行业发展为标志，新中国开始向科学进军

1953 年 1 月 3 日，中国第一个电子计算机科研小组在中国科学院数学所成立。1956 年 1 月，周恩来在全国知识分子工作会议上向全国人民发出"向科学进军"的号召。之后，毛泽东在最高国务会议上号召："我国人民应该有一个远大的规划，要在几十年内，努力改变我国在经济上和文化上的落后状态，迅速达到世界上的先进水平。"① 从此，新中国的科学事业发展规划被提上日程。

1956 年 8 月下旬，周恩来亲自主持制定了《一九五六——一九六七年科学技术发展远景规划纲要》，连同 4 个附件（《国家重要科学任务说明书和中心问题说明书》《基础科学学科规划说明书》《1956 年紧急措施和 1957 年研究计划要点》《任务和中心问题名称一览》），这是新中国成立以来的第一个科技规划。规划纲要以"重点发展，迎头赶上"为指导方针，把原子能、喷气技术、计算机、半导体、电子学和自动化六项列为重点，把以计算机为代表的信息技术研发作为战略性任务。1958～1959 年，我国研制出第一台小型电子管计算机 103 机和大型电子管计算机 104 机（即中国第一代计算机），科技领域的重大科研成果相继问世。

1973 年 1 月，第四机械工业部在北京召开了"电子计算机首次专业会议"，决定放弃单纯追求提高运算速度的技术政策，而是要面向用户进行研发。电子计算机研发阶段开始向推广应用阶段转变。1974 年 8 月，DSJ130 机通过鉴定，宣告我国系列化计算机产品研制成功，标志着我国计算机工业开始系列化批量生产。到 20 世纪 70 年代，我国计算机的发展已经由研发为主逐步转向产业化发展阶段。

新中国成立到改革开放之前的阶段，电子通信业和计算机行业在国家的支持与引导下开始起步。新中国成立后，党中央、国务院及时抓住信息化发展的机遇，主动迎接挑战，并始终坚持"以自力更生为主"的方针，走独立自主的发展道路。在发展过程中，国家注重方针政策的调整，由单纯的研发设计向推广应用

---

① 石仲泉：《毛泽东与党的八大（上）》，载于《湘潮》2016 年第 9 期，第 50～55 页。

转变，并向规模化生产阶段发展，不断满足用户的需求。改革开放前的初步探索，为我国信息化发展奠定了重要基础。

二、改革开放到党的十四大：积累阶段（1978～1992 年）

1978 年，党的十一届三中全会提出了"以经济建设为中心"的口号，全党的工作重心转移到经济建设上来。1978 年 3 月 18 日，邓小平在全国科学大会上阐述了"科学技术是生产力"的著名论断。20 世纪 70 年代末至 80 年代初期，中国政府逐渐认识到发展信息技术的紧迫性，开始大力推动电子信息技术在经济、社会、国防等各个方面的应用。党的十一届三中全会到党的十四大期间，我国电子信息技术不断创新发展，为中国的信息化发展积累了重要力量。

（一）电子计算机技术成为国家科学技术发展的重要环节

1977 年 12 月至 1978 年 1 月，国务院各部委、各省市自治区和军委的有关方面负责人在北京召开了全国科学技术规划会议，通过了《1978～1985 年全国科学技术规划纲要（草案）》。会议要求把农业、能源、材料、电子计算机、激光、空间、高能物理、遗传工程 8 个影响全局的综合性科学技术领域、重大新技术领域和带头学科放在突出地位。[1]

1979 年 3 月，国务院决定成立国家电子计算机工业总局，这成为中国计算机工业发展的重要标志。1979 年 9 月，国家电子计算机工业总局召开了第一次微型计算机专业会议，确立了根

---

[1]　胡鞍钢：《中国特色自主创新道路（1949～2012）》，载于《中国科学院院刊》2014 年第 2 期，第 141～157 页。

据中国国情充分采用适合需要的国际先进技术的发展策略，并提出了计算机工业以微小为主的方针。

1982 年 10 月，国务院决定成立"电子计算机和大规模集成电路领导小组"，同年 12 月召开全国计算机系列型谱专家论证会，确立了发展大中型计算机、小型机系列机的选型依据。1983 年 5 月，全国计算机与大规模集成电路规划会议提出若干措施推动计算机技术的发展。电子计算机技术的发展成为国家科学技术发展的重要环节。

（二）提出大力发展信息产业、开发信息资源，为"四化"建设服务的方针

党中央、国务院审时度势、高瞻远瞩，充分认识到发展信息产业的重要性。国务院提出，信息产业是迎接世界新的技术革命、加快我国"四个现代化"建设的核心因素。1984 年 2 月，时任电子工业部部长的江泽民同志认为，抓住机遇并加快电子工业的发展可以缩小与发达国家的差距，如果丧失机遇，会影响我国"四化"建设的进程。同年，邓小平同志在为《经济参考》题词时写道："开发信息资源，服务四化建设"。1991 年江泽民强调："四个现代化，哪一化也离不开信息化。"大力发展电子信息产业、开发信息资源，成为当时的重要任务。

1984 年 11 月，电子振兴领导小组发布《关于我国电子和信息产业发展战略的报告》，指出我国电子和信息产业要实现两个转移：第一，把电子和信息产业的服务重点转移到为发展国民经济、为"四化"建设、为整个社会生活服务的轨道上来；第二，电子工业的发展要转移到以微电子技术为基础、以计算机和通信装备为主体的轨道上来。①

---

① 陈运迪：《中国信息化发展历程》，载于《数码世界》2003 年第 2 期，第 52～53 页。

1987 年 1 月，国家经济信息中心正式组建，主要负责国家信息化建设与发展研究、技术支撑、监测预测及管理工作。1986 年 3 月，国家投资 100 亿元启动了高技术研究发展计划（"863"计划），其中 2/3 投资于信息技术项目。1989 年，江泽民同志指出："振兴中国经济，电子信息技术是一种有效的倍增器，是现实能够发挥作用最大、渗透性最强的新技术。"[①] "电子信息产业的巨大发展，电子信息技术的广泛应用，正在把世界推进到一个所谓信息经济的时代。"[②] 1992 年，党的十四大提出把电子工业列为国民经济新的增长点，这一战略部署极大地促进了我国通信设备制造业的发展。

改革开放之后的十几年间，党中央、国务院高度重视信息技术的发展，充分认识到计算机技术、电子信息技术已经成为促进经济发展的第一生产力，及时启动了国家高技术研究发展计划，把电子计算机技术作为国家科学技术发展的重要环节，大力发展电子和信息产业、开发信息资源，将信息化与我国的"四个现代化"建设结合起来。国家坚持以市场为导向，加速完成"军转民、军民结合、以民为主"的结构调整，促进信息技术的推广应用。

三、20 世纪 90 年代：正式起步阶段（1993~1999 年）

我国的信息化建设正式起步于 1993 年。1993 年，党和国家领导人提出了加快我国信息化建设的任务，"三金"工程（金

[①] 江泽民：《论世界电子信息产业发展的新特点与我国电子信息产业的发展战略问题》，载于《上海交通大学学报》1989 年第 6 期，第 1~8 页。

[②] 江泽民：《论世界电子信息产业发展的新特点与我国的发展战略问题》，载于《中国科技论坛》1991 年第 1 期，第 2~7 页。

卡、金桥、金关）等重大信息化工程相继启动，中国的信息化建设正式拉开序幕。

（一）"三金"工程成为我国信息化建设正式起步的标志

1993年3月12日，时任副总理朱镕基主持国务院会议，提出要建设"三金"工程，即金桥、金关、金卡工程。

金桥工程成为"三金"工程的启动工程，以推动科技成果转化、发挥科学技术在经济发展中的重要作用。1996年8月，金桥工程被正式批准列为国家107个重点工程项目之一。1998年10月，金桥一期工程全面开工。

金关工程是推动海关报关业务电子化的工程。金关工程的两大核心是海关内部的通关系统电子化和外部口岸执法系统电子化。金关工程是外贸部门的专用网，对海关总署、对外经贸合作部、外汇管理局、国家税务总局、商检局、中国银行、国家统计局、远洋运输公司和进出口公司实行电子联网。

金卡工程是电子货币工程的简称，目的是推广信用卡及其应用。它以计算机和通信技术为基础，以银行卡为介质，通过电子信息转账实现货币流通。

（二）信息化建设转到有组织、有计划的发展轨道上

1994年国家信息化专家组成立，为国家信息化建设参谋决策。1996年，国务院信息化工作领导小组成立，时任国务院副总理邹家华任组长，统一组织协调全国的信息化工作。1998年3月，电子工业部和邮电部两部合并成立了信息产业部，负责推进国民经济和社会服务信息化工作。

为推进国家信息化，1995年5月，时任总理李鹏在全国科技大会上提出要在财务、税收、商业、贸易、交通、运输等社会服务领域广泛应用计算机技术，加快国民经济信息化进程。1997年4月，国务院信息化工作领导小组在深圳召开了第一次全国信

息化工作会议，会议全面部署了国家信息化建设的重点工作，指出国家要统一组织信息化建设，促进信息技术在各个领域的广泛应用。这次会议成为我国信息化建设的重要里程碑，从此我国信息化建设逐渐转移到有组织、有计划的发展轨道上来。

在这一阶段，国家信息化工程开始建设，信息技术向社会各个领域广泛渗透，科技成果转化率逐渐提高。党中央、国务院已经初步形成了符合中国国情的信息化建设思路，国家统一组织、统筹规划，国家力量成为推动中国信息化建设的重要力量。

四、21世纪初：全方位发展阶段（2000~2012年）

（一）提出"以信息化带动工业化"的战略方针

2000年10月，中国共产党第十五届五中全会审议通过的《中共中央关于制定国民经济和社会发展第十个五年计划的建议》指出："大力推进国民经济和社会信息化，是覆盖现代化建设全局的战略举措。以信息化带动工业化，发挥后发优势，实现社会生产力的跨越式发展。"① 这是国家第一次明确提出"信息化带动工业化"的战略方针。党中央、国务院高瞻远瞩，从战略发展的角度将信息化和工业化结合起来，以信息化促进产业优化升级，加快工业化和现代化进程，以实现中国落后生产力的跨越式和赶超式发展。为了促进信息化发展，国家在信息技术、信息基础设施、信息产业的发展方面提出了以下具体意见：

第一，促进信息技术的创新和发展，提高自主创新能力。国

---

① 《中共中央关于制定国民经济和社会发展第十个五年计划的建议》，载于《人民日报（海外版）》2000年10月19日。

家把信息技术作为具有战略意义的高新技术展开研究，集中力量在信息技术、生物技术、新材料技术、先进制造技术、航空航天技术等关键领域取得突破。

第二，加强信息资源的开发利用，促进信息技术在金融、财税、贸易等领域的应用，加快发展电子商务、网络教育等。

第三，加强现代信息基础设施建设，发展和完善国家高速宽带传输网络，扩大利用互联网，提高计算机和网络的普及应用程度。

第四，把超大规模集成电路、高性能计算机、大型系统软件、超高速网络系统、新一代移动通信装备和数字电视系统等核心信息技术的产业化作为重点，推进信息产业的发展。①

在此阶段，国家提出要以市场需求为导向，面向消费者，提供多方位的信息产品和网络服务，促进信息技术在商业、教育、文化、社会等领域的全方位应用。这是我国信息化进程中的一次飞跃，为我国国民经济和社会信息化的全面展开提供了思想基础和战略指导。胡锦涛等国家领导人在此之后的多次讲话中都强调要加快信息技术的创新发展，以信息化带动工业化，全面优化产业结构，加快国民经济和社会信息化。

（二）提出"新型工业化路子"，促进信息化和工业化的融合

2002 年 11 月 8 日，在中国共产党第十六次全国代表大会的报告上，江泽民指出："信息化是我国加快实现工业化和现代化的必然选择。坚持以信息化带动工业化，以工业化促进信息化，走出一条科技含量高、经济效益好、资源消耗低、环境污染少、人力资源优势得到充分发挥的新型工业化路子。"② 国家明确提

---

① 《中共中央关于制定国民经济和社会发展第十个五年计划的建议》，载于《人民日报（海外版）》2000 年 10 月 19 日。

② 江泽民：《全面建设小康社会，开创中国特色社会主义事业新局面》，中国共产党历次全国代表大会数据库，2002 年 11 月 8 日，http：//cpc. people. com. cn/GB/64162/64168/64569/65444/4429125. html。

出"新型工业化路子",以实现工业化和信息化相互促进、协同发展。

2007 年 10 月 15 日,胡锦涛在中国共产党第十七次全国代表大会的报告中提出:"发展现代产业体系,大力推进信息化与工业化融合,促进工业由大变强,振兴装备制造业,淘汰落后生产能力。"① 报告将信息化作为与工业化、城镇化、市场化、国际化并举发展的重大任务,提出要积极促进信息化和工业化的融合发展,建设工业强国。

(三) 密集出台国家信息化发展规划,为信息化建设做战略部署

2001 年 8 月,朱镕基任组长的国家信息化领导小组重新组建,旨在进一步加强对我国信息化建设和国家信息安全工作的领导。同年 12 月,国家信息化领导小组召开第一次会议,朱镕基指出,"要高度重视,加强统筹协调,坚持面向市场,防止重复建设,扎扎实实推进我国信息化建设"。② 会议提出了国家信息化必须遵循的五个方针:"第一,坚持面向市场,需求主导。第二,政府先行,带动信息化发展。第三,信息化建设要与产业结构调整相结合。第四,既要培育竞争机制,又要加强统筹协调,努力为信息化发展创造良好的环境;要按照互联互通、资源共享的原则,杜绝各种网络和系统的重复建设,防止一哄而起。第五,既要重视对外开放与合作,又要加强自主科研开发。"③

2002 年 10 月,国家信息化领导小组批准颁布《国民经济和社会发展第十个五年计划信息化重点专项规划》,这是我国编制

---

① 胡锦涛:《高举中国特色社会主义伟大旗帜 为夺取全面建设小康社会新胜利而奋斗》,载于《人民日报》2007 年 10 月 25 日。
② 贺劲松:《国家信息化领导小组第一次会议在北京召开》,载于《工程地质计算机应用》2002 年总第 25 期,第 31 页。
③ 刘国光:《党和政府推进中国信息化》,载于《中国信息界》2004 年第 21 期,第 6～7 页。

的第一个国家信息化规划，是规范和指导全国信息化建设的纲领性文件。该规划将信息技术推广应用、现代信息基础建设和加快发展电子信息产业作为"十五"期间信息化发展的三大任务。

2006 年 2 月，国务院制定《国家中长期科学和技术发展规划纲要（2006～2020 年）》，将包括现代服务业信息支撑技术及大型应用软件、下一代网络关键技术与服务、高效能可信计算机、传感器网络及智能信息处理、数字媒体内容平台、高清晰度大屏幕平板显示、面向核心应用的信息安全七项内容的信息产业和现代服务业作为重点发展领域，将智能感知技术、自组织网络技术、虚拟现实技术等信息技术作为超前部署、重点开发的前沿技术。

2006 年 5 月，国务院印发《2006～2020 年国家信息化发展战略》，这是我国信息化发展的又一纲领性文件。国家部署的战略重点包括推进国民经济信息化、推行电子政务、推进社会信息化、完善综合信息基础设施、加强信息资源的开发利用、提高信息产业竞争力、建设国家信息安全保障体系、提高国民信息技术应用能力、造就信息化人才队伍。为落实重点，国家提出了六项战略行动计划，具体包括国民信息技能教育培训计划、电子商务行动计划、电子政务行动计划、网络媒体信息资源开发利用计划、缩小数字鸿沟计划、关键信息技术自主创新计划。国家实施重点发展、以点带面的方针，逐步推进信息化建设。

（四）大力发展信息基础设施建设，推动"三网融合"

2008 年 3 月，国务院实行大部制改革，工业和信息化部成立，负责统筹国家信息化工作。

2009 年的政府工作报告中提出了电信网、互联网和广播电视网的"三网融合"。2010 年 1 月，国务院颁布的《推进三网融合的总体方案》将三网融合分为两个阶段：试点阶段（2010～2012 年）和推广阶段（2013～2015 年）。首先以推进广电和电信业务双向阶段性进入为重点，选择有条件的地区开展试点，然后总结推广试点经验，全面推进三网融合。2010 年 3 月，时任国务院副总理张德江在参观 "2010 年中国国际广播电视信息网络展览会" 时强调，要加强自主创新，探索建立符合中国国情的三网融合模式。2010 年 7 月 1 日，国务院办公厅公布了第一批三网融合试点地区（城市）名单，三网融合试点工作正式启动。2011 年 12 月，三网融合第二阶段试点地区（城市）名单确定。

经过五年左右的试点，2015 年 8 月 25 日国务院办公厅印发《三网融合推广方案》，加快在全国全面推进三网融合。通过三网融合发展，推动信息网络基础设施互联互通和资源共享。

同时，国家开始部署加快发展我国下一代互联网产业，建设宽带、融合、安全、泛在的下一代国家信息基础设施，推动网站系统升级改造，并推动下一代互联网商用进程。在这一阶段，国家加快重要基础设施智能化改造进程，通过建设宽带、泛在、融合、安全的信息网络基础设施，推动新一代移动通信、下一代互联网核心设备和智能终端的研发及推广应用。

（五）全面提高信息化水平

《中华人民共和国国民经济和社会发展第十二个五年（2011～2015 年）规划纲要》提出要 "全面提高信息化水平"。通过构建下一代信息基础设施、加快经济社会信息化、加强网络与信息安全保障三个方面全面提高信息化水平，积极推进重点产业结构调整、加强企业技术改造，深化信息技术在研发设计、生产制造、营销管理、回收再利用等产品生命周期各环节的应用。把新一代移动通信、下一代互联网、三网融合、物联网、云计算、集成电路、新型显示、高端软件、高端服务器和信息服务等新一代信息技术产业作为战略性新兴产业重点推进，以此带动经济结构调整和转型升级。

国家除了推进信息化与工业化深度融合、改造提升传统产业、推动工业转型升级之外，也积极出台政策推动农业信息化、服务业信息化以及政府信息化，全面提高信息化水平。

1. 以信息化推动现代农业发展。

2012 年 1 月，国务院发布《全国现代农业发展规划（2011~2015 年）》。该规划将农业信息化建设工程作为建立现代农业的重点建设任务之一，提出要建设一批农业生产经营信息化示范基地和农业综合信息服务平台，建立共享化农业信息综合数据库和网络化信息服务支持系统，开展农业物联网应用示范。农业信息化工程的实施是农业现代化的催化剂和重要保障。

2. 加快物流服务业的信息化。

2009 年 3 月，国务院印发《物流业调整和振兴规划》，提出以先进技术为支撑，以物流一体化和信息化为主线，积极推进企业物流管理信息化，提高物流信息化水平，加快发展现代物流业，以物流服务促进其他产业发展。2011 年 8 月，国务院办公厅印发《关于促进物流业健康发展政策措施的意见》，提出要推进物流技术创新和应用，加强物流新技术的自主研发，重点支持货物跟踪定位、无线射频识别、物流信息平台、智能交通、物流管理软件、移动物流信息服务等关键技术攻关。同时，国家提出要适时启动物联网在物流领域的应用示范，提高物流服务效率和经营管理水平。

3. 大力发展电子政务，提高政务服务信息化水平。

这一时期，互联网开始应用于政府管理和服务，电子政府稳步发展。2006 年 1 月 1 日，中华人民共和国中央人民政府门户网站（www. gov. cn）正式开通。2007 年 1 月 17 日国务院第 165 次常务会议通过《中华人民共和国政府信息公开条例》，自 2008 年 5 月 1 日起施行。2007 年 9 月 30 日，国家电子政务网络中央级传输骨干网网络正式开通，国家统一的电子政务网络框架基本形成。[①]

---

① 中国互联网络信息中心：历年中国互联网发展大事记。

为了加强对政府信息公开的管理，国务院发布《关于进一步加强政府网站管理工作的通知》，要求健全机制，充分发挥政府网站的信息公开、互动交流作用，并进行规范管理，保障安全，进一步推动电子政府的发展。之后发布的《关于深化政务公开加强政务服务的意见》，明确指出要推广电信网、广电网、互联网等现代科技手段在政务服务中的应用，重视和加强政府网站建设，完善门户网站功能，提高政务服务信息化水平。

五、党的十八大以来：加速发展新时代（2012 年至今）

2012 年 11 月党的十八大以来，以习近平同志为核心的党中央面对复杂的世界经济环境以及国内经济发展的新常态，迎难而上、开拓进取，全面深化改革，形成了关于"中国特色信息化"发展道路的新思想、新观点，指导我国社会主义现代化建设取得历史性成就。2017 年，在党的十九大上，习近平指出："经过长期努力，中国特色社会主义进入了新时代，这是我国发展新的历史方位。"[①] 中国特色社会主义进入新时代，信息化建设也进入发展的新时期。习近平提出要积极建设创新型国家，建设制造强国、网络强国、数字强国，推动实施科教兴国战略、创新驱动战略、大数据战略、人才强国战略。习近平关于信息化建设的新观点始终坚持"以人民为中心"的发展思想，并在"人类命运共同体"框架范围内，积极推动互联网全球治理体系变革，实现信息化建设和信息安全的协同发展。

在习近平信息化思想的引领下，我国的信息化进入了加速发

---

① 习近平：《决胜全面建成小康社会　夺取新时代中国特色社会主义伟大胜利》，人民出版社 2017 年版，第 10 页。

展的新时代，信息技术创新能力和应用能力不断增强，信息资源得到整合，信息基础设施不断演进升级并在城乡之间协调发展，电子商务、电子政务全面升级，信息化建设取得了一系列重大成果。

（一）"四化同步"新战略的提出和发展

党的十六大提出了以信息化带动工业化、以工业化促进信息化的战略。党的十七大提出要大力推进信息化和工业化融合。党的十八大提出要促进信息化和新型工业化、城镇化、农业现代化的同步发展、协调发展、良性互动。2012 年 11 月 8 日，胡锦涛在中国共产党第十八次全国代表大会的报告中提出"四化同步"："坚持走中国特色新型工业化、信息化、城镇化、农业现代化道路，推动信息化和工业化深度融合、工业化和城镇化良性互动、城镇化和农业现代化相互协调，促进工业化、信息化、城镇化、农业现代化同步发展。"[1]

2012 年 12 月 31 日，中共中央、国务院通过了《关于加快发展现代农业　进一步增强农村发展活力的若干意见》，强调必须统筹协调，促进工业化、信息化、城镇化、农业现代化同步发展。

2017 年 10 月 18 日，习近平在中国共产党第十九次全国代表大会的报告中进一步明确提出："使市场在资源配置中起决定性作用，更好发挥政府作用，推动新型工业化、信息化、城镇化、农业现代化同步发展。"[2]

"四化同步"成为党的十八大以来国家重要战略布局。信息化渗透在工业化、城镇化和农业现代化进程中，成为新型工业

---

[1]　胡锦涛：《坚定不移沿着中国特色社会主义道路前进，为全面建成小康社会而奋斗》，载于《人民日报》2012 年 11 月 9 日。

[2]　习近平：《决胜全面建成小康社会　夺取新时代中国特色社会主义伟大胜利》，人民出版社 2017 年版，第 21～22 页。

化、城镇化以及农业现代化发展的加速器和催化剂。

（二）新一代信息技术成为研发及应用重点

以物联网、云计算为代表的新一代信息技术成为这一阶段研发及应用的重点。国家积极鼓励技术创新，促进移动互联网、大数据、物联网、云计算、北斗导航、人工智能等现代信息技术的应用推广。

1. 积极推动物联网的应用和发展，建立物联网产业体系。

物联网是新一代信息技术的高度集成和综合运用，具有渗透性强、带动作用大、综合效益好的特点。物联网的发展和应用，对推进产业结构调整和转变发展方式具有重大意义。《国务院关于加快培育和发展战略性新兴产业的决定》将物联网等新一代信息技术作为国家首批加快培育的七个战略性新兴产业，从此物联网被列为国家发展战略并进入应用试点阶段。2013 年 2 月，国务院发布《关于推进物联网有序健康发展的指导意见》，提出要积极推动国家建立具有国际竞争力的物联网产业体系，实现物联网在经济社会各领域的广泛应用，促进生产生活和社会管理方式向智能化、精细化、网络化方向转变，从而提高国民经济和社会生活信息化水平。物联网进入商业化应用阶段并在全国范围内推广。

2. 制定云计算创新发展措施，支持云计算关键技术研发和重大项目建设。

国家积极培育以云计算为基础的新产业和新业态，制定促进云计算创新发展的政策措施，推动云计算在经济生产和社会生活中的深入应用，让数据"云"助力创业兴业、便利千家万户。早在 2011 年的《国民经济和社会发展第十二个五年规划纲要》中，国家就把建设物联网应用示范工程作为战略性新兴产业创新发展工程重点推进。党的十八大以来，国家多方采取措施，全力推进云计算的创新、推广及应用。2015 年 1 月 6 日，国务院印发

《关于促进云计算创新发展培育信息产业新业态的意见》，本着"市场主导、统筹协调、创新驱动、保障安全"的基本原则，不断增强云计算服务能力、提升云计算自主创新能力、探索电子政务云计算发展新模式、加强大数据开发与利用、统筹布局云计算基础设施，从而不断提升信息化安全保障能力。

3. 构筑人工智能先发优势，培育经济发展新引擎。

信息技术和互联网的发展以及大数据的驱动，使得人工智能成为引领未来经济发展的战略性技术，进入新的发展阶段。2017年7月，国务院印发的《新一代人工智能发展规划》指出，要构建人工智能科技创新体系和智能化基础设施体系，抢抓人工智能发展的新机遇，为我国经济发展培育新引擎。为了促进人工智能的发展，国家积极布局新一代人工智能重大科技项目。国家科技部建设了创新平台，统一规划推动新一代人工智能的发展。2017年11月15日，科技部公布了首批国家新一代人工智能开放创新平台名单：依托百度公司建设自动驾驶国家新一代人工智能开放创新平台，依托阿里云公司建设城市大脑国家新一代人工智能开放创新平台，依托腾讯公司建设医疗影像国家新一代人工智能开放创新平台，依托科大讯飞公司建设智能语音国家新一代人工智能开放创新平台。[①]

（三）信息基础设施更加全面、更加平衡地发展

1. 加快信息基础设施的演进升级，积极构建共享网络。

信息基础设施的完善是国家信息化发展的关键因素。党的十八大以来，国家推出多项举措加快信息基础设施的演进升级，加快信息数据平台建设，强化国家信息化基础设施的综合应用和服务能力。与此同时，国家积极构建共享网络，开发从数据获取、

[①] 《新一代人工智能发展规划全面启动》，载于《经济参考报》2017年11月16日。

存储、处理、挖掘到开放共享的完整信息服务链。

2013 年 1 月 15 日，国务院印发《"十二五"国家自主创新能力建设规划》，提出要加强科技创新基础条件，加快科学数据平台建设，加强中国科技资源共享网建设。2013 年 2 月 23 日，国务院出台《国家重大科技基础设施建设中长期规划（2012 ~ 2030 年)》，提出要建设未来网络研究设施，解决未来网络和信息系统发展的科学技术问题，为未来网络技术发展提供试验验证支撑。2013 年 8 月，《国务院关于促进信息消费扩大内需的若干意见》发布，提出要加快信息基础设施演进升级，为信息消费提供良好的环境。

2. 实施"宽带中国"战略，促进宽带网络全面、均衡、协调发展。

宽带网络是新时代经济社会发展的战略性公共基础设施，对推动信息消费、促进生产和发展方式转变具有非常重要的支撑作用。宽带网络的全面发展是国家信息化的重要战略部署。改革开放以来，我国宽带网络覆盖范围不断扩大，宽带技术取得明显进步，应用能力不断增强。但是我国的宽带网络存在的公共基础设施定位不明确、区域和城乡发展不平衡、应用服务不够丰富、技术原创能力不足、发展环境不完善等问题。

为了促进宽带网络更加全面、均衡、协调地发展，国家提出了"宽带中国"战略。2013 年 8 月 1 日，国务院印发《"宽带中国"战略及实施方案》，列出了具体的技术路线和发展时间表：全面提速阶段（至 2013 年底）、推广普及阶段（2014 ~ 2015 年）、优化升级阶段（2016 ~ 2020 年）。该实施方案将推进区域宽带网络协调发展作为重点建设的首要任务，把东部地区、中西部地区和农村地区的宽带网络建设协调起来，共同发展。

为了促进信息基础设施在城乡之间以及地区之间的协调发展，党中央、国务院积极引导并在政策上适当倾斜。2014 年 3 月 5 日，李克强在第十二届全国人民代表大会第二次会议的政府工作报告中强调增强内需拉动经济的主引擎作用："要促进信息消费，实施'宽带中国'战略，加快发展第四代移动通信，推进城市百兆光纤工程和宽带乡村工程，大幅提高互联网网速。"2014年4月27日至29日，李克强在重庆就西部开发开放进行调研时强调要加快在西部地区发展宽带等基础设施，使信息服务等现代服务业也能向西部转移，扩展"就业容纳器"，带动收入增长。

国家的信息基础设施建设方案和农村的扶贫开发工作协同推进，以信息网络的普及应用为农村贫困人口提供就业机会，积极提高农村人口获取网络信息的机会和能力，努力消除"数字鸿沟"。2014年1月，中共中央办公厅、国务院办公厅印发《关于创新机制扎实推进农村扶贫开发工作的意见》，将贫困村信息化工作作为需要解决的重点问题。该意见提出，要积极推进贫困地区建制村接通符合国家标准的互联网，努力消除"数字鸿沟"带来的差距，促进平衡发展。

为了壮大信息消费、拉动有效投资、降低创业成本，2015年5月16日，国务院办公厅印发《关于加快高速宽带网络建设推进网络提速降费的指导意见》，提出要通过加快基础设施建设，大幅提高网络速率，有效降低网络资费，持续提升服务水平。

（四）推进信息化与工业化深度融合，建设制造强国

新中国成立尤其是改革开放以来，我国已经建立起门类齐全、独立完整的产业体系，制造业持续发展，工业化水平不断提高，但是在自主创新能力、资源利用效率、信息化程度等方面与世界先进水平相比存在差距，制造业大而不强。党的十八大以来，国家积极推进信息化与工业化的深度融合，利用新一代信息技术促进传统制造业转型升级，力争打造具有国际竞争力的先进制造业。

2015年5月8日，国务院印发《中国制造2025》，这是我国

实施制造强国战略第一个十年的行动纲领，被视为"用三个十年完成中国从制造业大国向制造业强国转变"的第一个十年路线图。"三步走"实现制造强国的战略目标是以加快新一代信息技术与制造业深度融合为主线，以推进智能制造为主攻方向。第一步：力争用十年时间（到 2025 年），迈入制造强国行列。第二步：到 2035 年，我国制造业整体达到世界制造强国阵营中等水平。第三步：新中国成立 100 年时，制造业大国地位更加巩固，综合实力进入世界制造强国前列。《中国制造 2025》加快推动新一代信息技术与制造技术融合发展，将包括集成电路及专用装备、信息通信设备、操作系统及工业软件在内的新一代信息技术产业作为大力发展的重点领域。

为了建设制造强国，国家坚持市场导向，引导企业适应和引领市场，在"中国制造＋互联网"上尽快取得突破，实现中国制造迈向中高端。2015 年 1 月 27 日，国务院总理李克强主持召开国务院常务会议，决定推动《中国制造 2025》与"互联网＋"融合发展，提出要以推进数字化、网络化、智能化制造为抓手，加快构筑自动控制与感知技术、工业云与智能服务平台、工业互联网等制造业新基础，培育制造业新模式、新业态、新产品。为推进实施制造强国战略，加强对有关工作的统筹规划和政策协调，2015 年 6 月 16 日，国务院决定成立国家制造强国建设领导小组。

2016 年 5 月 13 日，国务院印发《关于深化制造业与互联网融合发展的指导意见》，部署深化制造业与互联网融合发展，协同推进"中国制造 2025"和"互联网＋"行动，支持制造企业与互联网企业跨界融合、培育制造业与互联网融合新模式、加快制造强国建设。2016 年 5 月 19 日，中共中央、国务院印发了《国家创新驱动发展战略纲要》，提出加快工业化和信息化深度融合，把数字化、网络化、智能化、绿色化作为提升产业竞争力的技术基点，推进各领域新兴技术跨界创新，构建结构合理、先进管用、开放兼容、自主可控、具有国际竞争力的现代产业技术体系。2017 年 12 月，国家开始全面部署"中国制造 2025"国家级示范区创建工作，局部先行，探索制造业转型升级的新模式和新路径。基于新一代信息技术和互联网，"中国制造"正在向"中国智造"转型，中国正由"制造大国"迈向"制造强国"。

（五）推动新兴信息产业创新发展

随着信息技术的创新发展，地理信息产业、数字内容产业、生产性服务业等新兴业态和新兴产业不断涌现，成为经济新的增长点。新兴信息产业是加快转变经济发展方式的重要手段，也是保障和改善民生的重要内容。

1. 国家积极促进地理信息产业、数字内容产业的发展。

国家不断扩展信息产业的内容，扩大信息产业的内涵和外延。在信息化发展的初期，国家集中力量发展基于信息技术和通信技术的信息技术产业。进入 21 世纪，国家积极推动信息内容产业的发展，不断培养信息产业新业态。

2014 年 1 月 22 日，《国务院办公厅关于促进地理信息产业发展的意见》发布，该意见把提升遥感数据获取和处理能力、振兴地理信息装备制造、提高地理信息软件研发和产业化水平、发展地理信息与导航定位融合服务、促进地理信息深层次应用作为重点发展的领域。2014 年 2 月 26 日，《国务院关于推进文化创意和设计服务与相关产业融合发展的若干意见》发布，提出要加快数字内容产业发展："推动文化产品和服务的生产、传播、消费的数字化、网络化进程，强化文化对信息产业的内容支撑、创意和设计提升，加快培育双向深度融合的新型业态。"①

---

① 国务院：《国务院关于推进文化创意和设计服务与相关产业融合发展的若干意见》，中华人民共和国中央人民政府网，2014 年 3 月 14 日，http：//www. gov. cn/zhengce/content/2014 – 03/14/content_8713. htm。

2. 加快发展生产性服务业，促进产业结构调整升级。

国家重视生产性服务业的创新发展，把生产性服务业作为传统产业结构升级的重要手段，加快发展生产性服务业重点和薄弱环节。

在生产性服务业的发展中，国家出台了多项政策促进物流信息化，加强北斗导航、物联网、云计算、大数据、移动互联等先进信息技术在物流领域的应用，积极推进交通运输物流公共信息平台发展，促进物流信息与公共服务信息有效对接，实现互联互通，加快发展现代物流，实现现代物流和制造业的协同发展。2014 年 9 月 12 日，国务院印发的《物流业发展中长期规划（2014 ~ 2020 年）》把进一步加强物流信息化建设作为主要任务之一。

3. 积极推动"互联网 +"，促进产品服务创新。

党的十八大以来，我国在互联网技术、产业、应用以及跨界联合方面取得了积极进展，互联网与各个领域深入融合并创新发展。国家积极运用互联网、物联网、云计算等新一代信息技术，促进生产经营模式转型，驱动经济社会创新发展。"互联网 + 创业创新""互联网 + 协同制造""互联网 + 现代农业""互联网 + 普惠金融""互联网 + 现代物流""互联网 + 电子商务""互联网 + 人工智能"等业态快速发展。2015 年 7 月 1 日，国务院印发《关于积极推进"互联网 +"行动的指导意见》，提出要建立网络化、智能化、服务化、协同化的"互联网 +"产业生态体系，催生"互联网 +"新经济形态。

国家积极支持"互联网 + 服务业"的发展。2014 年 8 月 10 日发布的《国务院关于加快发展现代保险服务业的若干意见》将新一代信息技术和保险服务业结合起来，鼓励保险产品服务创新，并提出要支持保险公司积极运用网络、云计算、大数据、移动互联网等新技术促进保险业销售渠道和服务模式创新。

为了促进并规范"互联网 +"的应用市场，国家积极出台政策措施，鼓励创新，同时积极规范引导，促进"互联网+"健康发展。2015 年 7 月，中国人民银行等十部门联合印发了《关于促进互联网金融健康发展的指导意见》，提出了一系列鼓励创新、支持互联网金融稳步发展的政策措施：积极鼓励互联网金融平台、产品和服务创新，激发市场活力；鼓励从业机构相互合作，实现优势互补；拓宽从业机构融资渠道，改善融资环境；坚持简政放权，提供优质服务；落实和完善有关财税政策；推动信用基础设施建设，培育互联网金融配套服务体系。

国家鼓励并支持"互联网+"大众创业、万众创新平台的发展。2015 年 9 月 23 日，国务院印发《关于加快构建大众创业万众创新支撑平台的指导意见》，鼓励并支持基于互联网等方式的众创、众包、众扶、众筹等大众创业万众创新支撑平台快速发展，加快线上线下的融合。2016 年 5 月 18 日，国家发展改革委、科技部、工业和信息化部、中央网信办四部门联合印发《"互联网+"人工智能三年行动实施方案》，培育发展人工智能新兴产业，重点发展核心技术研发与产业化工程、基础资源公共服务平台工程。

为了促进互联网金融健康、可持续发展，切实发挥互联网金融支持大众创业、万众创新的积极作用，2015 年 10 月 26 日，国务院办公厅印发了《关于加强互联网领域侵权假冒行为治理的意见》。针对互联网领域侵犯知识产权和制售假冒伪劣商品的违法犯罪行为，国家通过突出监管重点、落实企业责任、加强执法协作、健全长效机制，净化互联网交易环境。2016 年 4 月 12 日，国务院办公厅印发《互联网金融风险专项整治工作实施方案》，将 P2P 网络借贷和股权众筹业务、通过互联网开展资产管理及跨界从事金融业务、第三方支付业务、互联网金融领域广告等行为作为重点整治问题。

4. 积极部署，促进电子商务创新发展。

电子商务成为新时期经济增长的新动能。国家积极营造环境、完善政策，不断探索多层次、多元化的电子商务发展方式，大力推进电子商务的发展，不断巩固和增强我国电子商务的领先优势，加强电子商务与其他产业的融合发展。

在这一时期，国家通过降低准入门槛、加大财税金融扶持、健全法规标准体系、强化科技教育支撑等政策措施推动电子商务的发展。2015 年 5 月 7 日，国务院印发《关于大力发展电子商务加快培育经济新动力的意见》，全面部署、统筹规划，提出了七方面的政策措施促进电子商务创新发展：第一，通过降税减负和金融服务支持，为电子商务发展营造宽松的环境；第二，通过加强人才培养培训，促进就业创业；第三，通过金融服务创新，推动传统商贸流通企业和广大农村地区发展电子商务，实现转型升级；第四，支持物流配送终端及智慧物流平台建设，完善物流基础设施；第五，加强电子商务国际合作，提升跨境电子商务通关效率，提升对外开放水平；第六，构筑安全保障防线，保障电子商务网络安全，确保电子商务交易安全；第七，健全法规标准体系，加强信用体系建设，强化科技与教育支撑，为电子商务发展提供保障。① 国家力争通过制度保障维护电子商务企业的公平竞争，保障劳动者权益，预防和打击电子商务领域违法犯罪，在不断推动电子商务创新发展的基础上通过制度规范市场并加强安全保障。

国家实行内外联动，积极促进电子商务在内贸和外贸活动中发挥重要作用，扩大消费、推动产业升级，打造新的经济增长点。2014 年 10 月 24 日，国务院办公厅印发《关于促进内贸流通健康发展的若干意见》，提出通过加强信息化建设，规范促进电子商务发展、加快发展物流配送、大力发展连锁经营来推进现

---

① 国务院：《关于大力发展电子商务加快培育经济新动力的意见》，中华人民共和国中央人民政府网，2015 年 5 月 7 日，http：//www. gov. cn/zhengce/content/2015 - 05/07/content_9707. htm。

代流通方式发展，从而为国内信息消费创造便利条件。同时，国家积极部署促进跨境电子商务健康快速发展，利用"互联网＋外贸"实现优进优出。

（六）电子政务建设工程全面升级

党的十八大以来，国家充分发挥政府网站在信息公开中的平台作用，推进电子政务发展。通过"互联网＋政务服务"，实现部门间数据共享，提高服务效率，降低交易成本，使政府信息传播更加可视、可读、可感，进一步增强政府网站的吸引力、亲和力，并扩大公众参与。政府通过优化网上服务流程、再造政务服务、整合构建统一的数据共享交换平台体系，积极推进实体政务大厅与网上服务平台融合发展。

为强化政府门户网站信息公开第一平台的作用，充分发挥政府网站在推进国家治理体系和治理能力现代化中的积极作用，政府不断加强政策规划。2014 年 11 月 17 日，国务院办公厅印发《关于加强政府网站信息内容建设的意见》，根据"围绕中心，服务大局；以人为本，心系群众；公开透明，加强互动；改革创新，注重实效"的原则，提出通过强化信息发布更新、加大政策解读力度、做好社会热点回应、加强互动交流、拓宽网站传播渠道、建立完善联动工作机制、加强与新闻媒体协作、规范外语版网站内容、建立信息协调机制、规范信息发布流程、加强网上网下融合、理顺外包服务关系等措施，加强政府网站信息发布工作、提升政府网站传播能力、完善信息内容支撑体系。2016 年 11 月 10 日，国务院办公厅印发《〈关于全面推进政务公开工作的意见〉实施细则》，要求加强平台建设，强化政府网站建设和管理，加强资源整合和开放共享，形成一体化的政务服务网络，提升网站的集群效应。

"互联网＋政务服务"的应用实施，大大提高了政府的行政效率，同时扩大了公众参与度。2016 年 9 月 25 日，国务院印发

《关于加快推进"互联网+政务服务"工作的指导意见》，提出
要在 2020 年底前，建成覆盖全国的整体联动、部门协同、省级
统筹、一网办理的"互联网+政务服务"体系，大幅提升政务
服务智慧化水平，让政府服务更聪明，让企业和群众办事更方
便、更快捷、更有效率。为了对"互联网+政务服务"技术和
服务体系提供保障，2016 年 12 月 20 日，国务院办公厅印发
《"互联网+政务服务"技术体系建设指南》，围绕"互联网+政
务服务"业务支撑体系、基础平台体系、关键保障技术、评价考
核体系等方面，加强全国一体化的"互联网+政务服务"技术
和服务体系整体设计，提升各地区各部门网上政务服务水平。

（七）网络安全和信息化建设统一推进，建设网络强国

党的十八大以来，党中央、国务院提出建设网络强国的目
标。以信息化驱动现代化，建设网络强国，是落实"四个全面"
战略布局的重要举措，是实现"两个一百年"奋斗目标和中华
民族伟大复兴中国梦的必然选择。

2014 年 2 月 27 日，中央网络安全和信息化领导小组成立，
中共中央总书记、国家主席、中央军委主席习近平亲自担任组
长，李克强、刘云山任副组长。习近平主持召开了中央网络安全
和信息化领导小组第一次会议，强调努力把我国建设成为网络强
国，这是国家首次提出建设"网络强国"的目标："向着网络基
础设施基本普及、自主创新能力显著增强、信息经济全面发展、
网络安全保障有力的目标不断前进。"[①] 2017 年党的十九大再次
强调要建设网络强国、数字中国。

在建设网络强国的过程中，国家强调网络安全和信息化的协
同发展，习近平指出："网络安全和信息化是一体之两翼、驱动

---

① 习近平：《把我国从网络大国建设成为网络强国》，新华网，2014 年 2 月 27
日，http://news.xinhuanet.com/politics/2014-02/27/c_119538788.htm。

之双轮，必须统一谋划、统一部署、统一推进、统一实施。"①党中央高度重视网络安全工作，成立了网络安全和信息化领导小组，明确提出要加快互联网领域立法，并在 2014 年的政府工作报告中首次出现维护网络安全的表述。2015 年 7 月 1 日通过的《中华人民共和国国家安全法》提出将网络空间置于国家主权管辖之下，维护网络空间主权。2016 年 11 月 7 日，十二届全国人大常委会第二十四次会议通过了《中华人民共和国网络安全法》，并于 2017 年 6 月 1 日起正式施行。国家开始正式以法律的形式保障网络安全，维护网络空间主权和国家安全、社会公共利益，中国信息安全行业进入了新的时代。

在建设网络强国的过程中，国家注重增强网络管理水平，增强网络空间安全防御能力。2016 年 10 月 26 日，教育部网络安全和信息化领导小组成立，同时撤销"教育部信息化领导小组"和"教育信息化推进办公室"。2016 年 11 月，教育部网络安全和信息化领导小组召开第一次全体会议，专题研究保障信息安全问题，强调要提高对网络安全和信息化工作的认识。

（八）加强国际网络安全合作，共建网络空间命运共同体

党的十八大以来，以习近平同志为核心的党中央坚持开放共享的发展战略，加强国际网络安全合作，积极构建国际互联网治理体系。

从 2014 年到 2017 年连续四届世界互联网大会，中国都提出要积极推动互联网治理，相互尊重网络主权，携手共建网络空间命运共同体。2014 年 11 月 19 日在浙江乌镇举行的首届世界互联网大会以"互联互通、共享共治"为主题，中国通过这次大会，将共享发展的理念传递给世界。中国的发展始终坚持以人民为中

---

① 习近平：《把我国从网络大国建设成为网络强国》，新华网，2014 年 2 月 27 日，http：//news. xinhuanet. com/politics/2014 - 02/27/c_119538788. htm。

心，让互联网发展成果惠及全国人民。中国与世界各国不断深化国际合作，推动互联网设施互联互通，加强互联网技术合作共享，共同构建和平、安全、开放、合作的网络空间，建立多边、民主、透明、安全的国际互联网治理体系。2015年，习近平在第二届世界互联网大会开幕式上指出："网络空间是人类共同的活动空间，网络空间前途命运应由世界各国共同掌握。各国应该加强沟通、扩大共识、深化合作，共同构建网络空间命运共同体。"[①] 习近平在2016年第三届世界互联网大会的视频讲话中又提出必须深化网络空间国际合作，携手构建网络空间命运共同体。2017年，习近平向第四届世界互联网大会致贺信时指出："全球互联网治理体系变革进入关键时期，构建网络空间命运共同体日益成为国际社会的广泛共识。"[②]

中国以负责任大国的姿态引领国际互联网的共建、共治、共享。中国积极加强与美国在网络安全方面的合作，取得了显著成效，为促进网络空间的国际和平与安全做出了重要贡献。2015年9月23日，习近平在美国微软公司总部会见参加第八届中美互联网论坛的双方代表时指出，一个安全、稳定、繁荣的网络空间，对一国乃至世界和平与发展越来越具有重大意义，为此他倡导建设和平、安全、开放、合作的网络空间。2015年，中美两国元首达成网络安全合作五点共识。中美两国建立了执法及网络安全对话，这是中美4个高级别对话机制之一。2017年11月9日，美国总统特朗普访问中国，两国元首又达成多方面共识。在网络安全方面，中美双方同意两国继续执行网络安全合作五点共识，用好打击网络犯罪和网络安全热线机制，双方将进一步加强网络反恐和打击网络儿童淫秽信息、电子邮件欺诈、网络窃取企

① 习近平：《共同构建网络空间命运共同体》，载于《新华每日电讯》2015年12月17日。

② 习近平：《致第四届世界互联网大会的贺信》，载于《人民日报》2017年12月4日。

业知识产权案件以及关键基础设施网络安全保护等方面的合作。

党的十八大以来，党中央、国务院本着"统筹推进、创新引领、驱动发展、惠及民生、合作共赢、确保安全"的基本方针，实施网络强国战略，推动信息技术与经济社会发展深度融合。2016 年 7 月 27 日，中共中央办公厅、国务院办公厅印发国家信息化发展的纲领性文件《国家信息化发展战略纲要》，这是根据新形势对《2006～2020 年国家信息化发展战略》的调整和发展，是国家战略体系的重要组成部分，是信息化领域规划、政策制定的重要依据。

"十三五"时期是构筑国家竞争新优势的重要战略机遇期，因此国家加强了统筹谋划，主动引领新一轮信息革命浪潮，大力增强信息化发展能力，着力提升经济社会信息化水平，并不断优化信息化发展环境，维护网络信息安全。《中华人民共和国国民经济和社会发展第十三个五年规划纲要》《"十三五"国家战略性新兴产业发展规划》《"十三五"国家信息化规划》《"十三五"促进就业规划》等"十三五"重要文件密集出台。党中央、国务院根据国内外环境的变化，审时度势，提出了信息化的行动指南，将新一代信息网络技术超前部署、北斗系统建设应用、应用基础设施建设、数据资源共享开放、"互联网＋政务服务"、美丽中国信息化、网络扶贫、新型智慧城市建设、网上丝绸之路建设、繁荣网络文化、在线教育普惠、健康中国信息服务 12 个方面作为优先行动计划。①

党的十八大以来，我国信息化建设在习近平新时代信息化思想的指导下，取得了一系列重大成果，呈现出新的特点。党中央、国务院积极推进"互联网＋"行动、深入推进"宽带中国"

---

① 国务院：《关于印发"十三五"国家信息化规划的通知》，中华人民共和国中央人民政府网，2016 年 12 月 15 日，http：//www.gov.cn/zhengce/content/2016 - 12/27/content_5153411.htm。

战略、实施国家大数据战略，农业现代化进展明显，工业化和信息化融合发展水平不断提高，新产业新业态不断成长。党的十九大上，习近平提出建设现代化经济体系、加强供给侧结构性改革、实施乡村振兴战略，皆是以信息化建设为基础的。信息化已经成为促进产业升级、推动民生改善的重要推动力，成为我国实现社会主义现代化的重要引擎。同时，党中央深入贯彻习近平"以人民为中心"的发展思想，坚持共享发展理念，制定普惠型政策措施，使全国人民共享信息化发展成果。

第二章

中国互联网和信息化发展成效

互联网已经成为信息化时代世界各国重点发展的信息基础设施，互联网的发展推动经济社会不断转型升级。近年来，中国加快网络信息基础设施建设，宽带网络覆盖范围不断扩大，传输和接入能力不断提高，宽带技术创新能力不断增强，互联网应用水平不断提高，以互联网为基础的电子商务等新兴业态蓬勃发展。党的十八届五中全会提出了"实施网络强国战略"，加快了我国由网络大国向网络强国迈进的步伐。

一、中国互联网发展历程

中国互联网应用起步于 20 世纪 80 年代，经过 30 多年的发展，取得了辉煌的成就，成为令世界瞩目的互联网大国。2004年，在第三届中国互联网大会上，中国互联网络信息中心推出了中国互联网历史长廊主题展，按照互联网建设和应用的轨迹把中国互联网发展历程划分为五个阶段：1987～1994 年的网络探索阶段、1993～1996 年的蓄势待发阶段、1996～1998 年的应运而起阶段、1999～2002 年的网络大潮阶段、2003 年以后的繁荣与未来阶段。①

2004 年至今，互联网又经历了十几年的黄金发展时期，互联网技术和互联网的应用水平已经发生了巨大的变化。因此，应该积极把握互联网的发展变化，对其 30 多年的发展历程重新进行阶段划分。笔者认为，从 1987 年开始，我国互联网大致经历三个发展阶段：起步阶段、发展阶段和加速阶段。

（一）第一阶段：起步阶段（1987～1993 年）

根据中国互联网络信息中心的记载，1987 年，在德国卡尔斯鲁厄大学一个科研小组的帮助下，王运丰教授和李澄炯博士等在北京计算机应用技术研究所（ICA）建成一个电子邮件节点，于 9 月 20 日向德国成功发出了一封内容为 "Across the Great Wall we can reach every corner in the world.（越过长城，走向世界）" 的电子邮件，中国互联网正式起步。1990 年 11 月 28 日，中国的顶级域名 . CN 完成注册，中国在国际互联网上有了自己的身份标识，但顶级域名服务器暂设在德国卡尔斯鲁厄大学。1992 年底，NCFC 工程的院校网，即中科院院网（CASNET）、清华大学校园网（TUNET）和北京大学校园网（PUNET）全部完成建设。1993 年 12 月，NCFC 主干网工程完工，三个院校网通过高速光缆和路由器实现了互联。②

我国互联网应用以发送电子邮件为起步标志。在这个发展阶段，中国尚未实现与国际互联网的全功能链接，直到 1993 年，NCFC 主干网也只能实现中科院院网、清华大学校园网、北京大学校园网三个网络之间的互联。因此在这个阶段，中国互联网没有实现真正意义上的应用。

---

① 中国互联网络信息中心：《中国互联网历史长廊》，中国互联网络信息中心网站，2004 年 8 月 31 日，http：//www. cnnic. cn/gywm/xwzx/rdxw/2004nrd/201207/t20120710_31400. htm。
② 中国互联网络信息中心：历年中国互联网发展大事记。

(二) 第二阶段：发展阶段 (1994～1998 年)

以 1994 年中国 NCFC 工程连入因特网 (Internet) 为标志，我国实现了与因特网的全功能连接，从此开启了互联网全功能服务，真正实现了互联网的应用服务。从 1994 年开始，中国成为真正拥有全功能因特网的国家。此后，中国的各项互联网应用工程相继启动并向全国范围内扩展。

1994 年 5 月 15 日，中国科学院高能物理研究所设立了国内第一个 WEB 服务器，推出中国第一套网页。1995 年 3 月，中国科学院完成上海、合肥、武汉、南京四个分院的远程连接，因特网向全国扩展应用。1996 年 1 月，中国公用计算机互联网 (CHINANET) 全国骨干网建成并正式开通，全国范围的公用计算机互联网络开始提供服务，互联网进入了人们的生活。[①]

(三) 第三阶段：加速阶段 (1999 年至今)

1999 年以后，随着中国教育和科研计算机网 (CERNET) 的卫星主干网和北京国家级互联网交换中心的开通，我国互联网的运行速度大幅度提高。以中国联通 CDMA 移动通信网建成为标志，中国移动通信技术的发展进入了一个新阶段。

在这一阶段，国家先行出台各项政策支持互联网的发展：2013 年 8 月 1 日，国务院印发《"宽带中国"战略及实施方案》，强调加强战略引导和系统部署，推动作为战略性公共基础设施的宽带快速健康发展，并确定了 2015 年和 2020 年两阶段发展目标。2015 年 7 月，国务院印发《国务院关于积极推进"互联网 +"行动的指导意见》，旨在通过互联网带动传统产业发展，形成以互联网为基础设施和创新要素的经济社会发展新形态。2015 年 10 月，党的十八届五中全会审议通过了《中共中央关于

---

① 中国互联网络信息中心：历年中国互联网发展大事记。

制定国民经济和社会发展第十三个五年规划的建议》，提出实施网络强国的发展战略，加快构建高速、移动、安全、泛在的新一代信息基础设施。

在国家政策的支持下，互联网应用效率不断提高，互联网的应用范围不断拓宽，电子商务、电子政务、电子银行等新模式不断出现。当前，我国互联网进入加速发展时期，并开始向物联网、下一代互联网发展。

随着互联网的深化应用，国家开始积极部署下一代互联网的发展，在 2000 年就已经建成了中国第一个下一代互联网交换中心 DRAGONTAP。2003 年 8 月，国务院正式批复启动"中国下一代互联网示范工程"，积极开展应用试点。2004 年 12 月 23 日，我国国家顶级域名.CN 服务器的 IPv6 地址成功登录到全球域名根服务器，我国国家域名系统进入下一代互联网。①

物联网是新一代信息技术的集成，在互联网基础上进入创新发展阶段。我国的物联网最初被称为传感网。当前，我国是国际传感网标准化的四大主导国之一，物联网的标准化建设已达到世界先进水平。物联网是我国重点发展的新一代信息技术的代表，是国家重点支持发展的战略性新兴产业。

国家不断加强物联网发展的顶层设计、制定发展规划，促进物联网技术的研发以及推广应用。2010 年，在《国务院关于加快培育和发展战略性新兴产业的决定》中，物联网成为国家首批培育的战略性新兴产业。2011 年，国家设立了物联网专项基金，加大资金投入，推进物联网发展。在 2012 年的国务院政府工作报告中，物联网作为附注形式出现，这是国家首次以官方形式对物联网做出概念界定。2013 年，国家提出要积极推动国家建立具有国际竞争力的物联网产业体系，物联网逐步走向产业化发展阶段。《物联网"十二五"发展规划》《"十三五"国家信息化

---

① 中国互联网络信息中心：历年中国互联网发展大事记。

规划》等规划密集发布，重点支持物联网的发展，明确提出物联网发展的行动指南，实施物联网应用示范工程，推动物联网的深化应用和生产力转化。

二、中国互联网发展水平

在国家政策的支持下，我国互联网事业取得了巨大的成就，成为举足轻重的互联网大国。截至 2008 年 6 月 30 日，我国网民总人数达到 2.53 亿人，首次跃居世界第一。2008 年 7 月 22 日，CN 域名注册量达到 1 218.8 万个，首次成为全球第一大国家顶级域名。又经过近 10 年的发展，到 2017 年 6 月，中国网民规模已经达到 7.51 亿，互联网普及率达到 54.3%。①

（一）中国网络基础设施不断完善

随着《2006～2020 年国家信息化发展战略》的颁布和"宽带中国"战略的实施，国家将完善综合信息基础设施、推动网络融合，实现向下一代网络转型作为我国信息化发展的战略重点。国家将基础网络建设和产业创新相结合，将网络升级和产业创新相结合，推动我国宽带基础设施加快发展。国家从战略层面提出要从业务、网络和终端等层面推进"三网融合"，发展多种形式的宽带接入，大力推进互联网的普及应用，同时要应用光电传感、射频识别等技术扩展网络功能，稳步实现向下一代网络转型。

2016 年《国民经济和社会发展第十三个五年（2016～2020年）规划纲要》提出要加快构建高速、移动、安全、泛在的新一代信息基础设施，推进信息网络技术广泛运用，通过完善新一代高速光纤网络、构建先进泛在的无线宽带网、加快信息网络新

---

① 中国互联网络信息中心。

技术开发应用、推进宽带网络提速降费等措施来拓展网络经济空间。在国家战略规划的指引下，我国正在积极构建现代化通信骨干网络、加快第四代移动通信（4G）网络建设、积极推进第五代移动通信（5G）和超宽带关键技术研究并启动 5G 商用。拥有自主知识产权的 TD－LTE 4G 移动通信网络规模已经全球领先，目前正积极部署 5G 技术研发第三阶段试验，这是 5G 走向商业化的最后一步。我国还超前布局下一代互联网，全面向互联网协议第 6 版（IPv6）演进升级。

截至 2017 年 6 月，我国 IPv4 地址数量达到 3.38 亿个、IPv6 地址数量达到 21 283 块/32，二者总量均居世界第二；中国网站数量为 506 万个，国际出口带宽达到 7 974 779Mbps，较 2016 年底增长了 20.1%。目前，中国已经建成全球规模最大的 4G 网络，竖起 299 万个基站，拥有 8.9 亿用户，光缆线路总长已达 3 041 万公里，全球第一。

（二）互联网接入水平显著提高

中国互联网络信息中心（CNNIC）于 1997 年发布的《第一次中国互联网络发展状况调查统计报告》数据显示，截至 1997 年 10 月 31 日，我国上网计算机数为 29.9 万台，其中直接上网的计算机仅为 4.9 万台。拨号上网的计算机数为 25 万台，WWW 站点数约 1 500 个。当时我国上网用户数为 62 万，并且大部分用户都是通过拨号上网的。从事科研、教育、计算机行业的用户及学生占 54.7%，因为网速太慢和收费太贵等问题，真正的消费型用户占的比例很小。

经过 20 年的发展，在国家政策的大力支持下，中国的互联网发展迅速，整体水平显著提高。2017 年 7 月，中国互联网络信息中心发布的《第 40 次中国互联网络发展状况统计报告》数据显示，截至 2017 年 6 月，中国网站总数为 506 万个，网民规模已经达到 7.51 亿，农村网民规模也已经达到 2.01 亿，手机网

民规模达到 7.24 亿，我国互联网覆盖率逐年提高，截至 2017 年
6 月，互联网普及率为 54.3%（具体见表 2-1）。上网方式呈多
样化发展态势，电脑、平板、手机、电视等互联网使用率普遍提
高。台式电脑的互联网接入率为 55%，笔记本电脑的互联网接
入率为 36.5%，平板电脑上网使用率为 28.7%，电视上网使用
率为 26.7%，手机上网使用率为 96.3%。

表 2-1　　　　　2007~2017 年中国互联网发展基础数据

项目	截至 2017 年 6 月	截至 2015 年 6 月	截至 2011 年 6 月	截至 2007 年 6 月
网民规模（人）	7.51 亿	6.68 亿	4.85 亿	1.62 亿
手机网民规模（人）	7.24 亿	5.94 亿	3.18 亿	—
农村网民规模（人）	2.01 亿	1.86 亿	1.31 亿	0.32 亿
网站总数（个）	506 万	357 万	183 万	131 万
IPv4 地址数（个）	3.38 亿	3.36 亿	3.32 亿	1.18 亿
IPv6 地址数（块/32）	21 283	19 338	429	27
国际出口带宽（Mbps）	7 974 779	4 717 761	1 182 261.45	312 346
互联网普及率（%）	54.3	48.8	36.2	12.3

资料来源：中国互联网络信息中心：《中国互联网络发展状况统计报告》。

（三）互联网应用保持高速增长

当前，我国互联网的应用日益广泛化、深度化，并逐渐向移
动互联网转移。以互联网为代表的数字技术正在推动消费升级以
及经济社会转型发展。互联网的信息获取类应用、商务交易类应
用、金融服务类应用、娱乐类应用的整体规模呈增长态势。

网络新闻是中国互联网发展最早的互联网应用之一。随着新
一代信息技术的发展，网络新闻等信息获取类应用水平不断提
高。截至 2017 年 6 月，我国网络新闻用户规模为 6.25 亿，网民

使用比例为83.1%，其中手机网络新闻用户规模达到5.96亿，占手机网民的82.4%。

商务应用类交易保持高速增长，截至2011年6月底，网络购物用户规模达到1.73亿，而到2017年6月，我国网络购物用户规模已经达到5.14亿，其中手机网络购物用户规模达到4.80亿。2017年上半年，网络购物、网上外卖、在线旅行预订用户规模分别增长10.2%、41.6%和11.5%，线下购物中使用手机支付的比例已经高达61.6%。

互联网应用从商务交易逐渐转向教育、交通等生活的方方面面，人工智能技术驱动在线教育迅速发展，网约车已经成为人们出行的常见方式：当前在线教育、网约出租车、网约专车或快车和共享单车用户规模分别达到1.44亿、2.78亿、2.17亿和1.06亿。金融互联网也成为互联网应用的新领域，网络理财用户规模也逐渐增加，截至2017年6月，我国购买互联网理财产品的网民规模达到1.26亿。①

同时，网络娱乐类应用用户规模稳步增长，行业不断向正规化发展。截至2011年6月底，中国网络游戏用户规模为3.11亿，而到2017年6月，用户规模增长到4.22亿（见表2-2）。网络娱乐类应用进一步向移动端转移，2017年上半年，手机网络音乐、视频、游戏、文学用户规模增长率均在4%以上，其中手机网络游戏增长率达到9.6%②。

表2-2　　　　2011~2017年中国互联网应用发展情况　　　单位：亿

应用项目	截至2017年6月	截至2015年6月	截至2011年6月
即时通信用户规模	6.92	6.06	3.85
搜索引擎用户规模	6.09	5.36	3.86

①② 根据中国互联网络信息中心网站历年《中国互联网络发展状况统计报告》整理。

续表

应用项目	截至 2017 年 6 月	截至 2015 年 6 月	截至 2011 年 6 月
手机搜索用户规模	5.93	4.54	—
网络新闻用户规模	6.25	5.54	3.62
手机网络新闻用户规模	5.96	4.59	—
网络购物用户规模	5.14	3.73	1.73
手机网络购物用户规模	4.80	2.70	—
网上旅行预订网民规模	3.34	2.29	0.37
手机旅行预订网民规模	2.99	1.67	—
互联网理财用户规模	1.26	0.78	0.56
网上支付用户规模	5.11	3.59	1.53
手机支付用户规模	5.02	2.76	—
网络游戏用户规模	4.22	3.80	3.11
手机网络游戏用户规模	3.85	2.67	—
网络文学用户规模	3.53	2.84	1.95
手机网络文学用户规模	3.27	2.49	—
网络视频用户规模	5.65	4.61	3.01
手机视频用户规模	5.25	3.54	—
网络音乐用户规模	5.24	4.80	3.82
手机网络音乐用户规模	4.89	3.86	—
在线教育用户规模	1.44	—	—
手机在线教育用户规模	1.20	—	—
网约出租车用户规模	2.78	—	—
网约专车或快车用户规模	2.17	—	—
共享单车用户规模	1.06	—	—
网上外卖用户规模	2.95	—	—
手机网上外卖用户规模	2.74	—	—

资料来源：中国互联网络信息中心历年《中国互联网络发展状况统计报告》。

互联网应用逐渐向移动端转移，移动互联网发展迅速，智能无线终端设备市场份额和用户规模稳步增长。智能手机等移动终端设备成为人们获取信息、网上购物、娱乐休闲的主要媒介载体。高效、及时、便携的移动互联网提高了人们获取信息、商务交易、电子支付的效率。娱乐类应用、金融类应用是移动互联网业务的主流形式，并且其消费者群体范围越来越广，呈多样化发展趋势。

随着互联网基础设施不断完善以及信息安全保障体系的健全，我国互联网普及率不断提高。互联网与医疗、教育、交通等公共民生服务深度融合，对个人生活方式的影响进一步深化。随着移动上网设备的逐渐普及、网络环境的日趋完善、移动互联网应用场景的日益丰富三个因素共同作用，我国移动互联网应用发展迅速、主导地位不断强化。互联网已经成为改善民生、增进社会福祉的助推器。

（四）农村互联网成为新的增长点

中国农村互联网发展迅速，尽管整体水平低于城镇，但表现出极大的增长潜力。《2007年中国农村互联网调查报告》显示，截止到2007年6月，我国农村网民规模超过3 700万人，城乡之间存在较大差距，农村互联网普及率为5.1%；而同期我国城镇互联网普及率为21.6%。① 经过近10年的发展，农村互联网发展速度显著提升。2016年8月发布的《2015年农村互联网发展状况研究报告》显示：2015年我国农村网民规模达到1.95亿，占比28.4%，增速是城镇的2倍；农村互联网普及率是32.31%，增幅比城镇高出2.38个百分点；农村搜索引擎用户规

---

① 中国互联网络信息中心：《2007年中国农村互联网调查报告》，中国互联网络信息中心网站，2007年9月7日，http：//www.ennic.cn/hlwfzyj/hlwxzbg/ncbg/201206/t20120612_27435.htm。

模为 1. 52 亿，年增长率为 16. 9%；农村网民搜索引擎使用率为 77. 7%，较 2014 年底提高了 4. 9 个百分点。[①]

即时通信是农村网民使用率最高的应用。截至 2015 年 12 月，农村网民即时通信用户规模为 1. 72 亿，年增长率达到 10. 8%。农村互联网发展中，手机网民增长较快，在 1. 95 亿的农村网民中，手机网民占农村总体网民的 87. 1%，使用手机上网的用户达到 1. 7 亿。《第 40 次中国互联网络发展状况统计报告》显示，截至 2017 年 6 月，我国网民中农村网民占比 26. 7%，规模为 2. 01 亿；普及接入层面，农村互联网普及率由 2014 年的 28. 3% 上升至 2017 年的 34. 0%，但仍然低于城镇 35. 4 个百分点。[②]

在农村互联网的应用中，以商务交易类应用为主体的农村电子商务发展迅速，用户使用率逐年提高。尤其是 2015 年，在国家关于"互联网＋"等各项政策的鼓励和扶持下，农村地区商务交易类应用用户规模有明显增长，网络购物用户规模年增长率达到 19. 8%。由于国家加大普惠金融政策扶持力度，农村网络金融类应用增速明显，截至 2015 年底，网上支付类用户规模达 9 320 万，年增长率达到 48. 5%，使用率达到 47. 7%，网上银行类的用户规模达 7 161 万，年增长率达到 25. 6%，使用率为 36. 6%。

三、中国信息化发展成效

新中国成立以来，我国的信息化稳步发展，经历了准备阶

---

① 中国互联网络信息中心：《2015 年农村互联网发展状况研究报告》，中国互联网络信息中心网站，2016 年 8 月 29 日，http：//www. cnnic. cn/hlwfzyj/hlwxzbg/ncbg/201608/t20160829_54453. htm。

② 中国互联网络信息中心：《第 40 次中国互联网络发展状况统计报告》，中国互联网络信息中心网站，2017 年 8 月 3 日，http：//www. cnnic. net. cn/hlwfzyj/hlwxzbg/hlwtjbg/201708/P020170807351923262153. pdf。

段、积累阶段、正式起步阶段、全方位发展阶段以及加速发展阶段。党中央、国务院根据时代发展要求，统一规划组织，积极面向市场制定符合不同阶段发展特点的方针政策，推动国家信息化向更高水平发展。当前，我国的信息化已经进入多元化、深层次、全方位、高效益的发展时期，成为全面建成小康社会、实现中华民族伟大复兴的重要推动力。

国家信息中心《中国信息社会发展报告2016》的数据显示，2007～2016年，全国信息社会指数的年均增长率为8.35%，中国正处于从工业社会向信息社会的加速转型期。中国互联网络信息中心对世界各国进行评价的结果显示，中国的信息化水平显著提高，国家信息化发展指数在全球排名从2012年的第36位上升到2016年的第25位。中国的信息化发展在产业规模和应用效益等方面已经处于全球领先地位。信息化建设不断推进中国数字经济的发展，2016年中国数字经济的规模占GDP的比重高达30.3%，位居世界第二。中国信息化发展的四个重点领域——信息经济、网络社会、在线政府和数字生活——都已经进入加速发展时期，但同时也存在发展不平衡、不充分等问题，地区差异明显，城乡数字鸿沟加大。

（一）综合信息基础设施不断完善

近年来，我国信息通信技术应用深化，宽带网络覆盖范围不断扩大，互联网普及率显著提高，信息网络已经实现跨越式发展。我国宽带发展联盟发布的第六期《中国宽带普及状况报告》（2017年第三季度）数据显示，截止到2017年第三季度，我国固定宽带家庭普及率达到72.5%，移动宽带用户普及率达到82.3%。在建设"网络强国"政策的驱动下，国家相继发布《关于促进信息消费扩大内需的若干意见》《"宽带中国"战略及实施方案》等政策意见，推动互联网、下一代互联网、光纤接入以及宽带无线移动通信等信息基础设施的发展，促进各个地区信息网络基础设施演进升级，加快完善信息化发展的网络环境。当前，我国互联网用户和宽带接入用户均居世界第一，广播电视网络已经基本覆盖全国的行政村。在地方层面，我国浙江省固定宽带普及率全国排名第一位，高达 89.1%，北京市的移动宽带普及率达到 129.9%，列全国第一。

信息网络的普及应用得益于光缆、交换机、宽带等通信网络基础设施的不断发展。改革开放以来，我国光缆总长度从无到有，由 2000 年的 1 212 358 公里增长到 2015 年的 24 863 348 公里，实现了质的飞跃。固定长途电话交换机容量、局用交换机容量、移动电话交换机容量、移动电话基站、互联网宽带接入端口数量逐年提升（见表 2 - 3）。

表 2 - 3　　1978 ~ 2015 年全国通信网络基础设施发展情况

指标	1978 年	1990 年	2000 年	2005 年	2010 年	2014 年	2015 年
光缆总长度（公里）	—	—	1 212 358	4 072 788	9 962 467	20 612 529	24 863 348
长途光缆总长度（公里）	—	3 334	286 642	723 040	818 133	928 398	965 283
固定长途电话交换机容量（路端）	1 863	161 370	5 635 498	13 716 307	16 414 644	9 829 082	8 110 825
局用交换机容量（万门）	405.9	1 231.8	17 825.6	47 196.1	46 537.3	40 517.1	26 446.5
移动电话交换机容量（万户）		5.1	13 985.6	48 241.7	150 284.9	205 024.9	218 150
移动电话基站（万个）	—	—	—	28.1	139.8	350.8	465.6
互联网宽带接入端口（万个）	—	—	—	4 874.7	18 781.1	40 546.1	57 709.4

资料来源：历年《中国统计年鉴》。

（二）工业信息化水平不断提高

我国产业技术创新能力显著增强，信息技术创新应用不断加快，推动传统产业转型升级。工业领域信息化水平不断提高，两化融合深入发展。随着国家新型工业化发展战略的实施，信息化和工业化深入融合，中国制造逐步向智能制造升级。信息技术在工业研发设计、生产管理、营销管理、物流配送等方面深化应用，推动了传统企业转变生产方式。

在研发设计环节，我国企业的技术创新主体地位逐渐凸显，信息技术创新能力不断提高。当前，我国企业的研发经费投入不断提高，已经成为世界第二大研发经费投入国。在较强的科研经费支持下，在国家自主创新政策的引导下，我国在关键核心技术领域也不断取得重大突破，超级计算机、量子通信、北斗卫星导航等技术水平已位居世界前列。在生产制造环节，部分行业已采用数字化生产工具，实现了信息化、智能化生产。目前，我国航天、航空、机械、船舶、汽车、轨道交通装备等行业数字化设计工具普及率超过了85%，钢铁、石化、有色金属、煤炭、纺织、医药等行业关键工艺流程数控化率超过65%，企业资源计划装备率超过70%，精准制造、极端制造、敏捷制造能力大幅度提高。[①] 在营销物流环节，基于互联网和物联网，以客户为中心的个性化营销、精准营销方式和现代物流体系大幅度提高了供应链效率。

随着工业信息化水平的提高，在传统制造业不断转型升级的同时，新兴产业也快速发展。在信息技术的支持下，我国医药制造业、航空航天器制造业、电子及通信设备制造业、电子计算机及办公设备制造业、医疗设备及仪器仪表制造业等高技术产业的

---

① 《中国信息化年鉴》编委会：《2015中国信息化年鉴》，电子工业出版社2016年版，第3页。

劳动生产率大幅提高，收入和利润也均获得较大幅度增长。2007年，我国高技术产业主营业务收入为 49 714 亿元，到 2013 年快速增长为 116 049 亿元，是 2007 年的 2.3 倍。[①]

（三）电子信息产业增长迅速

改革开放以来，在国家政策的引导下，我国电子信息产业规模不断壮大，电子信息制造业和软件业均实现了增长，对我国经济增长的贡献度显著提高。电子信息产业的发展为我国整体信息化水平的提高提供了有力的支撑。

首先，电子信息产业规模持续扩大，软件业所占比重持续提高。

我国电子信息企业数量快速增长。截至 2015 年，我国规模以上电子信息产业企业数量达到 6.08 万家，其中电子信息制造企业为 1.99 万家，软件和信息技术服务业企业为 4.09 万家。由此可见，软件和信息技术服务业企业已经成为我国电子信息产业的主体企业类型。电子信息企业在规模扩大的同时，主营业务收入和利润也逐年提高。工信部发布的数据显示：2007 年，我国电子信息产业主营业务收入为 5.6 万亿元，其中规模以上制造业为 4.54 万亿元，所占比重高达 81%，而软件业主营业务收入为 5 834 亿元，所占比重较低，仅为 10% 左右。经过 5 年的发展，到 2012 年，我国电子信息产业销售收入突破 10 万亿元大关。到 2015 年，我国电子信息产业收入总规模达到 15.4 万亿元，其中电子信息制造业实现主营业务收入达到 11.1 万亿元，软件和信息技术服务业发展迅速，软件业务收入增速快于电子信息制造业 9 个百分点，所占比重也提高到 28% 左右。[②] 到 2016 年，我国电子信息产业主营业务收入高达 17 万亿元，是 2012 年的 1.55 倍，

---

① 中华人民共和国科学技术部：中国高技术产业数据库。
② 工业和信息化部：《2015 年电子信息产业统计公报》，中华人民共和国工业和信息化部网站，2016 年 2 月 29 日，http://www.miit.gov.cn/n1146290/n1146402/n1146455/c4655529/content.html。

电子信息产业利润总额达到 1.3 万亿元，是 2012 年的 1.89 倍。①
在电子信息产业发展过程中，软件业的主营业务收入增长速度较
高，2007～2016 年的增速均高于电子信息制造业（具体数据见
表 2－4）。

表 2－4 　　　2007～2016 年我国电子信息产业发展情况

年份	电子信息产业主营业务收入（万亿元）	增速（%）	规模以上电子信息制造业主营业务收入（万亿元）	增速（%）	软件业主营业务收入（万亿元）	增速（%）
2007	5.6		4.5		0.6	
2008	6.3	12.5	5.1	12.8	0.8	29.8
2010	7.8	29.5	6.4	24.1	1.3	31.3
2011	9.3	20.9	7.5	17.1	1.8	35.9
2012	11.0	16.7	8.5	13.0	2.5	28.5
2013	12.4	12.7	9.3	10.4	3.1	24.6
2014	14.0	13.0	10.3	9.8	3.7	20.2
2015	15.4	10.4	11.1	7.6	4.3	16.6
2016	17.0	11.6	12.1	8.4	4.9	14.9

资料来源：中华人民共和国工业和信息化部：历年《电子信息产业统计公报》。

其次，我国电子信息产业对外贸易发展迅速，进出口规模持
续攀升。

工信部数据显示，2008 年，我国电子信息产品进出口总额
为 8 854 亿美元，占我国外贸总额的比重达到 35%。笔记本电
脑、移动通信设备、集成电路等电子信息产品出口量较大。2010
年，我国电子信息产品进出口额突破 1 万亿美元，高达 10 128 亿

① 工业和信息化部：《中国电子信息产业综合发展指数研究报告》，载于《中
国电子报》2017 年 9 月 5 日。

美元,同比增长 31.2%。2008~2016 年,我国电子信息产品进出口额在我国外贸进出口总额中的比重一直保持在 30% 以上。2008 年以来,我国电子信息产品对外贸易保持顺差状态,出口额持续大于进口额。我国电子信息产品出口规模持续扩大,占我国外贸出口总额的比重也一直维持在 33% 以上。由此可见,我国电子信息产品出口是我国外贸出口的重要组成部分,是拉动我国外贸增长的主力军(具体数据见表 2-5)。

表 2-5   2008~2016 年我国电子信息产品进出口情况

年份	电子信息产品进出口总额(亿美元)	占外贸进出口总额比重(%)	电子信息产品出口额(亿美元)	占出口总额比重(%)	电子信息产品进口额(亿美元)	占进口总额比重(%)
2008	8 854	35.0	5 218	36.5	3 637	32.1
2010	10 128	34.1	5 912	37.5	4 216	30.2
2011	11 292	31.0	6 612	34.8	4 680	26.8
2012	11 868	30.7	6 980	34.1	4 888	26.9
2013	13 302	32.0	7 807	35.3	5 495	28.2
2014	13 237	30.8	7 897	33.5	5 340	27.1
2015	13 088	33.1	7 811	34.3	5 277	31.4
2016	12 245	33.2	7 210	34.4	5 035	31.7

资料来源:中华人民共和国工业和信息化部:历年《电子信息产业统计公报》。

(四)农业和农村信息化稳步发展

近几年,农村借助"宽带中国""三网融合""宽带村通"等工程建设的机会,加快发展并不断完善基础通信设施、光纤宽带网和移动通信网、广电有线网络等信息基础设施建设。通信村村通工程取得进展,截至 2014 年底,行政村通宽带比例已经提高到 93.5%。从互联网普及率来看,2015 年农村达到 31.6%,

与 2014 年相比提升了 2.8 个百分点。[①]

农业生产智能化水平不断提高。2013 年以来，农业部启动区域农业物联网试验工程，推动农业生产的智能化，成效显著。在农业资源的监测方面，已经可以利用高精度感知设备获取农业资源信息；在农业生态环境的监测方面，已经能够利用传感器感知技术、信息融合传输技术和互联网技术实现自动监测；在农业生产过程中，已经实现对生产过程的智能化控制；在农产品质量监督方面，已经实现对农产品生产和流通的全程信息感知和传输。

农村信息服务体系不断完善。近年来，农业部和国务院扶贫办等部门推动电子商务进农村、电商精准扶贫，推动了农村信息化的快速发展。从基础的信息查询和咨询，到商务交易、互联网金融，再到教育、医疗、交通等公共服务，信息化发展程度稳步提高。农产品电子商务发展迅速，有力地推动了农业产业链其他环节的发展。2014 年，农产品电子商务交易额突破 800 亿元，截至 2014 年底，农村网民网络购物用户规模达到 7 714 万，年增长率高达 40.6%。

（五）服务业加速向信息化方向转型

服务业加速向信息化方向转型，服务业信息化普及率逐渐提高。以信息技术和互联网为基础的新兴服务业对经济的贡献进一步增强。供给侧结构性改革以及创新发展催生了一批基于互联网的新产业、新业态、新模式，成为经济发展新的增长点。以"互联网＋"为基础，电子商务、现代物流、分享经济以及众创、众包、众扶、众筹等新模式极大地优化资源配置，对经济增长的贡

[①]　中国互联网络信息中心：《2015 年农村互联网发展状况研究报告》，中国互联网络信息中心网站，2016 年 8 月 29 日，http://www.cnnic.cn/hlwfzyj/hlwxzbg/ncbg/201608/t20160829_54453.htm。

献显著提高。

电子商务呈高速增长态势，电子商务平台数量的增加和电子商务服务体系的完善带动了经济和社会全方位信息化。从 2010 年 3 月起，团购网站在中国逐渐兴起，截至 2010 年底，中国网络团购用户数仅为 1 875 万人。在互联网发展的基础上，我国电子商务快速发展，2013 年网络零售交易额达到 1.85 万亿元，超过美国成为全球第一大网络零售市场。2017 年上半年，信息服务收入规模达 2 600 亿元，占业务收入的比重达到 91.5%。在信息服务收入中，电子商务平台收入 1 074 亿元，同比增长 42.9%。电商市场格局基本稳定，北京、广东、上海三省市从事电子商务的企业数量多、规模大，电子商务平台收入占比近八成。①

随着信息技术和互联网经济的发展，传统的金融服务逐渐网络化，涌现出第三方支付、网络银行、众筹等互联网金融新模式。1999 年 9 月，招商银行率先在国内全面启动"一网通"网上银行服务，建立了网络银行服务体系，并开展网上个人银行业务。2013 年互联网金融兴起，阿里巴巴推出余额宝，百度推出百发理财计划，新浪推出微博钱包，腾讯推出微支付、基金超市，京东推出京保贝，互联网金融产品丰富了人们投融资的渠道与方式。蚂蚁金服、京东金融、微众银行等综合性互联网金融平台的市场份额逐渐增大。近几年，随着电子商务的蓬勃发展，我国互联网金融的交易规模逐渐壮大。智研咨询的数据显示，2009 年，我国网上银行交易规模仅为 36.7 万亿元，2010 年呈爆炸式增长，迅速提升到 549.5 万亿元。易观产业数据库显示，伴随着电子商务的兴盛，经过十几年的发展，2016 年我国网上银行交易规模高达 1 990.2 万亿元，其中一季度为 467.5 万亿元，二季度为 480.8 万亿元，三季度为 505.6 万亿元，四季度为 536.3 万

① 布轩：《上半年我国互联网业务收入增速稳步提高》，载于《中国电子报》2017 年 8 月 8 日。

亿元。第三方支付模式也进入高速发展时期，比达咨询的数据显示，2016 年第三方支付交易总额为 58 万亿元人民币，同比增长 85.6%。随着移动终端设备的发展和普及应用，互联网金融逐渐向移动端转移，2016 年我国移动支付交易规模为 38.6 万亿元，占总交易额的 66.5%。互联网金融交易模式不断丰富创新，增强了资金的流动性，降低了交易成本，提高了交易效率，为国民经济的发展提供了有力的支撑。

（六）社会信息化全面发展

信息技术和信息网络等信息资源在教育、文化、医疗、交通等生活的各个方面不断深化应用，促进了智能社会、数字城市、智慧地球的形成和发展，推动了我国社会向信息社会转型。微信、微博等新型社交平台改变了人们的沟通方式；网上购物和网上支付逐渐便利化，网络订餐成为人们生活的时尚；网上预约挂号、电子病历、电子医疗账单等提高了医疗的效率；远程教育、网络课程等不断拓展教育的方式，提高教育的多样性；共享单车、汽车租赁、信用借还等分享经济出现，为人们的生活提供了无限便利。在国家强大的移动通信能力和精准的卫星定位系统的支撑下，共享单车成为国内普遍流行的出行方式，推动了中国共享经济的发展，截至 2016 年底，中国共享单车市场整体用户数量已达到 1 886 万。中国信息化研究部统计报告指出：2016 年我国参与分享经济活动的人数超过 6 亿人，融资规模约为 1 710 亿元，同比增长 130%；融资规模的高速增长促进了我国分享经济市场的繁荣，2016 年的交易额高达 34 520 亿元，同比增长 103%。

教育部开展"三通两平台"工程，推动教育信息化的发展。"三通"是指宽带网络校校通、优质资源班班通、网络学习空间人人通，"两平台"是指国家教育资源公共平台和国家教育管理公共服务平台。"三通两平台"建设工程提高了各类学校宽带接入量、拓展了学习空间，学生获得了更多的学习资源。

在文化信息化领域，文化信息资源共享工程成效显著，已经基本建成覆盖城乡的六级公共数字文化服务网络。同时，国家公共数字文化支撑平台、国家数字图书馆等信息化文化平台正逐步发展完善。信息技术已经融入社会生活的方方面面，信息化向普惠型发展，为人民的教育、医疗、交通等提供了智能化的解决方案。

第三章

中国工业信息化发展道路

　　20 世纪 70 年代以来，第三次信息革命浪潮对经济、政治、社会、文化等各个方面产生了重大影响，经济和社会不断转型升级。从产业发展进程来看，西方发达国家在基本完成工业化之后才开始信息化，而作为发展中国家的中国，由于工业化起步晚，在工业化的中期就抓住信息化发展机遇，大力发展信息化，从而形成了具有中国特色的"工业化"和"信息化"协同发展的"两化融合"发展道路。

一、"两化融合"的基本问题

（一）"两化融合"的基本内涵

　　"两化融合"是信息化和工业化的融合发展。但由于学术界对信息化和工业化的内涵和外延的理解不同，所以对"两化融合"基本内涵的界定存在差别。

　　有专家认为，如果对工业化和信息化的理解出现错误，信息化和工业化将走向对立，而不可能融合。"信息化和工业化的融合，显然并不仅仅只对工业，或第二产业而言。国民经济的传统部门，包括农、林、牧、副、渔等第一产业，制造、采掘、冶金、建筑等第二产业，教育、医疗、金融、通信、运输、商业、旅游等第三产业，都负有在产业化的进程中，实现信息化与工业化融合的任务。"①

有专家进一步指出"信息化与工业化的融合就是充分利用信息技术和信息资源，将其与工业化的生产方式结合起来，加快工业化发展升级，促进工业经济向信息经济转变的过程。"② "两化融合"既包括工业生产的信息化，也包括支撑工业生产的农业和服务业的信息化。

因此，在"两化融合"的概念中，不能将工业化狭义地理解为第二产业即制造业的工业化，而是要从国民经济体系的角度将支撑第二产业发展的第一产业和第三产业都包括在内。但是在"两化融合"过程中，重点和切入点却仍然是制造业，各个产业的发展都离不开制造业，以制造业的信息化为动力，辐射和带动整个国民经济信息化。

从经济发展动力的角度理解"两化融合"，有专家认为："信息化与工业化融合，就是劳动者信息素养不断提高，传统能量转换工具的智能化步伐加快，信息成为与能量、材料同等重要的社会资源和生产要素，并以此引发的产业结构、生产方式、组织方式、生活方式变革的过程。"③ 信息成为经济转型发展的重要动力，成为生产过程中不可或缺的生产要素。信息技术和信息资源作为生产要素成为生产力跨越发展的关键。

从融合的进程和层次方面理解"两化融合"，则有学者指出，"两化融合"的实质是工业信息化，而工业信息化是一个过程："是在以信息资源和信息化环境建设为基础，法规、政策、安全、标准为保障的条件下，以信息技术为代表的高新技术在工业基础设施、工业技术、工业产品、工业装备、工业管理、工业

---

① 周宏仁：《信息化论》，人民出版社 2008 年版，第 284 页。
② 邹生：《信息化十讲》，电子工业出版社 2009 年版，第 66 页。
③ 周子学：《信息化与工业化融合》，电子工业出版社 2010 年版，第 7 页。

市场环境等全生命周期的各个层面渗透与融合，形成综合、集成和创新的现代工业技术，新型生产经营模式，可持续发展模式和新兴产业，从而全面提升工业竞争力、创新能力和工业素质的过程，并最终走向信息化战略与工业化战略的融合，相互协调一致，形成完整统一的新型工业化战略。"① 这里概括了"两化融合"的三个层次，即微观企业层面、中观产业层面、宏观社会层面。从微观到中观再到宏观层面的融合，是一个逐步实现的过程，以微观企业的信息化为起点，实现企业研发、生产、经营、服务等全产业链的信息化，从而扩展到中观层面实现产业结构转型升级，最终实现经济社会的全面信息化。

笔者认为，信息化和工业化的融合是一个以信息技术和信息资源为推动力，以微观企业的研发、生产、经营、管理等全产业链的信息化为核心，促进生产方式转变和产业结构升级，最终实现由工业社会向信息社会转型的经济发展过程。信息技术的创新和工业技术的发展是协同进行的；信息技术向工业领域的渗透是全方位的；企业、产业和国家的信息化是同步的；经济、政治、文化、社会领域的信息化是相互促进的。

从融合动力来说，信息技术以及互联网等各种信息资源是实现信息化和工业化融合的动力和支撑。只有加强研发投入，不断实现信息技术创新，尤其是在物联网、云计算等新一代信息技术上实现突破，才能为新型工业化道路提供持久动力。从融合广度来说，信息化涉及与工业生产相关的各个领域，涉及研发设计、生产过程、经营管理、客户服务等产品全生命周期，涉及产业链上的每一个相关环节。"两化融合"具体包括技术融合、过程融合、管理融合以及产品融合。从融合主体来说，微观企业是技术创新的源头，是信息化的实际操作者。从融合的支柱产业来说，制造业和信息化的融合是"两化融合"的中心，由此辐射和带

---

①　吴澄：《信息化与工业化融合战略研究》，科学出版社 2013 年版，第 iv 页。

动农业及服务业等相关产业的信息化。在中国"两化融合"的发展过程中，制造业的信息化是新型工业化道路的重要支撑。

（二）"两化融合"的意义

1. 促进经济转型升级，提高经济效益。

随着经济的发展和工业化水平的不断提高，中国已经成为世界制造大国，但在国际分工体系中，中国制造业主要占据劳动密集型和资源密集型的低端环节，产品附加值较低。在经济全球化背景下，中国只有抓住信息化发展机遇，通过信息技术创新带动产业结构升级，提高产品信息化和智能化水平，才能提高产品附加值和经济效益。

2. 实现节能减排，促进绿色经济发展。

绿色发展是当今世界经济发展的主题。在经济发展中，要坚持节约资源和保护环境的理念，建设资源节约型和环境友好型社会。高污染、高能耗的劳动密集型和资源密集型产业已经不能适应经济发展的需要，必须提高产业的技术含量，提高工业化生产中的智能化水平，以信息化带动工业化，实现"两化融合"。信息技术和信息网络的推广应用，有助于提高资源的利用效率，精简产业链条，降低单位生产能耗，从而实现经济的低碳型增长。

3. 提高企业效率，参与国际竞争。

利用信息技术和信息网络，可以实现柔性化生产和个性化制造；利用客户关系管理，可以及时获得市场需求和客户订单；利用办公自动化，可以减少管理环节和手续，提高效率；利用智能化设备，可以提高生产效率；利用信息技术监管整个产品供应链，可以对产品全生命周期进行有效管理。"两化融合"能够提高企业生产及运营效率，降低产品价值链各个环节的成本，从而提高企业参与国际竞争的优势。

4. 振兴实体经济，增强质量优势。

实现社会主义现代化，建立现代产业体系，实体经济是关键点。实体经济是促进我国经济在国际竞争中赢得主动的根基。社会主义现代化工业的发展必须坚持质量第一、效益优先。要振兴实体经济，提高工业发展质量，必须积极培育壮大新动能。毫无疑问，信息技术是提高经济发展质量的新要素、新动能。通过信息化振兴实体经济，建立具有持续竞争力的工业体系，有助于促进我国经济由速度型增长向质量型增长转型。

信息化与工业化的融合有利于提高工业生产装备的科技含量，提高产品的信息化水平，从而增强我国经济发展的质量优势。"两化融合"还可以降低企业的运行成本、资源成本、劳动力成本，提高劳动者素质，为工业质量的提升奠定基础。

5. 促进人的全面发展，社会的全面进步。

我国信息化建设始终坚持"以人为本"，贯彻"以人民为中心"的发展战略，把满足人民对美好生活的向往作为奋斗目标。信息技术向工业生产渗透，最终提高产品质量，有助于满足人民群众的需求。信息化与工业化的融合发展，不仅能够促进产业转型、提高经济效益，而且还可以用信息技术武装企业家和工人，提高劳动者素质，培养知识型、创新型的劳动者队伍，促进人的全面发展。

在社会主义现代化建设中，国家坚持"五位一体"的总体布局，把信息化与经济建设、政治建设、文化建设、社会建设、生态文明建设结合起来，为全面建成小康提供动力。信息化在促进产业结构优化升级的同时，逐渐向经济社会各个领域渗透，最终促进社会的全面进步。

二、"两化融合"的发展历程及重点环节

（一）"两化融合"的提出和发展

新中国成立后将近 70 年的经济发展历史，是从农业大国向

工业大国再向工业强国不断发展的产业结构调整、优化、升级的历史。在产业结构优化升级的过程中，我们遇到了很多问题和挑战，但是全国各族人民在党中央、国务院的带领下，始终坚持马克思主义指导思想，结合中国的发展实际，探索出了一条适合社会主义初级阶段基本国情的、具有中国特色的、积极融入经济全球化的新型工业化道路。

中国的工业化进程主要经历了三个重要阶段：优先发展重工业阶段、重工业和轻工业协调发展阶段及新型工业化发展阶段。

1. 第一阶段（1949～1978年）：封闭环境下优先发展重工业阶段。

面对旧中国工业基础薄弱、技术落后以及国际制裁等复杂的形势，新中国成立后在"苏联模式"的引导下，实行以"四个现代化"为目标的优先发展重工业的工业化战略。从1953年起，我国开始执行第一个五年计划，集中主要力量发展重工业，为国家工业化和国防现代化初步奠定了基础。在这个阶段，中国的经济以发展劳动密集型产业为主，技术水平低，信息化水平更低。中国开始推进工业化时，工业基础非常薄弱，现代工业在我国工农业总产值中的比重非常低。在这个特定的历史条件和历史环境下，我国实行优先发展重工业的战略，力求通过工农业的"剪刀差"，为中国工业化积累资金。

2. 第二阶段（1979～2000年）：开放环境下轻重工业协调发展阶段。

1978年，十一届三中全会以后，党的工作重心转移到社会主义现代化建设上来，以经济建设为中心的发展战略促进了国民经济结构不断调整。1979年中央经济工作会议以后，重工业发展速度逐渐放缓，此后国务院提出大力发展消费品生产，农业、轻工业和重工业协调发展，产业结构不断优化升级。1981年11月，五届全国人大四次会议提出实行对外开放政策，加强国际经济技术交流。中国开始实行"引进来"和"走出去"

相结合的发展战略，不断引进技术和外资。这一时期，我国抓住世界信息革命的发展机遇，有效地促进工业信息化水平的提高和国民经济的增长。随着国家工业化发展战略的调整，我国的产业结构不断优化升级。1952年，三次产业间的产值比例为50.5%：20.9%：28.6%，到2000年，三次产业间的产值比例为16.4%：50.2%：33.4%。①

3. 第三阶段（2000年以后）：新型工业化道路阶段。

在工业化过程中，环境污染、资源枯竭等方面的问题日益突出，劳动密集型和资源密集型经济增长方式不再适应经济发展的需要。我国在20世纪90年代出现低水平结构性过剩的问题，产业结构和需求结构严重不对称，人民日益增长的物质文化需要和落后的社会生产之间的矛盾越来越突出。长期以来，由于生产技术落后、技术装备科技含量低，我国劳动生产率较低，经济效益与世界先进水平存在巨大差距。劳动密集型的低附加值产品所占比重较高，而技术密集型的高附加值产品市场占有率极低。伴随着经济的高速增长，国内资源遇到严重挑战，高投入、高能耗不仅不可持续，而且造成了严重的环境污染，导致生态环境恶化。面对复杂的背景，党中央、国务院积极探索工业发展思路，开发经济发展新动能。信息化毫无疑问成为调整产业结构、实现经济转型升级的钥匙。

进入21世纪以来，国家开始走符合时代特点的新型工业化道路。中国共产党第十五届五中全会最早提出了"以信息化带动工业化"的战略思想。这一战略思想在党的十六大发展为以信息化带动工业化、以工业化促进信息化的"新型工业化路子"。党的十七大提出要"大力推进信息化与工业化融合"。党的十八大提出要"推进信息化与工业化深度融合""促进工业化、信息

---

① 李兴山：《社会主义市场经济理论与实践》，中共中央党校出版社2004年版，第443页。

化、城镇化、农业现代化同步发展"。党的十九大进一步指出要"推动新型工业化、信息化、城镇化、农业现代化同步发展"。

在工业化发展进程中，国家大力支持工业化和信息化的融合发展，由"以信息化带动、促进工业化"，到"信息化与工业化融合"，再到"信息化和工业化深度融合"，可以看出，信息化是推动中国工业转型升级的战略举措，是实现中国工业现代化的助推器。在社会主义现代化建设中，国家提出要发展现代产业体系，这不仅要充分发挥人力资源优势，而且要抓住信息革命发展机遇，实现技术创新，提高科技含量、增加经济效益，同时也要降低资源消耗、减少环境污染，建立资源节约型、环境友好型社会。信息技术在工业生产各个环节的渗透融合，有助于振兴装备制造业，加快淘汰落后产能，推动传统产业升级。

通过"两化融合"，我国产业在全球价值链中不断由低附加值环节向高附加值环节迈进。大力发展信息技术、提高信息化发展水平，有助于降低生产和运营成本，降低环境污染，实现智能发展、绿色发展、可持续发展。

（二）"两化融合"的重点环节

信息化和工业化的融合发展不可能全盘推进、一蹴而就，而是应从重点环节开始，逐步展开。信息技术是信息化的核心动力，因此在"两化融合"过程中，首先要推进信息技术向传统工业生产领域的渗透，实现信息技术与工业技术的融合，同时要积极发展基于信息技术的战略新兴产业。以互联网为核心的信息基础设施是信息化的重要战略资源，因此在"两化融合"过程中，也要把信息网络的完善和发展作为重点环节。

1. 加快信息技术自主创新，实现技术融合，促进传统产业转型升级。

我国信息化发展的战略重点之一是利用信息技术改造和提升传统产业，以信息技术为动力实现对高能耗、高物耗和高污染行业的改造。信息技术的创新和应用是传统产业转型升级的关键点。在全球信息化飞速发展、世界各国竞争激烈的大环境中，依靠引进技术并不能带来较高的和持久的经济效益，关键信息技术自主创新才是在信息化浪潮中取胜的法宝。《2006～2020年国家信息化发展战略》明确提出我国要实施关键信息技术自主创新计划："在集成电路（特别是中央处理器芯片）、系统软件、关键应用软件、自主可控关键设备等涉及自主发展能力的关键领域，瞄准国际创新前沿，加大投入，重点突破，逐步掌握产业发展的主动权。在具有研发基础、市场前景广阔的移动通信、数字电视、下一代网络、射频识别等领域，优先启用具有自主知识产权的标准，加快产品开发和推广应用，带动产业发展。"①

信息技术创新是关键，但更重要的是要实现信息技术和工业技术的融合发展。在工业化发展过程中，新一代信息技术必须符合工业生产的实际需要，将信息技术融入工业技术，实现工业技术的信息化。在信息技术和工业技术的融合中要强化应用，促进技术不断转化为实际生产力，改造高污染、高能耗的传统生产方式，降低单位产品的能耗、物耗，促进企业节能减排，提高资源利用效率，减少资源浪费，促进绿色化生产、智能化生产，发展循环经济，实现转型升级和可持续发展。信息技术和工业技术的融合、创新、发展，有助于实现经济发展方式由资源密集型、劳动密集型向技术尤其是信息技术密集型转变，提高经济增长质量。

2. 基于新一代信息技术，大力发展新兴产业、培育新型模式。

在信息技术与工业化的融合发展中，尤其是新一代信息技术与制造业的深度融合中，国家正不断培育附加值高、辐射带动能力强的新兴业态、新的商业模式和经济增长点。3D打印、大数

---

① 《中国信息化年鉴》编委会：《2015中国信息化年鉴》，电子工业出版社2016年版，第386页。

据、云计算、移动互联网、集成电路、新能源、新材料等技术不断取得突破,以信息技术为支撑的电子信息产业和通信产业快速形成。与此同时,电子商务、网络众包、协同设计等新兴商业模式也不断涌现,进一步促进了经济发展方式转变。

在信息化和工业化融合发展过程中,不仅要利用信息技术加强对传统工业的改造升级,而且要大力发展新兴产业。要抓住新一代信息技术不断创新升级换代的机遇,积极促进传统产业由生产型制造业向服务型制造业转变,大力发展高端增值服务,为实现工业现代化提供新的增长点。基于新一代信息技术的新兴产业是工业现代化的重要推动力,因此,在信息化和工业化融合过程中,要把发展新兴产业、培育新型模式作为重要环节。

3. 完善信息网络,实现互联网、移动互联网和物联网的协同发展。

信息网络是实现信息化和工业化融合的重要基础设施。传输速度快、辐射范围广、应用功能齐全的信息网络是实现工业现代化的重要保障。在信息化发展战略重点中,国家提出要完善综合信息基础设施,推动网络融合,优化网络结构,提高网络速度,实现"三网融合",并稳步实现向下一代网络的转型。

加强信息网络建设、促进网络融合,可以有效地降低成本,实现资源优化配置和信息共享,创造良好的信息化发展环境。中国的互联网应用规模已经位居世界第一,互联网接入和宽带接入用户均位居世界第一,移动互联网和物联网的应用及普及率也逐渐提高。以互联网、移动互联网、物联网为基础,实现工业生产链条上各个环节的网络畅通、信息共享,有助于提高工业生产效率,优化供应链管理和客户关系管理,提高服务质量和效率。

随着宽带无线技术的发展,移动互联网应用范围和应用程度逐渐提高,成为经济增长的又一推动力。当前,我国移动互联网的普及率非常高。移动互联网和传统产业融合,不断催生出新的业态和模式。基于移动互联网的灵活性,消费者可以通过移动客户端无缝参与企业生产，将消费者信息及时传达和反馈到产业链的各个环节，实现消费者驱动的个性化生产和服务。物联网是新一代信息技术的代表，通过无线射频技术，实现工业智能化生产和管理，有助于实现产品价值链各个环节和整个供应链的信息化，大大提高生产和运营效率。因此，移动互联网和物联网的创新发展与深入应用成为"两化融合"的重点环节。

三、基于全产业链的"两化融合"

美国著名战略学家迈克尔·波特将某一特定行业中创造价值和产生成本的各类活动分解为战略上相互关联的9项活动，其中包括5项基本活动和4项支持性活动。基本活动涉及企业生产、销售、进向物流、去向物流、售后服务。支持性活动涉及人事、计划、研究与开发、采购。基本活动和支持性活动构成了企业的价值链。信息化和工业化的融合涉及产业价值链的每个环节。

"两化融合"是一个由初级阶段向高级阶段逐步发展的过程。在工业信息化的初级阶段，信息技术只应用在个别行业、个别企业的某个生产单元，信息技术在工业生产中仅仅是支撑和辅助性作用，高素质、综合型的信息化技术人才和管理人才欠缺，企业经济效益提高幅度有限。高级阶段的工业信息化是基于企业全产业链的"两化融合"，信息技术广泛渗透于工业生产的每一个环节，企业业务流程得到优化、生产装备和生产过程主要靠信息技术驱动、企业经营和管理呈自动化和数字化发展态势，最终产品的技术含量和产品附加值显著提高。

我国在推进信息化和工业化深度融合发展的过程中，加快了信息技术与制造技术的融合发展，促进了信息技术在企业研发设计、生产制造、经营管理、销售服务等全流程和全产业链的综合集成应用，实现了产品全生命周期管理、客户关系管理、供应链管理系统的信息化。

（一）研发设计信息化

研发设计的创新能力是企业的核心竞争力。企业只有在产品的研发和设计方面拥有核心技术和自主知识产权，才能在激烈的市场竞争中立于不败之地。信息技术和信息网络等信息资源的应用可以增强企业的研发设计能力、提高效率。企业运用大数据、云计算等新一代信息技术及时搜集和挑选海量数据，在虚拟现实中优化分析、仿真测试，实现网络协同设计，提高企业自主创新能力和研发效率，为产业链的优化升级提供核心保障。

计算机辅助设计（CAD）、产品数据管理（PDM）、各种智能软件已经成为较为典型的智能化研发设计工具。计算机辅助设计是在设计过程中，利用计算机和图形设备，辅助设计人员进行计算、信息存储和图形制作等工作。运用计算机辅助设计，可实现对数据图形的快速检索、加工、处理，提高设计能力和效率。在广东省，大部分企业都采用了计算机辅助设计，在机电行业，90%以上的企业采用了二维计算机辅助设计，60%以上的企业采用了三维计算机辅助设计。[①] 产品数据管理是辅助工作人员管理产品数据和产品研发过程的工具，可以实现对产品生产相关的所有数据信息的管理，实现对文档、数据和图纸的高效利用，提高研发设计效率。

研发设计的信息化促进了我国在关键领域的核心技术持续创新，如超级计算机、北斗卫星导航、高速铁路装备等均实现了重大突破。目前，我国自主研发的"神威·太湖之光"成为世界上运算速度最快的超级计算机。我国主导的"物联网概述"成为国际电信联盟发布的第一个物联网国际标准，主导制定的TD – LTE成为第四代移动通信国际标准。2015年，我国发明专

---

① 邹生：《信息化十讲》，电子工业出版社2009年版，第69页。

利申请受理数突破百万。研发设计信息化和技术创新相互促进、协同发展，为经济稳定增长提供了重要支撑。国家发展和改革委员会发布的数据显示，"十二五"期间，新一代信息技术等七大战略性新兴产业年均增速近20%，是国内生产总值增速的2倍，拉动国内生产总值增长约1.4%，成为推动经济转型升级的重要动力。[①]

（二）生产制造信息化

生产制造信息化主要体现在两个方面：生产设备信息化和生产过程信息化。

1. 生产设备智能化。

2015年6月，李克强在工业和信息化部、中国核电工程有限公司考察时强调，要推动制造业由大变强，不仅在一般消费品领域，更要在技术含量高的重大装备等先进制造领域勇于争先。生产设备作为工业生产的基础设施，是提高生产效率的关键。信息技术嵌入生产制造设备，实现生产设备的智能化，可以更好地促进企业转型升级，提高企业竞争力。

高档数控机床和机器人是智能生产设备的代表，成为当今全球制造业竞争的战略重点。我国的数控机床近10年已经进入高速发展时期，大型数控机床填补了国内战略空白，机床产值数控化率以及拥有自主知识产权的数控机床的市场占有率逐年提高，沈阳机床集团和大连机床集团已跻身世界机床前五位。我国高档数控机床研发水平不断提高，数控精密磨床、数控齿轮加工机床、超重型数控立式车铣复合加工机床、专用数控轴向轮槽铣床、高档重型金属切削机床、高档特种加工机床、高档数控系统等达到国际领先水平，拥有自主知识产权的汽车覆盖件冲压线的

---

① 国家制造强国建设战略咨询委员会：《中国制造2025蓝皮书（2016）》，电子工业出版社2016年版，第20页。

全球市场占有率超过 30%。①

习近平在致世界机器人大会的贺信中指出："随着信息化、工业化不断融合，以机器人科技为代表的智能产业蓬勃兴起，成为现时代科技创新的一个重要标志。"② 在两化深度融合发展过程中，机器人作为智能化生产工具辅助人类成为提高工业生产效率的重要工具，机器人在制造行业的应用范围越来越广。我国在工业机器人的研发和生产方面已经具备一定的国际竞争力，哈工大集团、中科诺晟等一批机器人公司已经初具规模。

2. 生产过程自动化和柔性化。

生产装备智能化水平不断提高，为生产过程的自动化和柔性化提供了条件。高档数控机床、机器人等智能设备大大提高了生产过程的自动化程度和水平，缩短了生产时间，降低了生产成本，提高了资源利用效率和生产效率。由智能机器设备和人类专家共同组成的智能制造系统（IM），可以在生产中熟练地进行生产调度、过程控制、分拣装配等工作，提高生产管理效率和水平，同时实现对整个生产过程的监督和管理。

信息技术为个性化定制和柔性化生产提供了条件。在信息化和工业化深度融合的过程中，生产企业利用信息技术和信息网络及时了解客户的个性化需求，收集市场信息，建立起以市场需求为导向的柔性化生产体系，降低企业生产成本。企业利用计算机、互联网、大数据和云计算等信息技术和网络建立顾客数据库，并与顾客对接，及时了解顾客需求的变化，实现定制化生产，提高运行效率。海尔集团抓住信息革命的机遇，探索实践"人单合一双赢"模式，从以产品为导向转为以用户为导向，一切以用户为中心。基于信息技术，海尔建立了海尔定制平台，开

---

① 国家制造强国建设战略咨询委员会：《中国制造 2025 蓝皮书（2016）》，电子工业出版社 2016 年版，第 79 页。

② 习近平：《致 2015 世界机器人大会贺信》，新华网，2015 年 11 月 23 日，http：//news. xinhuanet. com/fortune/2015 – 11/23/c_1117229738. htm。

创了模块定制、众创定制、专属定制 3 种定制模式，以满足用户多种个性化需求。海尔生产线根据顾客的个性化需求进行柔性化生产，实现了定制生态下的互利共赢。

（三）经营管理信息化

在企业经营管理中，越来越多的企业利用信息技术和信息网络，建立起以信息资源为支撑的现代管理方式，实现"两化融合"的深入发展。企业资源计划系统（ERP）、供应链管理系统（SCM）、办公自动化系统（OA）、客户关系管理系统（CRM）、管理信息系统（MIS）等信息化系统，通过数字化、智能化的管理运营方式，消减了冗杂环节，优化了业务流程，实现了企业业务流程再造，优化了资源配置。企业运用管理信息系统最终能够实现精准管理，降低成本和能耗，提高企业整体效益。

企业资源计划系统（enterprise resource planning，ERP）是一种集成化的企业供应链管理平台，是以信息技术为核心，将物资资源管理、财务资源管理、人力资源管理、信息资源管理高度综合集成的企业管理软件，具有集成性、开放性、整合性、高效性等优点。基于企业资源计划系统，数据在公司内部各个系统之间完全共享，从而有助于提高各项业务搜集和使用数据的效率，优化业务流程和管理过程。运用企业资源计划系统，企业能够将物流、资金流、商流、信息流等完全融合在一个平台，避免重复和无效工作，实现经营管理自动化。

供应链管理系统（supply chain management，SCM）是将企业价值链中从原材料采购到销售产品给最终用户的企业全部活动集成在一个无缝流程中的信息系统。通过供应链管理系统，企业供应链各环节之间的交易都可以按照系统的标准化流程进行，通过信息平台及时沟通产品供货相关信息，从而缩短订单处理时间，降低各个业务相关人之间的洽谈时间，降低采购成本，提高库存周转率。

企业利用办公自动化系统，能够实现以计算机硬件、软件和网络平台为基础的无纸化办公模式。我国的办公自动化系统（office automation system，OA）从 1985 年的第一次办公自动化规划会议以来逐渐发展和成熟。

客户关系管理系统（customer relationship management，CRM）是基于以客户为中心的管理理念，利用现代信息技术和网络数据库，集营销、客户服务等活动为一体的系统平台。客户关系管理系统一般包括营销管理系统、客户服务系统、呼叫中心等子系统。企业通过这些信息系统，为客户提供个性化服务，满足顾客需求，提高顾客满意度，培养客户忠诚度。

在开放的经济全球化条件下，企业为了加强与世界市场的联系，提高生产、经营、管理、服务等效率，通过信息技术和网络平台，整合企业内外部的优势资源，优化企业业务流程，创新管理模式，精简机构，实行扁平化管理，从而有效降低能耗、物耗、人力资源消耗，提高整体运行效率，增强国际竞争力。

（四）销售服务信息化

信息化是提高供应链效率的重要手段。在信息化和工业化深度融合的过程中，供应链上各个环节都已经逐渐实现信息化、智能化和自动化，企业对市场信息的捕捉能力和响应速度大幅提高。电子商务、现代物流的发展提高了企业的销售和服务能力。

企业通过电子化手段开展采购、销售、物流、客户服务、金融服务等活动，借助信息网络实现物流、商流、资金流、信息流等的协同发展，提高市场响应速度，优化客户服务质量。企业通过电子商务平台采购，运用大数据和云计算对供货商进行评估和筛选，及时处理订单并对订单进行监督管理，缩短采购时间，提高进货效率。企业通过电子商务平台建立管理信息系统和分销系统，及时追踪订单，并准确了解客户流、资金流的变化，提高营销精准性。企业通过电子商务平台进行客户管理，及时捕捉客户对产品的反馈信息，快速提供关于产品以及使用方面的服务，及时了解客户需求的变化，为企业的经营管理提供决策依据，建立起以客户需求为中心的营销和生产方式。随着信息网络的发展，电子商务服务贯穿企业商务活动的全过程，企业逐渐转向全程电子商务，建立起高效畅通的供应链。

在物流方面，我国已经建立起以自动识别技术、数据采集技术、追踪定位技术、电子数据交换技术、电子支付技术等信息技术为基础的现代物流业。第三方物流、第四方物流、物流园区等现代物流模式不断发展完善。企业借助信息系统对货物的运输服务、仓储服务、配送服务、装卸服务、包装服务进行实时监测和处理，从而缩短和优化供应链，有效整合资源并降低物流成本。

四、中国制造向中国智造转型探索

建设制造强国、实现中国制造向中国智造的转变是党中央、国务院立足国内外发展形势提出的具有战略意义的重大部署。国家统筹规划，扎实推进制造强国建设的各项工作，创新政策环境，促进信息技术、互联网和制造业的融合发展，不仅巩固和提升传统优势，而且加快培育新动能。在信息技术的推动下，中国制造业的发展动能实现了转化，结构不断优化、质量逐渐提升。信息化和工业化深度融合，中国制造正实现向智能制造的转型。

（一）中国制造发展现状

1. 综合竞争能力不断增强。

改革开放以来，我国顺利承接第三次国际产业转移，利用劳动力和资源优势，引进产业资本，大力发展制造业。进入21世纪，我国工业增加值逐年堤高，从2011年的19.16万亿元扩大到2015年的22.9万亿元，工业产量和生产水平已经跃居世界前列，制造业综合实力大幅度提升。美国咨询公司 HIS 数据显示，中国制造业全球占比在 1990 年仅为 2.7%，而到 2010 年这一比例就已经超过美国，高达 19.8%，成为世界第一制造大国，到 2014 年这一比重跃升为 22%（见表 3 - 1）。我国的纺织品、电力装备、交通工具、烟草等七大行业规模名列全球第一，有 220 余种主要工业产品产量位居世界第一，我国粗钢的产量全球占比已经接近 50%。[①]

表 3 - 1 我国制造业产值全球占比变化

序号	年份	全球占比（%）
1	1990	2.70
2	2000	6.00
3	2007	13.20
4	2010	19.80
5	2014	22.00

资料来源：《中国制造 2025》系列解读数据资料。

2. 技术研发和创新能力显著提高。

为了提高自主创新能力，国家不断加强政策引导和扶持，逐渐建立起以市场为导向、以企业为主体、产学研相结合的创新体系，并加大研发投入。国家统计局数据显示，到 2015 年我国已经成为仅次于美国的第二大研发经费投入国，研发经费支出占 GDP 的比重已经达到了中等发达国家水平。我国在高技术产业的投资能力显著增强，2000 年国家在信息技术、生物技术和新材料等领域安排了 6 项高技术产业化重大专项工程，总投资仅为

---

① 工业和信息化部：《〈中国制造 2025〉解读之二：我国制造业发展进入新的阶段》，工信部网站，2015 年 5 月 19 日，http://www.miit.gov.cn/n1146295/n1652858/n1653018/c3780661/content.html。

131 亿元，而到了 2015 年，国家在高技术产业的投资高达 32 598 亿元，2016 年进一步增长到 37 747 亿元，比 2015 年增长了 15.8%。

研发能力的增强使得行业技术不断取得创新成果，2012～2017 年，我国发明专利申请量已经连续六年位居世界第一。"地壳一号"万米钻井深地找矿与智能开采技术取得重大突破，海洋石油 981 深水半潜式钻井平台创造了世界之最。[①] 2017 年，中国的超级计算机在 Top 500 中的总数超过美国，位居世界第一，其中中国的"神威·太湖之光"和"天河二号"的运算速度位居世界前二。位于中国无锡国际超级计算机中心的"神威·太湖之光"的浮点运算速度已经达到每秒 93.01 千万亿次，是世界上计算速度最快的超级计算机。"天河二号"的浮点运算速度为每秒 33.86 千万亿次，位居全球第二。2017 年 11 月 17 日，基于"神威·太湖之光"超算系统的"非线性大地震模拟"应用获得国际高性能计算应用领域的最高奖——戈登·贝尔奖。[②] 我国已经建成了世界首条长距离量子通信主干网，"墨子号"量子科学实验卫星发射成功。高分二号卫星推动民用遥感精度达到亚米级高分辨率，拥有自主知识产权的北斗导航卫星定位系统也进入了全球组网的新时代。我国自主研制的"大智号"成为全球第一艘通过认证的智能船舶。

3. 产业优化升级取得新进展。

近年来，随着国家产业政策的发展变化，我国传统产业结构不断优化升级，企业生产方式也由要素驱动型向创新驱动型转变。随着供给侧结构性改革的深入推进，国家推出了若干项改革举措，逐渐淘汰落后产能，加快传统产业改造升级的步伐。节能

---

① 何颖：《中国制造业创新指标体系构建思路》，载于《中国工业评论》2015 年第 9 期，第 52～60 页。

② 《我国超算项目再获国际最高奖》，载于《人民日报》2017 年 11 月 18 日。

环保产业、新一代信息技术产业、生物产业、高端设备制造产业、新能源产业、新材料产业、新能源汽车产业七大战略性新兴产业成为经济增长的主要动力。医药制造业，航空、航天器及设备制造业，电子及通信设备制造业，计算机及办公设备制造业，医疗仪器设备及仪器仪表制造业，信息化学品制造业等高技术制造业水平不断增强，产业增加值逐渐提高。国家统计局数据显示，从 2010 年开始，我国高技术制造业增加值的增长率均保持在 10% 以上（见表 3 - 2）。2015 年，我国高技术制造业增加值增长 10.2%，占规模以上工业增加值的比重为 11.8%。[①]2016 年，我国工业战略性新兴产业增加值增长 10.5%，高技术产业增加值比上年增长 10.8%，比规模以上工业快 4.8 个百分点，占规模以上工业增加值的比重为 12.4%，比上年提高 0.6 个百分点。[②]

表 3 - 2　　　　**2010 ~ 2016 年我国高技术制造业增加值**　　　单位：%

年份	高技术制造业增加值增长率	占规模以上工业增加值的比重
2016	10.8	12.4
2015	10.2	11.8
2014	12.3	10.6
2013	11.8	—
2012	12.2	—
2011	16.5	—
2010	16.6	—

资料来源：国家统计局历年《国民经济和社会发展统计公报》。

---

① 中华人民共和国国家统计局：《中华人民共和国 2015 年国民经济和社会发展统计公报》，中华人民共和国国家统计局网站，2016 年 2 月 29 日，http://www.stats.gov.cn/tjsj/zxfb/201602/t20160229_1323991.html。

② 中华人民共和国国家统计局：《中华人民共和国 2016 年国民经济和社会发展统计公报》，中华人民共和国国家统计局网站，2017 年 2 月 28 日，http://www.stats.gov.cn/tjsj/zxfb/201702/t20170228_1467424.html。

（二）　中国制造面临的新挑战

经过改革开放40年的发展，中国已经成长为世界制造大国，但我国的制造业一直大而不强，存在自主创新能力不高、品牌价值较低、传统比较优势竞争力减弱等问题。

1. 自主创新能力不足，在国际价值链中处于低端环节。

我国制造业关键核心技术与高端装备对外依存度较高，自主创新能力不足，利润水平较低。以电子产品、服装、玩具等制造为例，在发达资本主义国家主导的国际分工格局中，中国制造主要集中在代工组装以及产品非核心零部件的生产环节。中国凭借劳动力比较优势被锁定在产品价值链的低附加值环节，技术开发、研发设计、营销管理等高附加值环节被主导国际分工的发达资本主义中心国家占据。我国大部分企业都被分到附加值最低、最消耗资源、最破坏环境、不得不剥削劳动者的制造环节，而其他附加值较高的环节基本掌握在欧美各国的企业手中。

美国美泰公司的芭比娃娃就是这样一种典型产品。在整个生产链条中，中国处于芭比娃娃国际分工的生产制造环节，所分享的利润非常低。"在美国市场，中国出口玩具芭比娃娃的零售价为9.99美元，她在美国海关的进口价仅为2美元，两者相差的8美元作为智力附加值被美国拿走，在剩下的2美元中，1美元是运输和管理费，65美分支付原材料进口的成本，中国仅仅只得到35美分的加工费。"[①]因此，在一个10美元的价值链中，制造的劳动力成本只有35美分。以技术为支撑的"发达资本"对"廉价劳动"主宰和控制成为中国制造发展的"瓶颈"。

同样，电子产品的代工生产也是中国制造的典型代表。从笔记本到手机，中国利用富裕的劳动力占据电子产品非核心零件的

---

① 李光斗：《世界上最"赚钱"的玩具》，载于《中国服饰报》2011年3月11日。

生产及整机组装生产环节，产品附加值及利润非常低。另外，很多中国制造商为了抢夺市场，通过压低劳动力工资的低成本竞争方式，进一步降低了劳动力对利润的分享。苹果公司的产品是在全球分工生产的典型，其设计、生产、组装服务分布在全球不同国家，包含核心技术的关键芯片设计和制造等资本密集型环节由美国本土和日本、韩国等国家的厂商占据，而中国制造商如富士康占据的是代工组装等劳动密集型制造环节。苹果公司 2015 年的净利润达到 533.94 亿美元，在如此高的利润中，作为生产环节之一的中国劳动者从中分享的利润却是非常低。

2. 传统比较优势逐渐失去红利。

尽管在国际分工的加工制造环节利润很低，但在这个环节，拥有劳动力比较优势的不发达的外围国家也在进行着激烈的竞争。利用第三次国际产业转移的机会，中国在低端切入全球价值链，利用廉价的劳动力优势和资源优势，成为制造业大国。但是进入 21 世纪，随着中国人口红利逐渐消失，劳动力用工成本不断上升，跨国公司的资本逐渐退出中国而转向成本更加低廉的越南、墨西哥等国，部分企业从华撤资，全球进入第四次国际产业转移的浪潮。资本之所以由中国向越南等国转移，源于资本追逐剩余价值或利润最大化的本性，资本在世界范围内不断寻找更加低廉的劳动力价值，进一步降低可变资本的支出。

另外，我国制造业还存在资源能源利用效率低、环境污染问题较突出、产业结构不合理、高端装备制造业和生产性服务业发展滞后、产业国际化程度不高等问题。

（三）发展"中国智造"的战略举措

金融危机以来，全球经济进入深度调整期。我国积极寻找新的经济增长点，以创新为驱动力，借助信息技术创新培养竞争优势，大力发展智能制造，发展新兴经济业态，抢占全球制造业战略制高点。

　　面对自主创新能力、资源利用效率、产业结构水平、信息化程度、质量效益等方面的不足，我国积极抓住信息技术革命的发展机遇，按照"四个全面"的战略布局要求，实施制造强国战略，发展"中国智造"。智能制造是将新一代信息技术贯穿于设计、生产、管理、服务等制造活动各个环节，具有信息深度自感知、智慧优化自决策、精准控制自执行等功能的先进制造过程、系统与模式的总称。① 李克强总理指出："要促进工业化和信息化深度融合，开发利用网络化、数字化、智能化等技术，着力在一些关键领域抢占先机，取得突破。"② 2015 年 10 月，十八届五中全会通过的《"十三五"规划建议》指出："加快建设制造强国，实施智能制造工程，构建新型制造体系。"

　　1. 国家制定《中国制造 2025》行动纲领。③

　　2015 年，国务院印发《中国制造 2025》，强调新一代信息技术与制造业深度融合，建立新的生产方式、产业形态、商业模式和经济增长点，这是我国实施制造强国战略的第一个十年行动纲领。国家制定了"三步走"发展战略，实现制造强国的目标。

　　第一步：2015～2025 年，迈入制造强国行列。不断加强两化融合，掌握重点领域关键核心技术，加快制造业的数字化、网络化、智能化，到 2020 年基本实现工业化；到 2025 年，工业化和信息化融合迈上新台阶，形成一批具有较强国际竞争力的跨国公司和产业集群，在全球产业分工和价值链中的地位明显提高。国家的行动纲领提出了具体的两化融合指标（见表 3 - 3）。

---

　　① 上海市经济和信息化委员会：《关于上海加快发展智能制造助推全球科技创新中心建设的实施意见》，中国上海网，2015 年 8 月 21 日，http：//www. shanghai. gov. cn/nw2/nw2314/nw2319/nw10800/nw11408/nw32865/u26aw44622. html。

　　② 李克强：《政府工作报告——2015 年 3 月 5 日在第十二届全国人民代表大会第三次会议上》，中华人民共和国中央人民政府网，2015 年 3 月 16 日，http：//www. gov. cn/guowuyuan/2015 - 03/16/content_2835101. htm。

　　③ 《中国信息化年鉴》编委会：《2015 中国信息化年鉴》，电子工业出版社2016 年版，第 366～379 页。

表 3 – 3　　2020 年和 2025 年制造业"两化融合"主要指标

指标	2013 年	2015 年	2020 年	2025 年
宽带普及率（%）	37	50	70	82
数字化研发设计工具普及率（%）	52	58	72	84
关键工序数控化率（%）	27	33	50	64

资料来源：国务院：《中国制造 2025》。

第二步：2025～2035 年，达到制造强国阵营中等水平。到 2035 年，全面实现工业化，创新能力大幅提升，优势行业形成全球创新引领能力。

第三步：2035～2049 年，综合实力进入世界制造强国前列。到新中国成立一百年时，制造业主要领域具有创新引领能力和明显竞争优势，建成全球领先的技术体系和产业体系。

建设制造强国，必须坚持走中国特色新型工业化道路，以加快新一代信息技术和制造业深度融合为主线，促进新旧动能转换，大力推进"智能制造"。党中央、国务院高度重视，并明确了战略重点和核心任务。《中国制造 2025》将提高国家制造业创新能力、推进信息化与工业化深度融合、强化工业基础能力、加强质量品牌建设、全面推行绿色制造、大力推动重点领域突破发展、深入推进制造业结构调整、积极发展服务型制造和生产性服务业、提高制造业国际化发展水平等九项内容作为战略任务和重点。国家提出各项举措推进中国制造转型升级，提高制造业核心竞争力，最终实现制造强国的战略目标。

（1）完善制造业创新体系、实施科技创新工程，提高国家制造业创新能力。《中国制造 2025》提出，要建立并完善以企业为主体、市场为导向、政产学研相结合的制造业创新体系，实施科技创新工程，提高国家制造业创新能力。

第一，国家大力倡导加强关键核心技术研发，提高创新设计能力并积极推进科技成果产业化。强化企业的创新主体地位，实施国家科技重大专项，通过科技计划支持关键核心技术研发。发展各类创新设计教育、设立国家工业设计奖，提高创新设计能力，加强设计领域共性关键技术研发，攻克信息化设计、过程集成设计、复杂过程和系统设计等共性技术。建立完善科技成果信息发布和共享平台，完善科技成果转化激励机制，不断推进科技成果产业化。

第二，完善国家制造业创新体系，加快建立以创新中心为核心载体、以公共服务平台和工程数据中心为重要支撑的制造业创新网络，建设重点领域制造业工程数据中心，为企业提供创新知识和工程数据的开放共享服务。国家大力发展制造业创新工程，围绕新一代信息技术、智能制造、增材制造等创新发展的共性要求，建设工业技术研究基地，力争到 2025 年建设 15 家左右，到 2025 年建设 40 家左右。

（2）推动新一代信息技术与制造技术融合发展，大力推进智能制造。信息技术与制造技术深度融合是中国制造转型升级的关键。国家制定政策大力促进技术融合、发展智能装备和产品，推进生产过程智能化，实现智能制造。

第一，推进装备和产品的智能化。以新一代信息技术为推动力，加快制定智能制造技术标准，建立智能制造产业联盟，开展新一代信息技术与制造装备融合的集成创新和工程应用，开发智能产品和自主可控的智能装置并实现产业化。国家积极发展的重点智能制造装备和产品主要包括高档数控机床、工业机器人、增材制造装备等智能装备以及新型传感器、智能测量仪表、工业控制系统、伺服电机和驱动器、减速器等智能核心装置。

第二，积极推进制造过程智能化。依托优势产业，紧扣关键工序智能化、关键岗位机器人替代、生产过程智能优化控制、供应链优化，建设重点领域智能工厂和数字化车间。加快人机智能交互、工业机器人、智能物流管理、增材制造等技术和装备在生产过程中的应用，促进制造工艺的仿真优化、数字化控制、状态信息实时监测和自适应控制。国家提出要积极依托优势产业，力争到 2025 年，制造业重点领域全面实现智能化，试点示范项目运营成本降低 50%，产品生命周期缩短 50%，不良品率降低 50%。

（3）以互联网等信息基础设施为依托，大力发展"互联网＋制造"。企业依托工业互联网、大数据等平台，实现研发、生产和经营模式的变革。国家提出要以消费者需求为导向，提高创新活力，发展基于互联网的个性化定制、众包设计、云制造等新型制造模式。

以互联网为基础，发展以消费者需求为核心和驱动力的个性化定制，建立顾客数据库，对消费者的动态需求及时做出反应，倒逼企业供应链，以需定产，减少库存，降低成本。以物联网为基础，培育智能监测、远程诊断管理、全产业链追溯等网络协同模式，实现精益化管理，提高资源配置效率。

以工业云推动智能制造加速发展。通过工业云将大规模分散的信息技术资源整合并共享，实现社会化服务，降低企业的信息化成本。工业云的应用能够极大地促进工业软件在研发设计、工艺流程、生产装备、过程控制等环节的应用，推动生产全过程的自动化控制和智能化控制，加快现代生产体系的建立。

（4）以新一代信息技术为依托，大力发展战略性新兴产业。新一代信息技术主要聚焦在大数据、云计算、通信网络、物联网、三网融合、新型平板显示、高性能集成电路、高端软件等范畴。[①] 在建设制造强国的过程中，要以新一代信息技术为依托，大力发展集成电路及专用装备、信息通信设备、操作系统及工业软件等信息技术产业，促进新一代信息技术的体系化发展与规模

---

① 夏妍娜、赵胜：《中国制造 2025：产业互联网开启新工业革命》，机械工业出版社 2016 年版，第 179 页。

化应用。

国家提出重点发展新一代信息技术产业（集成电路及专用装备、信息通信设备、操作系统及工业软件）、高档数控机床和机器人、航空航天设备、海洋工程装备及高技术船舶、先进轨道交通装备、节能与新能源汽车、电力装备、农机装备、新材料、生物医药及高性能医疗器械等十大领域，培育新的经济增长点，优化产业结构，促进经济转型升级。

（5）积极开展服务型制造，促进制造与服务协同发展。制造与服务的协同发展是智能制造发展的必然趋势。国家积极推动产业由加工制造环节向合作研发、联合设计、市场营销、品牌培育等高端环节延伸，延长企业价值链，促进生产型制造向服务型制造转变，培育壮大电子商务、现代物流、互联网金融等生产性服务业的发展。

企业通过拓展增值服务，增加服务环节投入，发展个性化定制服务、网络精准营销、在线支持服务和全生命周期管理，实现业务流程再造，发展服务型制造。通过信息技术和互联网，加快发展生产性服务业，开展电子商务、移动电子商务、在线定制等模式，发展现代物流服务外包、融资租赁、售后服务、品牌建设等生产性服务，并重点发展研发设计、信息、物流、商务、金融等现代服务业。同时，要依托互联网开展网络协同设计、精准营销、增值服务创新、媒体品牌推广等附加值较高的服务。

（6）优化发展布局，推动大中小企业以及东中西部制造业协调发展。

第一，推进制造业结构调整，实现大企业和中小企业协调发展。首先，以优势企业为龙头和主体，培育企业之间的合作，通过兼并重组，提高企业的规模化、集约化经营水平，培育具有竞争力的企业集团。其次，激发中小企业的活力，促进中小企业专注于细分市场，提高独具特色的竞争力。引导大企业和中小企业的协同发展，通过专业分工，实现合作共赢。

第二，推进制造业结构调整，推动东中西部制造业协调发展。根据地区优势，因地制宜，优化制造业发展的空间布局，推动东部沿海和中西部地区的协调发展。在东部沿海内部，积极推动京津冀和长江经济带产业协同发展。同时建设国家产业转移信息服务平台，积极引导产业合理有序地向中部和西部地区转移，为中西部地区制造业发展注入活力。

（7）发挥制度优势，深化机制改革，完善财政和金融扶持政策。国家加速深化行政审批制度改革，改革技术创新管理体制机制和项目经费分配、成果评价和转化机制，创新政府管理方式，积极深化国企改革，为制造强国的建设营造公平的市场竞争环境。

国家强调必须深化金融领域改革，拓宽融资渠道，积极发挥政策性金融、开发性金融、商业金融的优势，引导风险投资、私募股权投资，鼓励符合条件的制造业贷款和租赁资产开展证券化试点，通过融资租赁方式促进制造业转型升级。

在财税政策方面，通过政府和社会资本合作的模式，引导财政资金重点投向智能制造、"四基"发展、高端装备等关键领域；实施有利于制造业转型升级的税收政策，减轻企业负担。

2. 地方版《中国制造 2025》。

国务院发布《中国制造 2025》以后，江苏省、福建省、广东省、河北省、北京市、浙江省、山东省等省市纷纷出台文件，提出发展中国制造、建设制造强国的具体指导建议和量化目标，促进制造业和互联网融合发展，加快"中国制造"向"中国创造""中国智造"迈进。

2015 年 6 月，江苏省最先发布《中国制造 2025 江苏行动纲要》，提出了未来十年江苏制造业发展建设的具体行动措施，并设定了总目标：到 2025 年建成国内领先、有国际影响力的制造强省。

2015 年 7 月，福建省发布《福建省实施〈中国制造 2025〉

行动计划》《中国福建省委福建省人民政府关于进一步加快产业转型升级的若干意见》，提出福建省制造业发展的动力由要素驱动转向创新驱动，推动福建产业结构升级。

2015年8月，上海市发布《关于上海加快发展智能制造助推全球科技创新中心建设的实施意见》，围绕应用层、装备层、网络层和平台层，实施智能制造应用示范、自主突破、标准支撑、平台创建、载体建设五大工程。

2015年9月，广东省发布《关于贯彻落实〈中国制造2025〉的实施意见》，结合《广东省智能制造发展规划（2015～2025年)》，把新一代信息技术与制造业深度融合作为切入点，把智能制造作为核心，推动制造业转型升级。

2015年11月，河北省发布《关于深入推进〈中国制造2025〉的实施意见》，将着力打造制造业发展的十大工程：技改专项、制造业强基、制造业创新中心建设、产业链协同创新、智能制造、"互联网＋协同制造"、绿色制造、制造与服务协同发展、质量品牌建设"双千"、优势产能国际合作。

2015年12月，北京市印发《〈中国制造2025〉北京行动纲要》，提出要发展智能制造的八个新产业生态专项：新能源智能汽车、集成电路、智能制造系统和服务、自主可控信息系统、云计算与大数据、新一代移动互联网、新一代健康诊疗与服务、通用航空与卫星应用。

2015年12月，浙江省发布了《〈中国制造2025〉浙江行动纲要》，天津市也发布了《天津市建设全国先进制造研发基地实践方案（2015～2020年)》。2016年3月，山东省印发了《〈中国制造2025〉山东省行动纲要》。同时，河南、湖北、湖南、安徽、江西、山西等中部地区各省市以及四川、云南、甘肃、贵州、青海等西部地区各省市也陆续出台了行动纲领和规划，制定了多项配套政策和措施积极承接产业转移、调整产业结构，深化创新驱动，促进信息化和工业化深度融合，构建现代产业体系。

各省市充分认识到制造业的发展对经济增长的重要意义，坚持问题导向，立足市场需求，因地制宜，提出目标明确、可操作性强的智能制造行动指南。各省市的政策重点主要包括以下几个方面：

第一，完善智能制造支撑体系，推进企业智能化升级。建立完善的智能制造支撑体系是企业实现智能化升级的关键。在《中国制造 2025 江苏行动纲要》中，江苏省明确提出，要完善"网＋云＋端"（工业宽带、工业云、工业智能终端）的工业信息基础设施，建设低时延、高可靠、广覆盖的工业互联网；同时组织开展大中型企业宽带"企企通"工程、工业企业和生产性服务企业高带宽专线服务，优化"工业云"、"企业云"、中小企业"e企云"等公共服务平台，为智能制造提供基础性服务。

上海市提出，要全力推进智能制造的应用层、装备层、网络层和平台层"四位一体"协同发展，建设智能制造应用示范工程、智能装备自主突破工程、智能制造标准支撑工程、智能制造平台创建工程、智能制造载体建设工程，推进企业智能化升级。

第二，大力发展"互联网＋制造"，推动制造业服务化转型。通过推动互联网与制造业融合创新，提高企业的智能化发展水平。江苏省在发展"互联网＋制造"的战略中，提出实施工业互联网融合创新计划，推动下一代互联网与移动互联网、物联网、云计算融合联动发展。鼓励企业发展基于互联网的个性化定制、众包设计、云计算等新型制造模式，鼓励企业运用大数据开展个性化制造和精准营销。支持企业开展基于互联网的服务业态和商业模式创新，提供线上线下智能化垂直化服务，发展产品设计、运营维护、零售分销、品牌管理等高附加值服务。

第三，强化服务功能区和公共服务平台建设，促进全产业链的智能协作。服务功能区和公共服务平台是实现信息和数据共享、促进全产业链协同发展的基础平台。江苏省提出要加快建设"中国工业设计服务中心"和"江苏工业设计国际合作平台"，建设具有智能化管理调度中心、智能化物流配送中心、智能化物流口岸、智能化监控和感知引导平台等物流载体的智慧物流示范基地，建设提供区域和行业全程供应链服务的物流公共信息平台。

上海市在《关于上海加快发展智能制造助推全球科技创新中心建设的实施意见》中明确提出，要加快发展智能制造基础软件统一开发平台和工程软件统一开发平台，创建智能制造领域的创新中心、检验检测中心、众创空间、产业供需对接与信息服务、人才实训基地、工业企业云服务、信息系统安全监管等服务平台，促进全产业链的智能协作。

第四，发展战略性新兴产业，建设现代产业集群。发展战略性新兴产业是企业转型升级的关键，是经济的新增长点。江苏省提出要积极发展战略性新兴产业，并推进产业集约集聚发展。打造高端智能装备、软件和新一代信息技术、新能源材料及应用、绿色低碳节能环保、品牌纺织服装、医药健康、现代物流、科技服务、商务服务等国际化优势产业集群。

浙江省提出要推进块状经济向智慧产业集群转型升级。实施"互联网＋"产业集群建设行动，开展智慧产业集群试点，培育一批信息工程公司，支撑产业集群信息化改造。积极推动产业集群延伸发展高端装备，培育一批以信息技术装备、机器人、现代农业智能装备等为主体的高端装备产业集群。

第五，建设全匤智能制造发展示范引领区，以点带面、稳步推进。传统产业的智能化改造不可能一蹴而就、全面协同，各省市应因地制宜，优先发展优势产业，以点带面，点面结合，稳步推进，通过试点示范，总结经验，逐步推广。上海市提出从本市基础条件较好的行业和产业园区中选择实施一批智能制造试点示范项目，建设智能制造应用示范工程，促进企业的智能化应用，并鼓励国有企业率先进行智能化升级改造。

广东省提出要建设全国智能制造发展示范引领区，选择智能装备和关键零部件研发制造、智能制造系统集成与应用服务产业较为集中的集聚区或园区，打造 10 个左右的智能制造示范基地，积极建设机器人产业发展示范区。

第六，结合当地资源优势，积极发展特色制造工程。各地资源优势的不同，决定了各省市发展智能制造的重点行业的差异。浙江省在发展战略中将十一个产业作为产业发展重点，除了机器人、智能装备、新能源、新材料、物联网和工业软件等产业之外，还结合当地的资源优势，将绿色石油化工和时尚轻纺业作为重点发展产业。重点推进舟山绿色石化基地、镇海炼化一体化等项目建设，着力打造临港石化生态产业群，建成世界一流的现代绿色石化基地。浙江省利用已有的产业优势，大力发展时尚轻纺业、丝绸产品等，利用信息技术提升时尚产品设计水平。

浙江省提出要建设"四换三名"工程（腾笼换鸟、机器换人、空间换地以及知名企业、知名品牌和知名企业家），深入推进制造业提质升级，实施创新型中小微企业培育工程，培育新的经济增长点和创新引擎。

第七，创新财政、金融政策，支持中小微企业发展。各省市积极贯彻落实国家的各项优惠政策，在财政税收、金融等方面为传统企业的转型提供支持。江苏省建立了 300 亿元左右的江苏工业和信息产业投资基金，重点支持制造业升级与两化融合。上海市创新金融服务，引导政府创设的创业投资引导基金、天使投资基金、产业投资基金以及其他基金对智能制造进行重点支持，鼓励社会风险投资、股权投资投向智能制造领域。广东省创新完善中小微企业投融资机制，实施促进小微企业上规模的专项政策，在融资担保、税费优惠、资金扶持、辅导培训、企业减负等方面给予重点倾斜。山东省创新中小企业融资服务，建立小微企业贷款奖补和代偿补偿机制，积极推动中小企业发行集合票据、集合债、集合信托及私募债，在新三板和省区域内股权市场挂牌融资，从而吸引更多的社会资本投资中小企业。

第八，创新能力不断增强，两化融合深入发展成为核心战略目标。中国制造产业结构转型升级，必须以信息技术为依托，促进经济增长的动力由要素驱动向创新驱动转变，提高生产的智能化水平。以江苏省为例，江苏省本着高端引领、智能支撑的原则，提出要深化信息化、网络化技术集成应用，提升智能制造水平，加快发展战略性新兴产业，改造提升传统产业。预期到2025年，江苏省将研制并应用1 000个首台（套）重大装备，填补国内空白装备比例达到50%；企业机械加工数控化率、高档数控装备应用率明显提高，工业机器人、增材制造装备等智能装置自主化配套率达到80%以上；培育20个高端装备制造特色和示范产业基地；基本建成完整的智能制造创新体系，智能制造实现广泛推广。江苏省建设制造强省的创新能力指标和两化融合指标见表3-4。

表3-4　　　　　江苏省制造强省建设主要指标

类别	指标	2015 年	2020 年	2025 年
创新能力	规模以上工业企业研发经费内部支出占主营业务收入比重（%）	1.02	1.3	1.7
	企业每万名职工中科技人员数（人）	80	90	100
	工业企业每百亿元产值发明专利授权量（件）	52	87	120
两化融合	两化融合发展水平总指数	94	98	105
	数字化研发设计工具普及率（%）	67	75	85
	关键工序制造设备数控化率（%）	35	52	70
	产供销财管理集成覆盖率（%）	20	30	40

资料来源：江苏省经济和信息委员会网站：《中国制造2025江苏行动纲要》。

广东省提出要建成全国智能制造发展示范引领区和具有国际竞争力的智能制造产业集聚区。为了实现这一目标，广东省对智能装备发展提出了具体量化指标：到2020年，智能装备产业增加值达 4 000 亿元，机器人及相关配套产业产值达 1 000 亿元，制造业万人机器人数量达到 100 台；到 2025 年，制造业智能化深度渗透，规模以上制造企业信息技术集成应用达到国内领先水平。①

五、"两化融合"的主要进展

大力推进信息化和工业化深度融合，是推动我国经济转型升级、重塑国际竞争新优势、建设制造强国的战略举措。我国工业信息化发展情况主要体现在"两化融合"的程度上。梳理"两化融合"主要进展并对融合水平进行分析，可以全面客观地掌握我国工业信息化的发展水平，同时有利于发现存在的问题，以便及时对各项政策措施进行调整。

（一）"两化融合"总体水平显著提高

从党的十七大提出信息化和工业化融合发展战略以来，国家、产业和企业协同推进，国家级"两化融合"试验区起到了良好的带动作用。"两化融合"的覆盖范围不断扩大，工业信息化水平显著提高，经济效益增长明显。

"两化融合"水平主要体现在工业信息化的基础环境和实际应用方面。在工业信息化基础环境方面，信息基础设施建设逐渐完善，互联网、移动互联网等网络资源不断发展完善，中小企业信息化服务平台也已经成为企业转型升级的重要信息资源。截至2017 年 9 月末，互联网企业共发展宽带接入用户 4 195 万户，同

① 广东省人民政府：《广东省人民政府关于贯彻落实〈中国制造 2025〉的实施意见》，广东省经济和信息化委员会网站，2015 年 9 月 25 日，http：//zwgk. gd. gov. cn/696453330/201511/t20151103_626007. html? keywords =。

比增长43.4%。在工业应用方面，信息化在新型工业化发展中已经成为重要的催化剂，信息技术、信息网络、信息资源已经渗透在企业生产装备、生产过程以及营销服务等全产品生命周期中，信息化在研发设计、生产制造、营销管理、客户服务、采购、物流等环节中的应用水平逐年提高。以信息技术和互联网为基础的企业资源计划、制造企业生产过程执行系统、产品生命周期管理、软件配置管理、电子商务、智能制造等现代化生产方式已逐渐形成。在应用效益方面，随着信息基础设施不断完善，企业生产过程的信息化应用程度逐年提高，综合效益正在逐渐显现，应用效益指数从2011年的57.47跃升到2015年的83.25。[①]信息化水平的提高降低了生产成本、降低了资源消耗、提高了劳动生产率，促进了企业主营业务收入不断提高。

总之，在工业信息化的发展中，党中央、国务院统一规划部署、制定政策措施，优先完善信息基础设施，充分发挥我国互联网综合优势，信息技术在工业领域由局部应用向集成应用阶段发展，应用效益显著提高。中国电子信息产业发展研究院信息化研究中心设置了一套信息化与工业化融合指标体系对两化融合发展水平进行了评估，结果显示，从2011年开始，信息化和工业化融合总体指数呈上升趋势，两化融合进入快速发展期（见表3–5）。

表3–5 2011~2015年"两化融合"各类指数发展比较

年份	基础环境指数	增量	工业应用指数	增量	应用效益指数	增量	总指数	增量
2011	52.93	—	50.26	—	57.47	—	52.73	—
2012	58.36	5.43	55.13	5.87	65.65	8.18	59.07	6.34
2013	64.87	6.51	57.34	1.21	68.27	2.62	61.95	2.88

① 中国电子信息产业发展研究院：《中国信息化与工业化融合发展水平评估蓝皮书2015年》，人民出版社2015年版。

年份	基础环境指数	增量	工业应用指数	增量	应用效益指数	增量	总指数	增量
2014	71.71	6.84	59.7	2.36	73.43	5.16	66.14	4.19
2015	75.38	3.67	66.04	6.34	83.25	9.82	72.68	6.54

资料来源：中国电子信息产业发展研究院。

（二）电子信息产业成为工业增长的重要力量

随着"两化融合"的深入发展，我国电子信息产业加快创新发展，为经济增长开拓了新的空间。在工业信息化过程中，电子信息产业对国民经济的贡献日益增大，增长速度在各工业部门中居首位，成为引领工业增长的重要力量。国家政策的大力支撑，推动了电子信息产业和传统制造业深度融合。国家不断加大信息产业的资金投入，设立的集成电路产业投资基金、工业转型升级专项资金、先进制造业产业投资基金发挥了明显的带动作用，电子信息技术创新性不断增强。电子信息产业获得的投资额增长迅速，规模以上电子信息产业数目逐年增长，销售收入总规模和主营业务收入增长明显，其中软件业务发展态势良好，有效地带动了其他产业的发展。

在国家信息化政策的支持下，电子信息产业整体效益呈逐步向好态势，2012 年，我国电子信息产业销售收入就突破 10 万亿元大关，达到 11.0 万亿元，增幅超过 15%，其中软件业实现收入 25 022 亿元，同比增长 28.5%。① 软件业与制造业融合化程度也逐渐加深，嵌入式系统软件增速加快，软件和信息技术服务业收入逐年提高，对传统制造业的渗透带动作用进一步增强。2015

---

① 工信部：《2012 年电子信息产业统计公报》，中华人民共和国工业和信息化部网站，2013 年 2 月 5 日，http：//www.miit.gov.cn/n1146312/n1146904/n1648355/c3335511/content.html。

年，电子信息产业新增固定资产 9 658.9 亿元，同比增长
20.6%。随着投资规模的增加，规模以上电子信息产业企业个数
达到 6.08 万家，其中电子信息制造企业 1.99 万家，软件和信息
技术服务业企业 4.09 万家。到 2016 年，全国规模以上电子信息
制造业增加值同比增长 10%，快于全部规模以上工业增速 4 个百
分点，占规模以上工业增加值的比重提高到 7.5%。近几年，电
子信息制造业发展水平逐渐提高，成为工业增长的重要贡献者
（具体数据见表 3 - 6）。

表 3 - 6　　2008 ~ 2016 年我国电子信息制造业发展状况表

年份	电子信息产业 500 万元以上项目固定资产投资额（亿元）	投资增速（%）	电子信息制造业主营业务收入（亿元）	软件业收入（亿元）
2008	3 529	—	51 253	7 573
2009	4 147	17.5	51 305	9 513
2010	5 993	44.5	63 645	13 589
2011	8 183	36.5	74 909	18 849
2012	9 592	17.2	84 619	25 022
2013	10 828	12.9	93 202	30 587
2014	12 065	11.4	102 988	37 026
2015	13 775.3	14.1	111 318	43 000
2016	15 951.8	15.8	120 668	49 000

资料来源：工信部网站、历年电子信息产业统计公报。

2017 年，电子信息制造业 500 万元以上项目完成固定资产投
资额同比增长 25.3%，创五年来新高，增速同比加快 9.5%，连
续 10 个月保持 20% 以上高位增长。在巨大投资的带动下，规模
以上电子信息制造业增加值同比增长 13.8%，快于全部规模以
上工业增速 7.2 个百分点。①

_____

① 工信部网站。

（三）企业全方位信息化成效显著

企业是信息化的微观主体，是推动工业现代化的主要力量。当前，基于全产业链的企业信息化取得了重大进展，企业信息化水平显著提高，企业提质增效效果显著。国家在探索信息化和工业化融合发展过程中，不断探索新模式。2009 年，国家首次批准建立了上海、重庆、珠三角等八个国家级两化融合试验区，探索信息技术在传统产业中的应用模式。综合试验区的建立有力地带动了企业信息化发展。

研发设计信息化推动企业创新能力逐渐增强。以企业为主体、政产学研相结合的技术创新体系已经基本建立起来。国家制定各项政策大力推进研发设计信息化，研发经费逐渐增长，企业创新能力显著提高。在技术创新方面，国家支持有条件的民营企业建立国家技术创新中心，各种类型的企业主体地位得到充分发挥，创新能力得到进一步提高。"十二五"期间，规模以上工业企业研发费用支出占主营业务收入的比重超过 0.85%，大中型企业数字化设计普及率提高了 23.5%，新一代信息技术、高档数控机床等十大重点领域发明专利年均增长率超过 23%。①

在国防科技工业强基工程等国家重大项目的推动下，装备制造能力不断提升，智能装备成为企业生产的重要工具，成套装备智能化水平明显提升，主要行业关键工艺流程数控化率超过70%。高档数控机床、工业机器人、新型智能终端等智能装备发展势头良好。大型快速高效冲压生产线、基于工业机器人的汽车焊接自动化生产线已经达到世界先进水平。越来越多的企业引入机器人生产线，纷纷实行"机器换人"计划，建设形式多样的智能车间、智能工厂。工业机器人推动了企业智能化生产不断提高，当前我国国产机器人的市场份额已经上升到 25%。高工产

---

① 工信部网站。

研机器人研究所（GGII）的调研数据显示，2013 年中国超过日本成为全球第一大工业机器人应用市场，2014 年中国市场新增工业机器人 5.6 万台，中国市场占全球的比重达到 25%。[①] 2015 年中国市场新增工业机器人 7.5 万台，中国市场占全球的比重达到 28.4%。[②] 中国机器人产业联盟的数据显示，2016 年我国工业机器人总销量达 8.89 万台，比 2015 年增长 26.6%。据工信部的统计，2017 年，我国工业机器人继续保持高速增长态势，产量首次超过 10 万台，国际竞争力不断增强。

　　国家积极推动两化融合管理体系标准贯标实施工作，分批遴选国家级、省市级贯标试点企业，截至 2015 年底，全国共有 2 000 余家企业开展两化融合管理体系标准的实践应用。两化融合管理体系标准的贯标实施，推动企业在精益管理、风险管控、供应链协同等方面建立起较明显的竞争优势。

　　工业电子商务、精准营销等模式使企业经营方式发生了重大变革。当前，我国部分企业已经建立了全产业链的电子商务，整合了采购商、供应商、制造商、销售商，实现了产业链上下游的商务协同，降低了企业采购成本和营销成本。基于大数据和工业云，越来越多的企业开始实施精准营销，发展个性化定制模式。山东青岛红领集团推出了国内首家服装个性化定制平台，积极响应客户需求。

　　随着"两化融合"的深入推进，企业竞争实力显著提升，部分企业综合实力已跻身世界第一阵营。"十二五"期间，我国有 56 家制造企业进入世界 500 强，11 家工程机械企业进入全球 50 强，4 家互联网企业和 2 家集成电路设计企业进入全球 10

---

　　① 高工产研机器人研究所：《2015 年全球及中国工业机器人市场研究报告（第三版）》，高工机器人网，2015 年 8 月 17 日，http：//www.gg-robot.com。
　　② 高工产研机器人研究所：《2016 年机器人行业发展调研报告》，高工机器人网，2016 年 4 月 18 日，http：//www.gg-robot.com。

强。① 工业强基工程示范项目、产业技术基础公共服务平台、国家大数据综合试验区、智能制造工程等一批国家重点项目逐步开始实施。2016 年，我国首家国家制造业创新中心——动力电池创新中心挂牌成立。

近几年，工业化和信息化深度融合已经初现成效。智能制造成为企业转型升级的首要途径。面对智能制造这个复杂而庞大的系统工程，国家统筹规划、系统推进，高度重视试点示范工作，以点上示范带动面上提升。国家坚持以市场为导向，推动企业发挥市场主体地位，并积极加强信息基础安全，引导企业走出一条具有中国特色的智能制造发展道路。

从全国范围来看，信息基础设施网络逐渐完善，国家专项资金投入也逐年递增，以信息技术和互联网为支撑的智能化生产能力逐渐增强，产业链附加值不断提高，中国制造正逐渐向中国智造转变，制造模式由供给导向向需求导向转变。电子商务的应用范围不断扩大，成为企业整合供应链、提高生产效率的重要方式，新模式、新业态也逐渐形成。但是在建设新型工业化道路的过程中，地区发展并不平衡，东中西部地区信息化水平差异明显。两化融合发展水平较高的省份集中在我国东部沿海地区，中西部地区尤其是西南地区两化融合程度较低、信息化发展滞后，地区差异明显。

六、"两化融合"的发展实践

在信息化和工业化的融合发展过程中，国内部分企业抓住"中国制造 2025"和"互联网＋"行动重大战略机遇，实施由传

---

① 《"十二五"中国稳居世界第一制造大国和网络大国》，中国新闻网，2015 年12 月 24 日，http：//www. chinanews. com/cj/2015/12 - 24/7686860. shtml。

统制造向智能制造的转型升级，由生产型制造向服务型制造转变，逐渐迈向产业链的中高端，取得了巨大的经济效益，并积累了宝贵的行业经验。宝钢集团、海尔集团、红领集团积极融入信息化时代，创新"互联网＋"思维，运用信息技术发展智能制造，实现了企业转型升级。

（一）宝武（原宝钢）集团探索"产业＋互联网"模式①

1. 宝武集团的发展概况。

宝钢集团有限公司成立于 1978 年，伴随着改革开放而逐渐发展成中国现代化程度最高的钢铁联合企业。集团聚焦于制造业、服务业、金融业、不动产四大产业板块的组合发展，连续多年被评为中国 500 强企业、世界 500 强企业。2016 年，宝钢集团与武汉钢铁集团实施联合重组，宝钢集团有限公司更名为中国宝武钢铁集团有限公司，宝武钢铁集团成为世界级超大型钢铁企业。2016 年，宝武集团在中国钢铁行业中的业绩居首，实现营业收入 3 072 亿元，利润 70.2 亿元。集团的产业结构以钢铁行业为主，生产高技术含量、高附加值钢铁精品，产品涵盖普碳钢、不锈钢、特钢三大系列。集团实施多元化发展战略，在钢铁行业的基础之上，不断拓展产业链，促进产业协同发展。同时，企业积极发展电商、物流、加工、数据、资源服务、信息技术、工程等生产性服务业，向服务型制造转型。

2. 宝武集团的"互联网＋钢铁"模式。

（1）宝武集团的企业信息系统建设。早在 1985 年，原宝钢集团就依托自主开发的中央数据处理机和网络计算机，建立了第一个炼钢生产实绩数据库。从 20 世纪 90 年代中期开始，集团开发了覆盖公司全部生产线的产销管理系统、设备维修综合管理系

---

① 资料来源：宝武集团网站；周小虎、陈芬：《中国企业信息化管理案例》，经济管理出版社 2014 年版，第 73~89 页。

统；企业整合原有的备件和资材管理系统，开发冶金 ERP 系统，实现了合同签订、产品出厂、财务结算、客户服务等企业生产全过程的计算机跟踪管理。进入 21 世纪，集团积极利用电子商务和互联网技术，把企业内部信息系统向客户和供应商两端延伸，建立起以客户需求为中心的供应链管理系统。

集团积极探索"互联网＋钢铁"模式，促进钢铁行业与电商平台协同发展。集团围绕钢铁主导产业，构建起涵盖研发设计、大数据分析、智能制造、钢铁交易、供应链金融、物流配送的综合信息网络服务体系。集团建有功能完善的电子商务平台，"宝钢在线"网络平台以互联网为媒介快速及时地响应用户需求。与此同时，宝钢还开发了数据仓库系统和企业工作流管理系统，为企业搭建起完整的企业数据交换和共享平台。

（2）宝武集团的运营管理信息系统和电子商务平台。集团积极发展信息化，建立企业生产和管理的信息系统，形成了由基础自动化、过程控制系统、生产控制系统、信息管理系统组成的完整体系。集团的管理信息系统涉及企业合同的订立、生产计划、出入库管理、收发货等各个环节，实现了企业全产业链的信息化、网络化和智能化。集团通过信息系统将合同、计划和物流整合在一起，实现了企业生产各个环节的资源信息共享，提高了管理效率、降低了成本、缩短了周期，加快了对用户和市场的响应速度。

集团以互联网和计算机技术为基础，于 2000 年开始启动电子商务平台建设，至今已经建立起遍布整个集团的电子商务系统，形成了一个网上钢铁产业生态系统，电商平台为企业提供从产品预订、合同跟踪、销售物流、财务结算、售后服务等环节的服务支持。利用"宝钢在线"，客户可以及时查询与自己合同相关的信息、生产进程、出厂码单、出厂提单、质保书及物流动态等。宝钢采购电子商务平台为集团提供集采购、投标招标、网上咨询、互动讨论等服务于一体的网络化服务。2009 年"一体化销售及物流管控系统二期项目特殊钢子项"正式上线，至此电子商务平台实现了对集团钢材品种的全覆盖。2012 年，集团开始实施移动电子商务服务，开展手机版移动营销服务。

集团的经营管理信息系统和电商平台为企业的技术创新提供了开放共享的基础条件，实现了产研销的协同发展，为企业的采购业务提供了公平公正的开放平台，实现了绿色、高效的采购，为消费者提供了咨询、沟通以及意见反馈的信息平台，实现了以消费者为中心的精准营销。

宝武集团作为中国最具有竞争力的钢铁企业，实现了信息化和工业化的融合发展，不断探索新型工业化发展之路，大力发展企业信息化，提高企业生产效率以及国际竞争力。集团的企业信息化建设实践成为中国钢铁行业企业信息化建设的表率。

（二）海尔集团融入"互联网＋"思维，向网络化战略阶段转型①

1. 海尔集团发展历程。

海尔集团于 1984 年创立于山东青岛，是一家以生产家用电器为主的整体家电解决方案集成商。1984 年，张瑞敏临危受命，接任当时已经资不抵债、濒临倒闭的青岛电冰箱总厂厂长。之后，海尔一直坚持创新驱动、以用户需求为中心，从一家资不抵债、濒临倒闭的集体小厂发展成为全球最大的家用电器制造商之一。

从 1984 年创业至今，海尔集团经历了五个发展阶段：1984～1991 年为名牌战略阶段，创出了冰箱第一品牌；1991～1998 年为多元化战略阶段，创出了家电第一品牌；1998～2005 年为国际化战略发展阶段，创出了国际品牌；2005～2012 年为全球化战略发展阶段，创出了全球白家电第一品牌；2012 年至今为网络

---

① 海尔官网，http：//www.haier.com/cn/。

化战略发展阶段，创出了互联网时代的管理模式。企业经过 30 多年的发展，管理模式不断改革创新，由自主管理班组向事业部制、市场链，再到人单合一的双赢模式发展，实现了倒三角形组织模式，建立了共创共赢的生态圈。在发展过程中，海尔致力于成为"时代的企业"，每个发展阶段都根据时代的变化不断创新思维和管理模式，坚持以"人"为核心，2005 年提出"人单合一"，实现了企业商业模式创新发展。

2. 海尔集团的"互联网＋"商业模式。

海尔集团在发展过程中，融入互联网思维，不断探索互联网时代的商业新模式，创新生态用户平台、生态资源平台、海尔互联工厂、海尔创意平台、创客实验室、开放创新平台以及海尔定制平台等"互联网＋"模式，实现了"互联网＋工业""互联网＋商业""互联网＋金融""互联网＋住居""互联网＋文化"新兴业态，不断向网络化战略阶段转型。

（1）建立 HOPE 平台，探索开放创新发展模式。海尔践行"世界就是我们的研发中心"的基本理念，20 世纪 90 年代开始探索开放创新发展模式，建立了开放创新平台 HOPE（Haier Open Partnership Ecosystem）。海尔集团通过信息技术和互联网实现了全球用户、创客和创新资源的零距离交互，实现了企业转型发展：从以产品为中心向以用户为中心转型；从领导决策向用户决策转型；从串联流程向并联流程转型；从自主开发向利用全球智慧交互创新转型。

通过 HOPE 平台，企业聚集了各类有技术、创意和设计才能的创新方案提供者，通过交互设计等方式创新方案，与全球各类创新平台合作，实现了从原型设计、技术方案、结构设计、快速模型、小批试制等全产业链的资源覆盖，从而满足了客户的个性化需求。

HOPE 平台具有用户需求交互和洞察、全球技术资源监控、全球资源网络、跨领域专家团队、大数据精准匹配、专业领域知识和专业的需求拆解、定义等七大核心能力。海尔集团通过HOPE 平台整合全球资源，为小微企业提供低成本、便利化的综合服务和支持，实现了生态圈的共赢共享。海尔的"自然风"空调就是通过 HOPE 平台实现了创意产生和产品孵化落地。2016年 1 月，海尔空调研发部门在 HOPE 平台发布创客项目，技术需求发布后，平台运用大数据技术自动筛选、分析、评估，最终两家研发机构与海尔达成技术合作协议。2016 年 8 月，海尔的"自然风"空调实现了产品落地并成功上市。截至 2016 年 11 月，在海尔集团平台上已经有 200 多个小微企业实现了创业，30 多个小微企业成功引入了风投，14 个小微企业估值过亿元。①

（2）海尔互联工厂实现智能化生产。海尔通过互联工厂创新透明工厂、全程互联的模式。用户根据个性化需求，通过海尔互联工厂进行定制，定制模式分为众创定制、专属定制和模块定制。定制完成后就可以通过互联网下单，系统自动生成的订单直连工厂，实现了实时接收、零延迟、零中间环节的高效供应链。海尔互联工厂运用自主研发的多项全球领先技术实现智能制造，在制造过程中，用户可以申请查看实时生产过程。互联工厂从下单、模块采购、智能装配到物流安装实现了全流程可视化，用户通过互联网可以随时跟踪订单状态和观看生产画面。

在智能化生产过程中，海尔不断创新智能物流系统，优化供应链。海尔的超长空中物流是海尔独创的全自动化运输系统，它可以根据订单执行情况自动识别生产线需要的物料并配送到位，整条运输线的长度相当于从拉萨到珠峰顶拉一条电缆的长度，有效地解决了海尔的半成品物流问题。传统企业都是靠叉车地面运输，人拉肩扛，这个工序大约需要 40 人，耗时耗力，海尔集团利用信息技术，做到了无人输送，所有工件不落地，智能精准分检

---

① 新华通讯社、中共青岛市委宣传部编：《解码青岛制造》，青岛出版社 2017年版，第 216～218 页。

配送，杜绝了错漏装和周转造成的质量损伤，提高了物流效率。

海尔的郑州空调互联工厂建立了抽空、灌注智能无人线，实现了精准生产。这是世界上第一条抽空、灌注智能无人线，制冷系统真空度高于行业的 2 倍，灌注重量控制精度达到行业 10 倍，实现了参数零差错，不良零放行。

沈阳冰箱互联工厂创新 U 型壳钣金成型线，通过快速换模技术和实时混流技术，使个性化外壳生产周期缩短了 80%，并支持同时生产 4 个系列的产品。沈阳冰箱互联工厂的整条生产线互联、高效、柔性，用户订单自动排产到机台，质量和生产等信息全程可视，真正实现了透明工厂。

佛山洗衣机互联工厂创新内筒激光监测，提高了产品质量。该厂运用全球领先的激光检测技术，实现洗衣机内筒 100% 检测，并且可实现了检测数据在产品全生命周期的可追溯，提高了客户体验。

通过"互联网＋"模式，海尔集团成功转型并实现了稳步增长。2015 年，海尔全球营业额达到 1 887 亿元，利润 180 亿元。从 2007 年到现在，海尔的年利润复合增长率达到 33%，成为中国家电企业信息化和工业化深入融合发展的典范。世界权威市场调查机构欧睿国际调查的数据显示，海尔大型家用电器 2016 年品牌零售量第八次蝉联全球第一。2016 年，海尔连续两年进入全球品牌 TOP 100，入选《财富》2016 年"最受赞赏的中国公司"榜单，位居电子电器类第一，并进入榜单前三名。

（三）红领集团创新"互联网＋制造"的 C2M 商业模式①

1. 红领集团发展历程。

红领集团创建于 1995 年，曾是青岛市一家以生产经营西服、

---

① 红领集团网站和新华通讯社；中共青岛市委宣传部编：《解码青岛制造》，青岛出版社，2017 年版。

裤子、衬衣、休闲服及服饰系列产品为主的传统服装企业。红领集团是传统制造业中的品牌企业，先后获得"中国名牌""山东名牌""国家免检产品"等荣誉称号，"红领"商标也是中国驰名商标。

在发展过程中，红领抓住信息化发展机遇，利用信息技术和工业大数据驱动智能制造，促进企业转型升级。红领经过数十年的探索，成功推出了全球互联网时代的个性化定制平台——全球服装定制供应商平台，发展智能制造。红领集团由传统的以大规模制造为主的企业转型为"以消费者需求为导向的个性化大规模定制"的互联网平台企业。2007 年青岛酷特智能股份有限公司成立，红领集团传统的商业模式升级为智能化的"酷特云蓝"，现在旗下品牌分为平台品牌和产品品牌，其中平台品牌为"红领魔幻工厂" C2M 定制平台和 RCMTM 供应商定制平台，产品品牌包括"CAMEO""红领"服装品牌和源点论数据工程（SDE）。"酷特云蓝"的商业模式迅速取得成功，2011 年被评为青岛市消费者满意单位、2013 年被评为青岛市著名商标、2014 年成为山东省电子商务示范企业、2015 年成为工信部"智能制造试点示范项目"单位。2012 年，全国人大常委会委员长吴邦国视察红领集团两化融合成就展，充分肯定了红领转型升级的思路以及智能化、个性化定制生产模式，认为红领深度推动了两化融合，提高了自主创新能力，走出了中国服装行业新型工业化道路。

"酷特云蓝"以信息化和工业化深度融合为基础，建立起全球服装定制供应商平台，促进服装定制的数字化、全球化、平台化发展，实现了生产流程再造、企业组织再造和办公自动化改造，并建立起完整的物联网体系，创造了全新的"源点论管理思想"，实现了企业从平台到产品再到思想的整体转型。"酷特云蓝"的商业模式以需求驱动为引领，大幅度提高了企业生产效率，产品生产周期缩短 40%，原材料库存下降 80%，生产成本下降 30%，设计成本下降 90%。智能化的生产为企业带来了巨大的经济效益，2012～2016 年，企业产值连续五年增长 100% 以上，利润率达到 25% 以上。

2. "酷特云蓝"的智能模式。

（1）需求驱动的 C2M 平台。集团自主研发了在线定制直销平台——C2M 平台（customer to manufactory，消费者需求驱动工厂有效供给），建立起由消费者需求驱动、由制造商直接满足需求的商业模式。制造企业不再依靠中间商、代理商和渠道商主导销售，消费者通过 C2M 平台可以进行多种产品的在线定制。用户通过下载注册酷特 App 就可以直接将个性化需求下单给工厂生产，在线自主选择产品的款式、工艺、原材料，在线支付后生成订单，实现从产品定制、交易、支付、设计、制作工艺、生产流程、后处理到物流配送、售后服务全过程的数据化驱动和网络化运作。"酷特云蓝"以信息化平台为基础，实现七个工作日全流程定制：客户根据个性化的需求自主设计产品，量体、下单后，第一日完成制版、绘图，第二日完成裁剪，第三、第四日完成缝制，第五日完成整烫、检验，第六日完成配套、包装、入库，第七日完成物流发货。

企业通过 C2M 平台真正实现了零库存、按需生产的个性化定制，优化了供应链，降低了生产成本，提高了生产效率，目前红领单个生产单元年生产 150 万套件定制服装。企业在 C2M 平台上可定制产品的品类覆盖 3 岁以上男士、女士正装全系列产品，消费者可以自主设计款式，从 3 万多种面料和辅料中自由选择。红领集团已经建立起基于产品全生命周期、全产业链个性化定制的全程智能化解决方案，引领以互联网为基础的、消费者直接驱动企业制造的新业态。

（2）数据驱动的智能工厂。"酷特云蓝"将工业化与信息化高度融合，已经建立起由数据驱动的智能化生产车间和流水线，实现了智能研发、智能裁剪、智能制造、智能检验、智能入库、智能配套等全流程的智能化。消费者通过 C2M 平台提交个性化的需求，订单数据自动进入酷特云蓝的各个数据库，包括版型数据库、款式数据库、原料数据库和工艺数据库等。借助信息技术和互联网，订单信息通过指令推送的方式转化成生产任务并传送给各个生产单元进行生产制造。在智能工厂中，数据通过企业信息系统实现传输和共享，每个产品都有专属的电子芯片，每个工人都可以通过终端设备读取订单信息，从而进行个性化生产。数据驱动的智能工厂高效整合供应链，实现了全产业链的协同，提高了智能流水线的生产效率。

（3）创新驱动满足个性化需求。红领集团在转型中形成了支撑企业新模式的"源点论管理思想"。"源点论"就是指所有的行为都以需求为源点，源点需求驱动，实现价值链资源的整合与协同，最终满足源点的需求。"源点论管理思想"在红领集团得到贯彻实施，企业将传统的官僚制部门转变为资源提供的平台，打破了原来的部门和科层，实现了以消费者需求为源点的自组织模式。企业将组织进行细胞化重塑，企业平台上的每一个岗位都是一个细胞，细胞按消费者需求聚合，聚合后的细胞围绕源点展开工作，高质量、高效率地完成产业链上的各项工作。

红领集团不断创新生产方式，自主研发专利量体工具和量体方法，采用3D激光量体仪自动采集人体19个部位的22个尺寸。用户体型数据的输入，驱动系统内近10 000个数据同步变化，能满足驼背、凸肚、坠臀等113种特殊体型特征的个性化设计需求。

红领集团实现了从产品到平台再到思想的智能化和信息化。企业在自身转型升级成功的同时，还输出"源点论管理思想"，在组织和思想层面帮助传统企业完成转型升级。红领把"先销后产的零库存模式"和"消费者需求驱动工厂定制直销模式"为代表的个性化生产方式整合成传统企业转型升级的解决方案，进行编码化和程序化，创立了"源点论数据工程"（SDE），包含C2M平台消费者端的个性化定制直销入口、大数据平台的数据模型和智能逻辑算法、制造端的工厂个性化定制柔性制造解决方案以及组织流程再造解决方案等基础源代码。红领集团的商业模式和管理思想成为制造业转型升级的成功典范，已经有 20 多个行业的多家企业签约源点论数据工程，包括华为、阿里巴巴、海尔在内的一万多家企业登门学习。

红领模式是互联网时代制造业与电子商务有机结合经营的典范，实现了信息化和工业化的深度融合。红领集团不断创新服装行业的智能化、个性化定制生产模式，走出了一条以创新驱动的中国服装行业新型工业化道路。

第四章

中国农业信息化发展道路

工业革命推动传统农业实现了机械化和化学化，而信息革命则推动农业向智能化和数字化转变。在我国信息化发展道路上，"三农"问题是信息化的重点，也是关键，而在"三农"问题中，农业又是核心。农业的信息化是提高农业综合生产能力、促进农民增收的基本途径，是实现农业现代化的必由之路。

一、农业信息化的基本问题

（一）农业信息化的内涵

1. 农业信息化。

农业信息化是运用信息技术改造传统农业、转变农业生产方式的过程，是建设现代农业的必由之路。在农业现代化过程中，要用信息技术武装农业、用信息网络和信息资源提升农业、用现代理念和现代经营方式推进农业，提高农业劳动生产率和市场竞争力。

狭义地讲，农业信息化是信息技术在农业生产、经营、管理、服务中的渗透和应用，包括农业生产装备信息化、农业生产过程智能化、农产品经营信息化以及农业管理的信息化。广义地讲，农业信息化包含的范围很广，农业生产信息化、经营信息化、农产品质量追溯信息化、农业电子商务平台建设、农业信息服务平台建设、农业数据库等都属于农业信息化的范畴。

2. 农业全程信息化。

2014 年国家提出了农业全程信息化的概念，中央"一号文件"提出，要"建设以农业物联网和精准装备为重点的农业全程信息化";① 2016 年中央"一号文件"又提出，要用物联网、云计算、大数据、移动互联等现代信息技术推动农业全产业链改造升级。因此，基于全产业链的农业全程信息化成为农业信息化的发展方向。农业全程信息化是农业全要素、全过程、全产业的信息化，大数据、物联网技术、精准装备、云计算等现代通信技术融于农业生产各个环节，充分利用现代信息技术快速、便捷、智能的优势，全面感知农业各种生产流通要素，实现农业生产的数字化、智能化、精准化与管理科学化。②

在国家制定的农业信息化发展战略中，一般将农业全程信息化分为农业生产信息化、农业经营信息化、农业管理信息化、农业服务信息化四个环节。

农业生产信息化是指现代信息技术在农业生产过程中的集成和应用。以农业物联网为代表的信息技术在农业生产中的应用，推进了生产智能化的实现。

农业经营信息化是指信息技术在农产品经营过程中的渗透和应用，主要包括购销和物流两大环节。涉农电子商务平台为农产品的购销活动提供重要渠道。物联网在现代物流中的应用实现了对农产品的监督和追溯。

农业管理信息化包括农业政务信息化以及农户对农业生产进

---

① 《中共中央 国务院关于促进农民增加收入若干政策的意见》，中华人民共和国中央人民政府网站，2003 年 12 月 31 日，http://www.gov.cn/test/2005-07/04/content_11870.htm。

② 孔繁涛：《农业全程信息化建设研究》，科学出版社 2015 年版，第 1 页。

行管理的信息化。农户运用现代信息技术改造传统农业管理方式；政府通过信息化管理平台，加强政务信息资源建设，提高农业行政管理效率。农业管理信息化主要表现为统一电子政务标准规范体系建设、农业监测预警、农产品及生产资料市场监管、应急指挥场所建设、农业科技市场信息提供的信息化。

农业服务信息化是指信息技术在农业服务过程中的应用，具体包括农业和农村信息基础设施的建设、农业信息资源服务的信息化、农民技能培训的信息化等。

（二）农业、农村、农民信息化

在我国，"农业、农村、农民"被称为"三农"。作为一个农业大国，促进农民增收、农业发展、农村稳定，实现农业、农村、农民三位一体发展是国家的战略目标。农民是农业生产的组织者和经营者，农村是农民的居住地，三者发展需协同推进。因此，农业的信息化必然伴随着农村信息化和农民的信息化，农业信息化、农村信息化、农民信息化三者相互促进、共同发展。

农业信息化是农村信息化的首要任务和战略重点。农业信息化促进了农业生产效率和农民收入的提高，农民收入的增加是农村和农民信息化的前提与基础。

农村信息化是指现代信息技术在农业生产、农民生活和社会管理中应用与推广的过程。农村信息化包含三大组成部分：农业生产信息化、农民生活信息化、农村管理信息化。周宏仁（2008）提出了农村信息化的八个战略重点：发展现代农业、发展农村经济、增加农民收入、实现农村剩余劳动力转移、建设现代化农村信息基础设施、发展农村信息化教育、大力培训农村干部以及建设现代化的农村管理体系。[①] 李道亮（2010）将农村信息化的内容概括为农村信息化发展环境、农村信息化基础设施、

---

① 周宏仁：《信息化论》，人民出版社 2008 年版，第 343 页。

农村信息化资源、农村信息化服务体系以及农村信息化专题应用。① 农村信息化是现代信息技术在经济、政治、社会、文化中的渗透和应用，是经济领域信息化和社会领域信息化在农村的集中体现。

农民信息化是指农民接受信息化教育和培训，掌握现代信息技术和信息网络的相关知识，提高获取和使用信息的能力，最终能运用信息化手段组织生产、安排生活。因此，农村的信息化教育是农民信息化的关键。应在农村发展和普及信息化教育，不断提高农村的信息化教育水平，用信息技术和知识武装农民的头脑，缩小数字鸿沟。农村信息化教育的发展能够为农业信息化发展提供一支懂技术的高素质人才队伍，从而促进农业现代化加速实现。健全的农村信息化服务体系，是实现农民和现代农业有效衔接的基础要素。因此，农业信息化、农民信息化和农村信息化是密不可分、协同发展的，三者都是建立现代化农业和社会主义新农村的重点任务。

（三）农业信息化的重要意义

现代信息技术在农业中的推广和应用，提高了农业生产、经营、管理效率和农业资源利用率，有利于建立现代农业体系，有效解决"三农"问题。农业信息化是农业现代化的必由之路，是走新型工业化道路的客观要求，是建设社会主义新农村、实现全面小康的有效手段。

1. 建立现代农业体系，推动传统农业转型升级。

信息技术的飞速发展以及互联网的创新应用，为农业信息化带来了新的发展机遇。信息技术和互联网向农业生产经营各个环节渗透，催生了"信息技术＋农业""互联网＋农业"的发展模

---

① 李道亮：《农村信息化与数字农业》，中国建筑工业出版社2010年版，第2～4页。

式，促进了农业生产方式、管理方式、经营方式和服务方式的变革。农业全产业链信息化，提高了农业生产装备的智能化水平，增强了对农业生产过程和经营过程的监督与管理能力，从而有助于建立起智能、高效的现代农业生产体系，促进农业生产力水平的提高。信息技术在农业生产中的应用，改变了技术落后、效率低下的粗放型生产方式，促使传统农业向现代农业、高效农业转型。

2. 提高资源利用效率，推动发展绿色农业。

信息技术在农业生产中的普及应用，优化了供应链，提高了各个环节的资源利用率，从而有助于降低单位生产能耗，促进农业向绿色化、低碳化方向发展。人工智能等新一代信息技术提高了农业粮种的科技含量，保证了农产品的质量安全。信息技术的应用使农业发展中的大田种植、水产畜牧养殖等摆脱了自然环境的影响，降低了生产的风险、减少了资源的浪费。农户运用信息技术精准地掌握种植环境和养殖环境，根据土壤的类型、水资源的质量等实施精准施肥、精准喷药、精准灌溉、精准喂养，从而有助于减少化肥、农药等农业生产资料的浪费。信息技术提高了农业生产机器的科技含量，从而有助于降低机器运作中的碳排放量，促进农业向低碳绿色化方向发展。

3. 拓宽农民增收途径，提高农民收入。

以信息技术为支撑的现代农业生产体系，拓宽了农民增收的途径。首先，信息技术在农业生产各个环节的渗透，提高了农业生产效率，降低了生产成本，农业生产利润和农民收入也随之提高。其次，"互联网＋"改变了农业经营方式，农民通过发展农业电子商务，把农业生产资料、农产品和市场有效对接起来，降低了成本、提高了农业市场流通的效率，实现了精准采购、精准营销，提升了利润发展空间。最后，互联网为农民提供了创新创业的平台，不断催生出大量就业岗位，有效地解决了农村富余劳动力问题。"互联网＋现代农业"发展模式实现了农业、农村、农民的共享共赢，构建起智能、高效、绿色的现代农业生态圈。

4. 有利于缩小数字鸿沟，实施乡村振兴战略。

信息技术和信息网络在农业、农村、农民中的应用，不仅提高了农业生产效率，而且提高了农民掌握和应用信息技术的能力，培养了社会主义新农民，提高了农民素质，推动了社会主义新农村的建设，城乡差距、数字鸿沟不断缩小。完善的综合信息基础设施，提高了农业技术服务、金融保险、物流等农业综合服务的能力和水平，为农业、农村、农民的全面信息化创造了良好的环境。

二、中国农业信息化的创新举措

当前，我国已经进入"四化同步"发展的新时期，国家积极制定政策措施推动工业化、信息化、城镇化和农业现代化的协同发展。没有农业信息化就没有农业现代化，信息技术和互联网是提高农业生产效率、加快农业现代化步伐的关键因素。1994年国家提出建设"金农工程"，1996年的全国农村经济信息工作会议提出"农村信息化"，并建立了我国首个国家级农业信息网——中国农业信息网。尽管我国的农业信息化建设起步较晚，但是党中央、国务院高度重视农业，通过加强顶层设计推动农业信息化建设，为现代农业发展创造了良好的政策环境。

（一）农业信息化顶层设计

1. 中央"一号文件"为农业信息化指明了方向。

进入 21 世纪以来，党中央、国务院高度重视农业农村信息化工作，不断加强对农业信息化的战略引导和政策指导，促进传统农业向现代农业转变。从 2004 年开始，每年的中央"一号文件"都提及农业信息化问题，其政策内容不断扩展完善：从利用信息技术提高农业科技创新能力到利用互联网发展农业生产和流通新模式，从利月信息技术升级农业装备到农业全产业链的升级改造，从积极推进农业信息化到全面推进农村信息化建设。

（1）以增强农业信息服务能力为开端。21世纪初，全国农民人均纯收入连续多年增长缓慢、城乡居民收入差距持续扩大等问题日益突出。针对这些问题，2004年年初《中共中央　国务院关于促进农民增加收入若干政策的意见》提出，中央和地方的相关部门要增强农业生产信息服务能力，促进农民增收。意见指出："有关部门要密切跟踪监测和及时通报国内外市场供需、政策法规和疫病疫情、检验检疫标准等动态，为农产品出口企业提供信息服务。"① 国家通过各种措施向农民专业合作组织和农产品出口企业提供信息服务，促进农民和企业的收入水平不断提高。

国家明确提出加强农业信息化建设是在2005年的中央"一号文件"中。《中共中央　国务院关于进一步加强农村工作提高农业综合生产能力若干政策的意见》从农业技术、农业经营和流通方式等方面提出要加强农业信息化建设，具体措施包括：通过加快生物技术和信息技术等高新技术的研究，提高农业科技创新能力；鼓励发展现代物流、连锁经营、电子商务等新型业态和流通方式，加快农产品流通；通过发展经纪人代理、农产品拍卖、网上交易等方式，增强交易功能。

（2）国家开始重视农业综合信息服务平台建设工程。2006年的中央"一号文件"《中共中央　国务院关于推进社会主义新农村建设的若干意见》开始将农业信息化的重点从农业信息技术的应用转到农业综合信息服务平台的建设上，以加快现代流通体系和农村公共服务网络的建设。国家提出"要积极推进农业信息

---

① 《中共中央　国务院关于促进农民增加收入若干政策的意见》，中华人民共和国中央人民政府网站，2003年12月31日，http://www.gov.cn/test/2005 – 07/04/content_11870. htm。

化建设，充分利用和整合涉农信息资源，强化面向农村的广播电视电信等信息服务，重点抓好金农工程和农业综合信息服务平台建设工程"。①

国家非常重视农业信息化工程建设，将金农工程、农村信息化示范工程、农村综合信息服务工程等作为农业信息化建设的重点工程。2007 年，《中共中央　国务院关于积极发展现代农业扎实推进社会主义新农村建设的若干意见》提出，要建设标准的公用农业数据库，深入实施金农工程，启动农村信息化示范工程，加快建设"新农村现代流通网络"和"农村商务信息服务"等工程，不断完善农业综合信息服务平台建设。

（3）农业信息化和农村信息化协同推进。随着农业信息化的发展，党中央、国务院开始将现代农业发展和社会主义新农村的建设结合起来，协同推进农村一体化的信息基础设施建设。2008 年和 2009 年的中央"一号文件"提出，要健全农村信息服务体系，加快农村基础设施建设，推进农村信息化示范和农村商务信息服务等工程建设，大力发展农村信息化。

2010 年，《中共中央　国务院关于加大统筹城乡发展力度进一步夯实农业农村发展基础的若干意见》提出，要大力发展电子商务等现代流通方式，支持供销合作社新农村现代流通网络工程建设，为开拓农村市场创造条件。同时，要加强市场动态监测和信息服务，健全农产品市场体系。

水利是农业发展的重要基础，水利信息化是现代农业发展的关键环节。国家积极推进建设"金水工程"，以水利信息化推动农业信息化和农村信息化的发展。2011 年，《中共中央　国务院关于加快水利改革发展的决定》提出："推进水利信息化建设，

---

① 《中共中央　国务院关于推进社会主义新农村建设的若干意见》，中华人民共和国中央人民政府网站，2005 年 12 月 31 日，http：//www.gov.cn/gongbao/content/2006/content_254151.htm。

全面实施'金水工程'，加快建设国家防汛抗旱指挥系统和水资源管理信息系统，提高水资源调控、水利管理和工程运行的信息化水平，以水利信息化带动水利现代化。"①

（4）全面推进农业农村信息化。随着"四化同步"战略的提出，国家开始统筹协调，促进工业化、信息化、城镇化、农业现代化同步发展。2012年以来，国家积极部署，从农业技术研发、农业经营方式，农村信息化教育等方面全面推动农业农村信息化。

农业技术的研发创新不断推进。2012年，国家提出加快推进前沿技术研究，在农业生物技术、信息技术、新材料技术、先进制造技术、精准农业技术等方面取得一批重大自主创新成果。2013年中央"一号文件"提出要重点开发信息采集、精准作业、农村远程数字化和可视化、气象预测预报、灾害预警等技术。2014年国家提出要组织重大农业科技攻关，推进以设施农业和农产品精深加工为重点的新兴产业技术研发。

注重建立全国性、区域性农产品信息共享平台，通过多种方式提高农业信息服务水平。深入推进农村广播电视、通信等村村通工程，加快农村信息基础设施建设和宽带普及，推进信息进村入户。同时，国家注重信息化的示范引导作用，加快实施农村信息化示范省建设，重点加强面向基层的涉农信息服务站点和信息示范村建设。2013年提出启动金农工程二期，推动国家农村信息化试点省建设。2014年启动农村流通设施和农产品批发市场信息化提升工程。国家不断支持加强农产品电子商务平台建设，2015年，《中共中央　国务院关于加大改革创新力度加快农业现代化建设的若干意见》提出，要积极开展电子商务进农村综合示

---

① 《中共中央　国务院关于加快水利改革发展的决定》，中华人民共和国中央人民政府网站，2010年12月31日，http://www.gov.cn/gongbao/content/2011/content_1803158.htm。

范，动员各界力量完善电商平台，支持电商、物流、商贸、金融等企业参与涉农电子商务平台建设。

（5）大力推进"互联网＋现代农业"模式。自国务院2015年发布《国务院关于积极推进"互联网＋"行动的指导意见》以来，各行各业加快推动互联网和各领域深度融合，创新发展模式。在农业方面，"互联网＋现代农业"模式力争通过构建新型农业生产经营体系、发展精准化生产方式、提升网络化服务水平、完善农副产品质量安全追溯体系等措施提升农业发展水平，实现农业现代化。

2016年，《中共中央　国务院关于落实发展新理念加快农业现代化实现全面小康目标的若干意见》明确提出，要应用物联网、云计算、大数据、移动互联等现代信息技术，大力推进"互联网＋现代农业"模式，推动农业全产业链改造升级。2017年，《中共中央　国务院关于深入推进农业供给侧结构性改革　加快培育农业农村发展新动能的若干意见》提出，要实施智慧农业工程，推进农业物联网试验示范和农业装备智能化，加快发展"互联网＋现代农业"。在现代农业发展中，国家注重农村电商服务体系建设和电商平台的完善，鼓励发展农村电商产业园，健全农产品质量分级、包装配送的标准体系。

2. 农业信息化上升为国家发展战略。

农业是全面建成小康社会和实现现代化的基础，党中央、国务院在加快转变农业发展方式的过程中高度重视、积极引导，将农业信息化上升为国家战略。

（1）党中央不断创新农业发展思路。农业、农村、农民问题是关系国计民生的根本性问题，中国共产党始终把"三农"问题作为全党工作的重中之重，不断创新农业发展思路，建设现代化农业强国。党的十七大、十八大提出要走中国特色农业现代化道路，实现工业化、信息化、城镇化和农业现代化同步发展（四化同步）。党的十九大提出要实施乡村振兴战略，加快推进农业农村现代化。

党的十七大报告提出要加强农业的基础地位，走中国特色农业现代化道路。党的十七届三中全会《中共中央关于推进农村改革发展若干重大问题的决定》从农业装备信息化、生产经营信息化、服务信息化等方面提出了农业信息化发展战略：加快科技创新，促进生产经营信息化；加快开发多功能、智能化、经济型农业装备设施；推进农业信息服务技术的发展。党的十八大报告提出要实现工业化、信息化、城镇化、农业现代化同步发展，以工业反哺农业，以信息化推动农业现代化。

党的十九大提出了"乡村振兴"战略。党中央根据中国特色社会主义新时代的特点以及社会主要矛盾的转变，提出要在新发展理念的引导下，积极建设现代化经济体系。构建现代化经济体系的任务之一就是实施乡村振兴战略。党中央提出要坚持农业农村优先发展，构建现代农业产业体系、生产体系、经营体系，健全农业社会化服务体系，加快推进农业农村现代化。

（2）国民经济发展规划非常重视农业信息化建设。国家制定的"十二五"规划和"十三五"规划都把提高农业的信息化水平作为农业的发展方向，积极利用新一代信息技术、互联网和物联网实现农业生产、经营、管理和服务的信息化，发展精准农业、智慧农业，加快我国农业现代化发展进程。

《国民经济和社会发展第十二个五年（2011～2015年）规划纲要》从夯实农业信息化基础、加快农业信息技术研发、推动农业生产经营产业化、推进农业政务管理以及加强农业信息服务等五个方面为农业信息化发展提出规划指导，促进农业现代化快速健康发展。《国民经济和社会发展第十三个五年（2016～2020年）规划纲要》把推进农业现代化作为国家第十三个五年规划的重要发展战略。纲要指出，要推进农业全产业链信息化发展，以物联网为基础发展精准农业，提高以大数据为支撑的信息服务能力，并大力发展以互联网为基础的涉农电商。国家统筹规划，推动信息技术与农业生产管理、经营管理、市场流通、资源环境等融合，推进农业大数据应用，增强农业综合信息服务能力，不断提高农业智能化水平。

与此同时，《国家信息化发展战略纲要》《"十三五"国家信息化规划》《关于进一步加强农业信息化建设的意见》《全国农业和农村信息化建设总体框架（2007～2015）》《全国农业现代化规划（2016～2020年）》明确了新时期我国农业信息化建设的发展方向和重点措施。国家提出要充分利用互联网、农业物联网，构建新型农业生产经营体系，建立农业信息监测体系，提高农业生产的科技化和精细化水平，提升网络化服务水平，促进我国农业向网络化、智能化、精细化方向发展。

农业部专门针对农业农村信息化建设制定了发展规划。2011年，农业部印发《全国农业农村信息化发展"十二五"规划》，这是我国第一个全国农业农村信息化发展五年规划。2016年，农业部印发的《"十三五"全国农业农村信息化发展规划》，把加强信息技术与农业生产融合应用、促进农业农村电子商务加快发展、推动农业政务信息化提档升级、推进农业农村信息服务便捷普及、夯实农业农村信息化发展支撑基础等作为"十三五"期间农业信息化的主要任务。

（二）农业信息化重大工程

国家为了提升农业生产、经营、管理和服务的信息化水平，以农业信息技术创新工程、农业互联网应用示范工程、农业电子商务示范工程、"金农"工程、12316"三农"综合信息服务平台工程等重大项目为支撑和依托，推动农业信息化全面发展。

1. 农业信息技术创新工程。

在农业技术创新方面，国家建立了信息技术交流平台，以提高农业创新能力。从"十五"开始，国家就启动了"863"计划"数字农业技术研究与示范"专项，重点进行数字农业关键技术研发，构建数字农业技术平台，初步建成了数字农业技术框架。农业部整合高校、科研机构和企业资源，建立"农业信息技术学科群"和"农业遥感学科群"，重点开展农业信息获取技术、农业信息服务技术、农业物联网系统集成、农业物联网技术集成应用等研究与科学观测。① "十三五"期间，国家继续实施农业信息技术创新工程，建立重点实验室，大力推进农业信息技术研发创新，将新增农业物联网、大数据、电子商务、信息化标准、农业信息软硬件产品质量检测、农业光谱检测技术、农作物系统分析与决策、农产品信息溯源技术、牧业信息技术、渔业信息技术等 10 个专业性重点实验室，在西北、东北、黄淮海、华南、西南、热作等地区新增 6 个区域性重点实验室。②

2. 物联网应用示范工程。

在农业生产方面，国家推出农业物联网应用示范工程和区域试验工程，发挥物联网的优越性，积极推动物联网等新一代信息技术在农业生产中的深化应用。实施国家物联网应用示范工程智能农业项目，率先重点支持北京、内蒙古、黑龙江、江苏、新疆兵团区等省区市的农业物联网推广应用。从 2013 年起，国家又在天津、吉林、上海、江苏、安徽等省市实施农业物联网区域试验工程。农业部还依托农业物联网应用示范工程和区域试验工程遴选出 426 项节本增效明显的农业物联网技术、软硬件产品和应用模式，并逐渐向社会推广应用，以提高农业产出率、劳动生产率和资源利用率。③

3. 电子商务进农村综合示范工程。

在农业经营方面，国家积极推进电子商务进农村综合示范工程。2014 年 7 月，商务部和财政部共同推出《关于开展电子商

①③　《农业部解读智慧农业相关问题》，载于《吉林农村报》2017 年 8 月 4 日。
②　农业部：《"十三五"全国农业农村信息化发展规划》，中华人民共和国中央人民政府网站，2016 年 8 月 29 日，http：//www. moa. gov. cn/zwllm/ghjh/201609/t20160901_5260726. htm。

务进农村综合示范的通知》，积极开展电子商务进农村综合示范工作，建立和完善农村电子商务综合服务体系，在全国培育能够发挥典型带动作用的示范点，推动农村电子商务的发展。国家将示范工程与扶贫开发工作协同推进，各项政策不断向贫困地区倾斜，重点开展鲜活农产品社区直配、放心农业生产资料下乡、休闲农业上网营销等电子商务试点。当前，试点范围已经扩展到河北、河南、湖北等8省56县和广大中西部200县。在电子商务进农村综合示范工程的推动下，农村电子商务公共服务体系不断成熟完善，电子商务平台和电子商务信息公共服务平台为新型农业经营主体、农产品经销商、国有农场和农业企业的信息化经营提供了有效的服务。①

4. "金农"工程。

在农业管理方面，国家推动实施"金农"工程，提高了农业信息服务的质量和水平。"金农"工程是1994年12月在"国家经济信息化联席会议"第三次会议上提出的农业综合管理和服务的信息应用系统工程。

"金农工程"一期项目共建成16类主要业务数据采集系统和监管业务系统，分别是农业综合统计信息采集系统、物价监测信息采集系统、农产品成本调查系统、农机事故报送分析系统、农业部农情调度数据管理系统、国际农产品市场信息采集系统、农机化信息统计系统、土肥信息统计系统、花卉信息统计系统、植保信息统计系统、农业经营管理情况调查系统、对外农业合作信息系统、农药监管业务系统、农机监理监管业务系统、绿色食品监管业务系统、农资打假监管业务系统。

"十三五"期间，国家继续推进实施并完善"金农工程"，

---

① 农业部：《"十三五"全国农业农村信息化发展规划》，中华人民共和国中央人民政府网站，2016年8月29日，http://www.moa.gov.cn/zwllm/ghjh/201609/t20160901_5260726.htm。

建立并完善全球农业数据调查分析系统建设工程，加强海外农业数据中心建设，加快建设全球主要农业国农业数据采集、分析和发布系统，不断推动国家农业数据中心云化升级。①

5. 12316"三农"综合信息服务平台工程。

国家不断探索信息服务进村入户的途径和办法，提高"三农"综合服务的水平。农业部统筹互联网络等现代传播手段，以电脑、电视和电话"三电合一"项目为推手，建立起全国公益性的12316"三农"综合信息服务平台。

12316"三农"综合信息服务平台集12316热线电话、网站、电视节目、手机短信、彩信、移动客户端等于一体，是多渠道、多形式、多媒体相结合的平台，为农民提供政策、科技、假劣农资投诉举报、农产品市场供应、价格等全方位的即时信息服务。国家不断整合资源，提高平台的服务水平，2006年开通全国统一的公益热线后，2009年开通了统一的公益短信，2011年又开通了"中国农民手机报"，通过多种途径切实有效地提升了12316平台的信息服务支撑能力。12316平台架起了政府、企业、市场和农户间信息沟通的桥梁，农民和企业均可以通过平台及时准确地得到农业气象预警以及农作物病虫防治方法等应急信息。通过12316综合信息服务平台，新技术和新品种得以推广，农民也可及时获得农业生产指导，提高农业生产效率，减少经济损失。

为推进技术创新工程的顺利实施，国家不断健全机制，加大财政支持力度，完善金融扶持政策，为企业创新主体地位的发挥营造了良好的政策环境。随着农业信息技术创新工程和物联网应用示范工程的实施，我国已经初步建立集"政产学研"于一体

---

① 农业部：《"十三五"全国农业农村信息化发展规划》，中华人民共和国中央人民政府网站，2016年8月29日，http://www.moa.gov.cn/zwllm/ghjh/201609/t20160901_5260726.htm。

的技术创新体系，为农业信息技术的创新发展、物联网在农业生产中的深化应用提供了有力的保障。"金农"工程和12316"三农"综合信息服务平台工程为农业信息化的发展建立起全面综合的服务体系，为政府、企业、市场和农户之间的合作建立起良好的沟通机制。

三、中国农业信息化的主要成效

在党中央、国务院的领导下，中国的农业信息化建设稳步推进并取得了显著的成效。互联网、移动互联网、无线传感技术、物联网、云计算等现代信息技术向农业生产的各个环节渗透，实现了信息技术与传统农业的融合，农业生产信息化迈出了坚实的步伐。农产品电子商务平台不断发展完善，农业经营信息化快速发展。物联网和大数据等信息化技术和互联网思维的应用，实现了对农业生产和销售全过程的监督管理，加强了对农产品和农业生产资料质量的安全监管，农业管理信息化深入推进。农业部网站、12316"三农"综合信息服务平台等形成了覆盖全国的部省协同服务网络，为农民和农业生产提供全方位服务，农业服务信息化全面提升。

（一）农业生产信息化

1. 农业生产信息化扎实推进。

互联网、移动互联网、大数据、物联网、人工智能等信息技术在农业生产中得到了不同程度的应用。运用信息技术和互联网络可以快速掌握农业生产的环境信息，对影响农业生产的自然资源信息进行在线监测、实时采集，实现精准作业，从而降低了农业生产的风险和不确定性。农业部在《"十三五"全国农业农村信息化发展规划》中对"十二五"期间我国农业生产信息化成就进行了全面总结：大田种植、设施农业、畜禽养殖和水产养殖方面的信息技术应用能力逐渐增强，信息化发展取得了显著成就。

农业遥感监测在农业生产中得到推广应用，我国已经初步建立起大宗农作物监测系统、农业资源监测系统和重大自然灾害监测系统。在大田种植领域，农情的遥感监测技术、病虫害远程诊断技术、水稻智能催芽技术、测土配方施肥技术等开始大面积应用，农业生产的自动化、智能化和精准化水平得到提高。基于卫星遥感技术、地理信息系统技术，我国已经建立起全国土壤墒情监测系统、水质监测系统、农田气候监测站、国家农业数据中心等信息系统，实现了对农业生产环境的监测和管理，同时也已经实现了苗情、病虫害等农作物生长情况的远程、实时监测。

在设施农业方面，基于物联网、传感器和无线网络传输技术的温室环境自动监测与控制设备的研发取得进展，已经具备对温室内的湿度、光照等环境信息的实时监测能力。设施远程控制在北京、上海等地实现了水肥药智能管理。在畜禽养殖领域，畜禽养殖环境监测、发情监测、疾病监测等在规模养殖场实现广泛应用。在智能监测技术的帮助下，部分规模较大的饲养基地已经实现了精准饲喂，根据禽畜的个体特征、生长发育情况进行个性化配料喂养。饵料自动投喂技术、自动增氧技术、自动挤奶技术等在部分实验区也快速集成应用。在水产养殖领域，基于无线智能技术实现了对水体环境、饲料的质量、鱼类疾病等的自动监测。

2. 物联网技术推动农业信息化发展。

国家积极推动建设物联网应用示范工程，充分利用物联网的优越性推动农业信息化向更高水平发展。2011 年，农业部将黑龙江农垦大田种植物联网应用示范、北京市设施农业物联网应用示范、江苏省无锡市养殖业物联网应用示范三个项目作为国家第一批智能农业项目示范工程，将内蒙古玉米和新疆棉花两个大田国家物联网应用示范工程作为第二期建设项目，开展物联网技术在农业生产中的应用。之后，北京、黑龙江、江苏、天津、上海、安徽、内蒙古、新疆兵团等省份开展了国家物联网应用示范工程智能农业项目和农业物联网区域试验工程，在全国范围内总结推广了 426 项节本增效农业物联网软硬件产品、技术和模式。① 作为北方大粮仓的黑龙江省，在农业生产中大力运用物联网技术，采用数字化排灌技术，建立了测土配方施肥专家咨询和信息查询系统及农机管理信息系统，在发展精准农业方面成效显著。

2013 年，农业部开始实施农业物联网区域试验工程，制定了《农业物联网区域试验工程工作方案》②，在天津、上海、安徽三省市率先开展试点试验工作，建立了天津设施农业与水产养殖物联网试验区、上海农产品质量安全监管试验区、安徽大田生产物联网试验区，逐步实现物联网技术在农业全产业链的渗透，探索农业物联网的应用模式，推动农业信息化和智能化的发展。

（二）农业经营信息化

1. 农产品电子商务平台不断发展完善。

随着信息技术和互联网的发展，我国农业生产资料、休闲农业及民宿旅游电子商务平台不断涌现，经营信息化快速发展。农产品电子商务平台不断发展完善，农业部积极推进并建成了农产品质量追溯电商平台，组建了种子电子商务平台公司，建立了"农一网"。在河北、河南、湖北等 8 省 56 县和中西部 200 个县开展了农村电子商务综合示范工作，带动了县域电子商务的发展，推动了农业经营信息化的发展。

国家加强顶层设计，将农村电子商务的发展提升到战略高

---

① 《中国信息化年鉴》编委会：《2015 中国信息化年鉴》，电子工业出版社 2016 年版，第 11 页。

② 农业部：《农业物联网区域试验工程工作方案》，中华人民共和国农业部网站，2013 年 4 月 23 日，http：//www. moa. gov. cn/govpublic/SCYJJXXS/201305/t20130506_3451467. htm。

度。《关于加大改革创新力度加快农业现代化建设的若干意见》《国务院关于大力发展电子商务加快培育经济新动力的意见》《关于促进农村电子商务加快发展的指导意见》等政策密集出台，提出要加强农村电子商务平台建设、开展电子商务进农村综合试点。国家从政策扶持、基础设施建设、人才培养、金融支持、规范市场等方面大力促进和支持农村电子商务快速规范发展。

在国家政策的支持下，农村信息基础设施不断完善、农村物流体系逐渐壮大、农村电商人才素质逐渐提高、农村管理人才水平日益提高，农产品电子商务进入了高速增长阶段。2014 年，农产品电子商务交易额突破 800 亿元，2015 年，农产品网络零售交易额超过 1 500 亿元，比 2013 年增长了 2 倍以上，网上销售农产品的生产者大幅增加，交易种类日益丰富。① 生鲜农产品电子商务发展迅猛，其中 2014 年达到 260 亿元，增长 100%。

2. 农产品质量溯源方面成效显著。

随着物联网技术的发展，国家在农产品质量溯源方面取得了显著成效，对农产品实现了全程信息感知、传输、融合与处理，实现了农产品"从农田到餐桌"的全程追溯。利用条形码技术和无线射频识别技术，产品数据信息的采集跟踪、监控管理、联动控制得以实现。目前，国内已经建成了肉类质量安全追溯体系、蔬菜质量安全追溯体系，建成了较有影响的农产品溯源信息平台：上海市食用农副产品质量安全信息查询系统、世纪三农食品安全溯源管理系统、中国肉牛全程质量安全追溯管理系统等。②

江苏省于 2012 年正式启动"数字粮食"工程行动，推动

---

① 农业部：《"十三五"全国农业农村信息化发展规划》，中华人民共和国农业部网站，2016 年 8 月 30 日，http：//www. moa. gov. cn/zwllm/ghjh/201609/t20160901_5260726. htm。

② 孔繁涛：《农业全程信息化建设研究》，科学出版社 2015 年版，第 19 页。

物联网等信息技术在粮食流通领域的应用，已经建成了 40 多个"数字粮库"，规模设施农业物联网覆盖率达 11.5%。① 江苏省在粮食流通方面全面实施"1210"工程，即 1 个数据中心、2 个管理平台和 10 个信息化子系统，构建基于物联网的现代粮食物流体系，发展粮食电商平台并推进食品质量追溯体系的建立。

（三）农业管理信息化

1. 农业政务信息化建设进展明显。

信息技术在农业政务中的应用水平不断提高，农业管理信息化成效显著。2014 年 6 月 19 日，"金农"工程一期建设完成并顺利验收。我国已经建成国家农业数据中心、国家农业科技数据分中心及 32 个省级农业数据中心，实现了集成、整合、加工全国的农业数据资源，并向社会共享，为农业监测预警和生产决策提供关键可靠的信息。已经建成的数据库包括农业经济统计资料数据库、中国农作物种质资源数据库、农牧渔业科技成果数据库、畜牧业综合数据库等专业数据库，以及中国农林文献数据库、植物检疫病虫草害名录数据库，大大提高了农业生产管理的科学性。目前，已经开通覆盖农业行业统计监测、监管评估、信息管理、预警防控、指挥调度、行政执法、行政办公等业务的多个应用系统。② 涉农行政审批实现网上网下结合办理的方式，提高了办事效率。农业部的网站开通了在线办事功能，农户可以通过功能模块进行线上咨询、线上申请、线上查询、线上投诉等。

---

① 农业部信息中心课题组：《农业信息化研究报告 2016》，中国农业出版社 2017 年版，第 12 页。

② 农业部：《"十三五"全国农业农村信息化发展规划》，中华人民共和国农业部网站，2016 年 8 月 30 日，http://www.moa.gov.cn/zwllm/ghjh/201609/t20160901_5260726.htm。

2. 农产品和农资市场监管水平提高。

我国部分省份已经利用物联网和大数据技术等信息化手段，实现了对农业生产运输、销售全过程的监督管理，运用互联网思维加强对农产品和农业生产资料质量安全监管。浙江省的农产品质量和农资安全监管发展较为成熟，已经形成了完整的追溯体系。2011 年，浙江省开始建立农业生产资料质量安全追溯体系，2014 年，浙江省农业厅完成了省级农产品质量安全追溯平台的建设。福建省建立起了基于统一追溯码标识体系的全程追溯的农产品质量安全监管制度。广东省建立了农资监管基础资源库和农资监管信息平台，建立了农业生产资料使用各个环节台账记账制度。

（四）农业服务信息化

1. 部省协同服务网络实现服务范围全覆盖。

农业部已经建成了覆盖部、省、地、县四级的农业门户网站群，可以向农民及时准确地发布政策法规、行业动态、农资监管、农业科教等信息，成为最有权威性、最受农民欢迎的农业综合门户网站。

12316 "三农"综合信息服务平台已经建成部省协同服务网络，服务范围已覆盖全国，年均受理咨询电话逾 2 000 万人次。基于搜索引擎的 12316 数据共享平台也已经建成。各个省市结合本省市情况，不断创新和完善 12316 服务机制，有效满足了广大农民的信息需求。辽宁省通过购买服务的方式，促进政府资源和市场资源的融合应用并提供综合性服务，12316 金农热线累计服务已经超过 1 200 万例。福建省整合了农业厅 48 个处室和 13 个涉农厅局的服务资源，构建了全省统一的 12316 平台，在全省所有市县建立了 12316 文明服务窗口，为社会提供开放性服务。黑龙江省在提升信息服务水平方面，利用"互联网＋"，搭建信息化平台，在全省设立了 16 个信息采集点，扩大了信息获取渠道，采用先进的信息采集、处理和发布平台开展粮食生产和农产品市场的监测预警工作。①

2. 信息进村入户工程，全面提升农业信息服务水平。

2014 年以来，农业部在"12316"农业信息服务做法经验的基础上，积极推进实施信息进村入户工程，全面提升农业信息服务水平。信息进村入户试点工程首先从北京、江苏、浙江、湖南等省市展开，现在试点范围已经覆盖到 26 个省份的 116 个县，共建成运营益农信息社 7 940 个。信息进村入户工作通过 12316 热线、服务平台、信息站、信息员的立体式服务，以"信息"为纽带，以村级益农信息站为基点，为农民和农业生产提供全方位的农业生产、农业市场、国家政策补贴等信息，提高了农业生产效率。农业公益服务、便民服务、电子商务和培训体验服务等通过信息进村入户工程进村落户，提高了农业服务的整体水平，为农业生产方式转型以及农民增收提供了基础信息保障。

四、农业信息化稳步推进的关键因素

进入 21 世纪以来，在党中央、国务院的统筹规划和统一部署下，我国的农业信息化建设成效显著，农业生产、经营、管理、服务等全程信息化稳步推进。在党中央"四化同步"发展战略下，我国的农业现代化走出一条特色、高效的信息化发展之路。"互联网＋"战略的引导、农业信息技术的创新、农业信息基础设施建设的完善，以及农业信息化和国家精准扶贫工程的协同发展成为我国农业信息化稳步推进的关键因素。

（一）"互联网＋"为农业信息化提供动力

2015 年，国家提出"互联网＋"现代农业发展战略，培育

---

① 农业部信息中心课题组：《农业信息化研究报告 2016》，中国农业出版社 2017 年版，第 56～57 页。

网络化、智能化、精细化的现代农业新模式，实现农业经营体系的信息化、农业管理体系的网络化和农业服务体系的智能化。

互联网贯穿农产品生产经营和管理服务的全产业链，为农业信息化发展和农业现代化的实现提供了源源不竭的动力。从农业发展战略的顶层设计、农业信息技术的研发、农业大数据中心的建立一直到农业信息化服务平台的建立，互联网为各个环节提供了支撑。在农业信息化发展的顶层设计方面，国家政策制定部门运用大数据和云计算，对国家各个地区以及各个时期农业发展的基础数据进行汇总、整理、筛选、分析，最终制定出符合中国经济发展实际的农业发展战略和规划。

互联网在农业农村中的普及应用，有助于整合各类信息、数据和资源，为农业信息技术的发展提供良好的创新环境，并推动物联网、卫星遥感、智能终端、地理信息系统等技术在农业领域的集成应用。通过互联网，我国实现了农业大数据的共享、共用，政府、企业和农户都可以运用我国耕地、水利、农业设备、金融资本等数据库进行数据挖掘、分析决策，提高农业发展的科学性。利用"互联网＋"，我国开发并完善了舆情监测系统和信息反馈收集平台，建立了农业监测预警体系。政府管理部门可以通过信息平台及时获取农业生产全产业链的最新信息，准确把握农产品的最新市场形势，依据精准的数据进行农业政策和贸易政策的制定。互联网在农业经营过程中广泛应用，农资电商和农产品电商作为一种新型的产品流通方式将生产者和消费者有机结合在一起，降低了流通成本、提高了经营效率。

在农业全产业链信息化过程中，我国大力实施网络强农战略，以互联网为基础，促进信息化和农业现代化的深度融合，推进互联网技术和互联网思维在农业发展中的全面应用。互联网推动了农业数据库信息的采集、挖掘、共享以及在农业发展中的应用，从而不断提高市场监管能力和农业信息化服务水平，促进精准农业的发展。随着农村互联网普及率逐渐提高，农村电子商务的发展潜力将逐渐释放。因此，"互联网＋"的应用为农业现代化持续发展提供了不竭的动力。

（二）农业信息技术的创新是农业信息化的加速器

物联网、云计算等现代信息技术向农业生产全过程渗透，推动了智慧农业的发展。农业信息技术的创新和发展是农业信息化建设成功的关键，更是农业现代化的加速器。农业信息化关键技术主要包括农业大数据和云计算技术、农业物联网技术、农业精准装备技术、农业监测预警技术、遥感技术、地理信息系统技术、全球定位系统技术、农业信息分析技术等。[1] 其中农业物联网技术和农业精准装备技术在农业信息化中发挥着关键作用。

1. 农业物联网技术。

物联网是计算机、互联网之后信息革命的第三次浪潮，农业物联网是促进农业信息化和现代化加速实现的重要手段。农业部信息中心课题组（2016）从两个角度对农业物联网进行了精确定义："对于农业物联网，从技术角度看，是指应用射频识别、传感、网络通信等技术，对农业生产经营管理过程涉及的内外部信号进行感知，并与互联网连接，实现农业信息的智能识别和农业生产的高效管理；从管理角度看，是指在农业大系统中，通过各类信息感知设备与技术系统，根据协议授权，任何人、任何物，在任何时间、任何地点，实施信息互联互通，以实现智能化生产、生活和管理的社会综合体。"[2] 作为一种新兴的农业信息技术，物联网可对农业生产过程和农产品储运过程进行精细化管理和控制，并实现对农产品和农业生产资料的质量安全溯源，实现农业数据的可靠传输，促进精准农业的发展。

---

① 孔繁涛：《农业全程信息化建设研究》，科学出版社 2015 年版，第 27 页。
② 农业部信息中心课题组：《农业信息化研究报告 2016》，中国农业出版社 2017 年版，第 249 页。

我国非常重视和支持农业物联网的发展，将农业物联网作为重大专项发展规划。2011 年农业部发布的《全国农业农村信息化发展"十二五"规划》提出要加强物联网、传感网等现代信息技术在农业农村信息化中的应用。2015 年国务院发布的《国务院积极推进"互联网＋"行动的指导意见》提出要促进物联网在智能节水灌溉、测土配方施肥、农机定位耕种、饲料精准投放、疾病自动诊断、废弃物自动回收等方面的应用，推广成熟可复制的农业物联网应用模式，发展精细化生产方式。农业物联网和农业云计算相结合，促进了农业数据处理的高效性、农业决策的科学性和农业管理的精准性。

从 2013 年开始，我国就启动了农业物联网区域试验工程，推动我国农业物联网的应用和发展。农业物联网在农业信息化中的作用主要体现在以下几个方面：

首先，利用物联网技术可以实现对农业资源的精细监测、对农业生产环境的监测以及对农业生产过程的精细管理。在农业生产中，利用无线射频技术、传感技术、"3S"技术（遥感技术、地理信息系统技术、全球定位系统技术）以及信息系统，能够获取并分析土地资源、气候资源、生物资源、水资源等农业资源信息，对生产过程中涉及的农业资源和农业生产资料进行全方位监测和调度。物联网技术在大田种植和设施蔬菜生产中的应用，使得农户可以及时掌握农作物和蔬菜的生长环境、生长态势、病虫害状况等，提高生产决策和管理的精准性。物联网技术在牲畜养殖和水产养殖中的应用，实现了对棚舍环境、水产环境的实时监测，从而能够根据畜禽鱼苗的生长情况及时调控温度、湿度、采光等环境。在农业生产过程中，运用物联网技术可以实现对农业用水、农业施肥、禽畜喂养、水产养殖环境的智能分析、专家指导以及精准调控，促进农业高效增产，降低成本，减少损失，实现增产增收。

其次，利用物联网技术可以实现对农产品的质量安全监管，实现产品质量溯源和追踪。利用无线射频技术、传感技术、电子标签、条形码以及互联网可以实现对农产品从原料采集、生产加工、运输存储、批发零售等产品全生命周期的质量监测和追溯，提高监管质量和追溯效率。目前，消费者通过扫描二维码、条形码等电子标签就可以获取农业生产数据，实现对产品的追溯。农业物联网技术提高了农业生产全过程的透明度，保障了产品质量安全。

最后，利用物联网技术可以实现对农产品仓储和物流监控，实现仓储管理和物流配送智能化，提高流通效率。在农产品仓储区配置传感器和智能识别终端，可以实现对仓储的远程监控和管理，及时获取仓库的入库和出库情况，提高仓储管理的效率。在农产品的物流配送中，利用无线射频技术和条形码技术，可以对农产品流通过程中的信息进行采集跟踪、实时反馈。同时，可以根据农产品配送时间和地点，运用地理信息系统进行配送线路的优化设置，提高配送效率。

2. 农业精准装备技术。

2004 年至今，我国农机装备快速发展，产业规模进入稳步增长阶段，规模以上企业主营业务收入的年均增速维持在 20%左右。中国农业机械工业协会的数据显示，2014 年，我国规模以上农机装备企业主营业务收入达到 3 988.9 亿元，2015 年突破4 000 亿元，达到 4 283.7 亿元。农机装备的规模化发展得益于农业精准装备技术的创新发展。整个"十二五"期间，我国农机装备技术的科技化水平和信息化水平不断提高，在动力换挡拖拉机、精确播栽、高效施药等关键装备研发上取得了重大突破，已经成功攻克了无级变速传动系统、智能化控制管理系统等重型轮式拖拉机关键核心技术。目前，我国正在积极推进重点发展高精准导航作业、产量计量、损失监测、作业工况测控等大型联合收割机智能控制技术及系统。①

---

① 国家制造强国建设战略咨询委员会：《中国制造 2025 蓝皮书（2016）》，电子工业出版社 2016 年版，第 162 ~ 164 页。

　　为了促进精准农业的发展，我国加快推进信息技术和农机装备的融合发展，提高农机装备的智能化水平和精准决策能力。传感技术、智能控制技术、导航技术、通信技术应用于农业装备，不断提高信息采集能力和传输能力。物联网、无线射频和二维码等信息技术应用在农机装备上，实现了产品追溯。

（三）农业信息基础设施的完善是农业信息化的基础保障

　　农业信息基础设施的发展完善是农业信息化和现代化的基础保障。目前，我国农业信息化基础设施支撑能力明显增强。农业信息化科研体系初步形成，大批科研院所、高等院校和信息技术企业相继建立了涉农信息技术研发机构，农业部农业信息技术综合性重点实验室及科学观测实验站等均已投入使用。不断发展完善的农业信息化基础设施为农业技术研发提供了保障，促进了我国农业信息化快速发展。

　　同时，国家开发多项综合信息服务工程，为农业信息化提供基础保障。2004 年，工业和信息化部组织在全国范围内发展农村通信设施，推动实施农村通信普及服务的划时代工程——"村村通电话工程"。中国电信、中国联通和中国移动通信三大基础电信运营企业为"村村通电话工程"提供了资金和技术保障。在"村村通电话工程"的实施过程中，国家坚持"三个三步走"的策略分步实施："第一，在网络覆盖上，按照离电信干线的距离，由近及远，先覆盖乡镇，再到行政村，然后覆盖到自然村；第二，在服务能力上，按照农村实际需求，由低到高，先开通电话，再通互联网，然后开通宽带，实现技术的逐级提升；第三，在信息化进程上，按照先建后用的顺序，先建设通信基础设施，再搭建信息服务平台，然后推广适农业务。"[1] 在"十一五"结

---

① 《全国村通工程"十一五"总结暨"十二五"启动大会召开——工业和信息化部副部长奚国华发表重要讲话》，载于《数字通信世界》2011 年第 5 期，第 12～13 页。

束时，全国100%行政村通电话、100%乡镇能上网已成现实。

2005年，农业部在全国选择了具有一定基础的6个地级和50个县级农业部门，启动了"三电合一"工程，综合利用电视、电话、电脑等信息载体开展信息服务，提高信息入户的覆盖率和使用率，提高农村信息覆盖率。2006年，农业部开通了农业信息服务热线"12316"，建立了"三农"综合信息服务平台。同年，商务部开通新农村商网，为农民提供公共信息服务，及时发布涉农政策信息和农副产品流通信息。2007年，农业部启动"金农工程"，2014年，农业部启动信息进村入户工程。不断健全完善的农业农村信息基础设施，成为农业信息化发展的基础保障。

五、在精准扶贫中推进农业信息化

党的十八大以来，以习近平同志为核心的党中央高度重视精准扶贫工作，不断创新扶贫的方式方法，促进贫困地区农业发展和人民生活水平提高。党中央、国务院高度重视信息技术和信息网络在精准扶贫工作中的作用，推动互联网在扶贫开发工作中的应用，同时也在精准扶贫中推动农业和农村信息化建设。

（一）加快发展贫困地区网络基础设施建设

我国不断加快发展贫困地区网络基础设施建设，为农业农村信息化提供基础保障。在精准扶贫的过程中，国家密集出台政策，促进贫困农村地区的信息基础设施建设，从而为农业信息化和农村信息化提供基础保障。

政策扶贫助力农村信息基础设施不断发展。国家在多个扶贫文件中提出要加快贫困地区信息网络基础设施建设。2011年发布的《中国农村扶贫开发纲要（2011~2020年）》明确提出要普及信息服务，优先实施重点县村村通有线电视、电话、互联网工程。2014 年中共中央办公厅、国务院办公厅发布《关于创新机制扎实推进农村扶贫开发工作的意见》，要求推进贫困地区建制村接通符合国家标准的互联网，努力消除"数字鸿沟"带来的差距，整合开放各类信息资源，为农民提供信息服务。2014 年 4 月，工业和信息化部、农业部、科技部、教育部和国务院扶贫办五部门联合出台《贫困村信息化工作实施方案》，提出到 2020 年，自然村基本实现通宽带。2015 年发布的《关于打赢脱贫攻坚战的决定》明确指出要加快推进宽带网络覆盖贫困村。2016 年发布的《关于加大脱贫攻坚力度支持革命老区开发建设的指导意见》提出支持老区加快实施"宽带中国"战略。2016 年中央网信办、国家发展改革委、国务院扶贫办联合印发《网络扶贫行动计划》，明确要实施"网络覆盖工程、农村电商工程、网络扶智工程、信息服务工程、网络公益工程"五大工程，加快贫困地区互联网建设和应用步伐，文件指出："加快实施电信普遍服务试点工作，推动农村及偏远地区宽带发展，缩小城乡地区数字鸿沟。加大对贫困县的政策和资金倾斜，优先支持民族地区、边疆地区、革命老区和贫困地区的网络覆盖工程，带动农村及偏远地区经济社会发展和信息化水平提升。"[1]

（二）"互联网 + 电商"扶贫

电商扶贫、网络扶贫成为国家扶贫的重要方式。2016 年中央网信办、国家发展改革委、国务院扶贫办联合印发的《网络扶贫行动计划》提出，要加快建设完善贫困地区物流服务网络和设施，鼓励电商平台为贫困地区开设扶贫频道，降低电商平台与贫困地区的合作门槛，开设特色农产品网上销售平台，推进网上

---

[1]　中央网信办、国家发展改革委、国务院扶贫办：《网络扶贫行动计划》，中国网信网，2016 年 10 月 27 日，http://www. cac. gov. cn/2016 – 10/27/c_1119801364. htm。

"一村一品"产业行动工程，支撑贫困地区电子商务发展。2016年11月，国务院印发《"十三五"脱贫攻坚规划》，进一步明确将农村电子商务作为精准扶贫的重要载体。"互联网＋电商"扶贫模式不断促进农产品经营流通信息化。

在电商扶贫的过程中，国家制定激励政策，充分发挥贫困地区种养大户、家庭农场、合作社、农业产业化龙头企业等新型农业经营主体的带头作用，运用互联网思维和信息技术改造经营方式、流通方式和管理方式。政府积极推动新型农业经营主体与电商平台开展合作，进行有效对接，以经营信息化带动农产品全产业链的信息化，同时为农产品的生产、销售、流通等环节提供各种服务信息。如贵州铜仁市在扶贫中大力发展电子商务，建立电子商务孵化中心、农产品检测中心、数据保障中心，为农产品的网上销售提供各种保障，促进农产品经营信息化的发展。在电商扶贫过程中，国家制定措施构建贫困地区的物流配送体系，建立完善的县乡村三级物流配送基础设施，促进农产品电子商务的发展。电商扶贫为贫困的农村地区引入了互联网思维，促进了贫困农民生产和生活方式的转变。国家通过教育培训、资源投入、政策支持等方式，促进农民开展农产品电子商务交易，提高农产品线上转化率，促进农业经营信息化。农产品电子商务优化了供应链，减少了流通环节，提高了流通效率，从而改善了农业经营状况。以电商为突破口的农产品经营信息化，带动了农业生产和管理的信息化。

（三）互联网＋农村"双创"

互联网＋农村"双创"为农业农村信息化提供了动力。国家充分利用现代信息技术和互联网思维，制定激励和保障政策，推进广大农村地区开展大众创业、万众创新，为农业和农村信息化搭建平台。农业部制定的《农业行业扶贫开发规划（2011～2020年）》提出要加强贫困地区农业综合信息服务平台建设，充分利用现代传媒手段，加强产销信息引导，为农民提供及时有效的信息服务。在贫困地区的创业创新推进过程中，政府首先通过改善贫困地区的网络基础设施，广泛推行无线网络的城乡全覆盖，解决"最后一公里"的问题；其次，政府为农村新型经营主体提供各类培训以及创业创新知识讲座，通过网络连接和数据共享，邀请技术专家为其提供技术指导和服务，引导投资机构、专家学者等支持新型农业经营主体创业创新，深入实践扶贫先扶智的理念，提高农民的创新创业能力。同时，政府还支持创业者建立拥有自主知识产权的电商平台。

六、农业信息化发展实践

大数据、物联网等新一代信息技术在农业生产、经营、管理、服务过程中的深度融合和广泛应用，提高了农业生产效率，推动了我国传统农业向现代农业转型升级。基于信息技术和信息网络，全国各地涌现出众多新型发展模式，智慧农业、精准农业、生态农业、高效农业成为农业发展趋势。

（一）物联网在农业生产中的应用实践——山东临朐用物联网种鲜桃[①]

山东省临朐县地处山东半岛中部，位于沂山北麓、弥河上游，是农业大县，果品在种植业收入中占有较大比重。全县桃树面积5万亩，种植面积较大的是嵩山、龙山、九山、山旺和东城，其中大棚桃1万亩，年产值达5亿元。在近几年的发展中，临朐县因地制宜，结合本地高效的农业基础设施，大力发展生态循环农业，经济效益显著提升，2017年被评为山东省第一批省

---

① 刘明志、吕兵兵：《临朐县：用物联网种鲜桃》，载于《农民日报》2017年8月17日。

级生态循环农业示范创建单位。临朐县抓住信息革命的机遇，积极引进物联网等现代信息技术，促进农业信息化，建设智慧农业，提高农业生产效率。

在农业现代化过程中，临朐县实施品牌带动战略，以发展"高产、优质、高效、生态、安全"农产品为目标，大力推进品牌农业发展。目前，全县拥有有效期内"三品一标"173个，国家地理标志产品5个，中国地理标志证明商标17件。临朐县先后建设了嵩山国家级水果（桃）标准园、王老五家庭农场标准园和振岳樱桃专业合作社标准园。临朐县政府不断加强园区标准化管理，完善农业投入品使用、产品检测和质量追溯等管理制度，建立健全生产记录、种植信息、质量检测、产品销售和农业投入品使用等管理档案，确保园区生产的标准化和可追溯，为农业现代化和农产品品牌发展战略提供全面高效的服务和保障。以嵩山蜜桃为代表的桃产品品牌带动了全县桃产业的发展。

在鲜桃的种植和经营中，临朐县引进物联网等先进信息技术，大力发展智慧生产、智慧经营，提高生产、管理质量和效率。在桃子的生产过程中，全部应用水肥一体化灌溉系统。他们在土壤中安装"干湿度自动控制调节仪"，在手机智能终端中安装物联网控制系统。物联网实现了生产者和土壤的智能连接，一旦土壤湿度低于设定的最低数值，系统将自动开启灌溉功能。利用灌溉与施肥一体化系统，智能终端把水分、养分按比例直接提供给作物，既节水节肥，又提高了产量。

在桃子的经营管理中，临朐利用互联网、物联网和现代信息技术创新经营方式，让鲜桃直通消费者，实现了智慧经营。他们与麦壳网合作开发了桃树定制认养系统，客户通过扫描二维码就可以进入认养界面，选择自己喜欢的桃树进行认养。客户可通过智能终端对桃树施肥、浇水、套袋等过程进行全程监控。种植户可根据客户的不同需求，使用豆饼发酵肥、农家肥等各类有机肥，定制专属自己的健康果品。物联网在农业生产中的应用实践真正实现了智能化、高效化以及个性化生产。

（二）农业信息化服务平台——吉林省"开犁易农宝"手机客户端

在农业信息化发展方面，吉林省努力走在前面，争当率先示范的排头兵。2016 年 4 月 14 日，吉林省农业现代化领导小组率先制定了《关于 2016 年率先实现农业现代化工作的实施意见》，提出要大力推进农业供给侧结构性改革，着重强调要建立健全农业信息化服务平台，为农业信息化提供优质服务，大力发展"互联网＋现代农业"，走出一条集约、高效、安全、可持续的规模效益型现代化大农业发展道路。① 在实施意见中，吉林省提出要不断加强综合信息基础设施建设，建立信息数据资源共享交换系统，并积极为农民提供信息化职业教育和培训，提高农业信息化服务水平。

第一，对 12316"三农"综合信息服务平台系统升级改造，探索开展互联网 App、微信公众平台建设，全面推广应用测土配方施肥手机服务系统、"易农宝"手机客户端、"农民钱包"等，完善市、县、乡、村四级农业农村信息化管理及服务网络。积极建设与省水利厅、省气象局等涉农部门的数据资源共享交换系统，并强化电子商务和农村物流体系建设。第二，创新"互联网＋培训"模式，通过情景模拟化教学、网上政策咨询、专家授课等形式开展教育培训，用信息化手段加快培育新型职业农民。

在吉林省的农业信息化服务平台建设中，"易农宝"手机客户端发挥了重要作用。2013 年，吉林省农委与吉林移动在 12582 语音短信和彩信服务基础上，联合打造了专业为农民服务的"开犁易农宝"手机客户端产品，为农民提供具有时效性、针对性的

---

① 《吉林省率先实现农业现代化领导小组关于 2016 年率先实现农业现代化工作的实施意见》，载于《吉林农业》2016 年第 10 期。

农业信息化服务。"易农宝"为农民设置了易生产、易生活、易买卖、易办事四大模块功能。易生产功能可以提供病虫草害、专家指导、测土施肥、远程诊疗等分类服务；易生活功能可以为农民的务工就业提供指导；易买卖功能可以轻松实现农产品的供求对接，并通过开犁商城为农民提供买卖服务；易办事功能可以及时为农民提供贷款办理情况、惠农政策等信息服务。

在测土施肥服务中，"易农宝"将移动基站定位与农业测土数据平台相结合，用户只需站在自家地块，选择作物品种、地力等级即可获得专家配方施肥指导信息，同时通过与农业电商相结合，可直购订制配方肥。在专家指导服务中，专家针对农业生产的种养殖相关问题，为用户提供专业解答和处理措施。目前，吉林省有 300 余位权威专家，涵盖了种植、养殖、农机、政策、法律、气象等领域，能够为用户提供及时、可靠的全方位解答。在远程视频诊疗服务中，以村信息服务站和乡镇兽药店为服务节点，以 12582 平台为核心支撑，用户可在线与专家进行语音、文字等需求互动，实现了农民与专家面对面沟通。通过易办事功能，用户可准确掌握办事流程，查询国家各项法律规定，进行法律咨询，并随时了解各级政府发布的最新惠农政策。随着信息技术的发展和农民需求的多元化，"易农宝"也不断升级完善。2015 年 7 月，"易农宝" App 3.0 新版正式上线，截至 2017 年 4 月，注册用户超过 44 万，开通以来用户每周点击量均在 35 万次以上。①

（三）"互联网 + 农业"发展实践——江西省智慧农业"123 + N"模式

1. 积极加强促进智慧农业发展的顶层设计。

江西省积极制定政策，加强农业信息化的顶层设计。省委、

---

① 阎红玉：《吉林省"易农宝"手机客户端上线两年注册用户超 44 万》，载于《农民日报》2017 年 5 月 16 日。

省政府高度重视现代农业建设工作，2015年制定了《中共江西省委江西省人民政府关于加快转变农业发展方式建设现代农业强省的意见》，随后江西省农业厅制定了《关于贯彻互联网＋农业行动计划加快推进全省智慧农业建设的实施意见》。2016年，江西农业厅又制定了《江西省农业物联网建设技术指导规范》和《江西省智慧农业市县建设指导意见》。江西省整体规划、统一布局农业现代化发展，积极推动互联网、物联网等现代信息技术在农业发展中的应用，推动智慧农业发展。

2. 智慧农业'123＋N'发展模式①。

在现代农业发展中，江西省积极融入互联网，打造"互联网＋农业"的典范，部署"123＋N"的智慧农业发展模式，促进移动互联网、云计算、大数据、物联网等新一代信息技术与农业生产、经营、管理、服务全面融合发展，加快农业生产方式转变。智慧农业发展模式实现了农业生产智能化、经营电商化、管理高效化、服务便捷化的"四化"目标以及种得好、管得好、卖得好、服务好的"四好"功能。

江西省智慧农业建设推进路径为"123＋N"。"1"是指农业数据云；"2"是指农业指挥调度中心和12316资讯服务中心两个中心；"3"是指农业物联网平台、农产品质量安全监管追溯平台和农产品电子商务平台三个平台；"N"是指涉及农业生产、项目管理、资金监管、综合执法、行政审批、市场信息、农技服务、政务办公等的多个子系统。

（1）一个农业云支撑全省智慧农业系统的存储和运算。江西农业数据云包括江西农业云平台和江西农业数据中心两大基础性平台建设。江西农业云平台是打造江西智慧农业的基础，提供了集中统一的计算资源，支撑着各类农业信息系统。目前，云平台主要依托20台云主机及超过1 000T存储能力的云服务器集

---

① 江西智慧农业网站，http：//zhny.jxagri.gov.cn/。

群，保障万亿次计算能力和万兆出口带宽，最大限度地整合现有的计算和存储资源，为智慧农业各类农业信息系统的高效运行提供强大的云服务支撑。江西农业数据中心用于汇集各地、各部门统计的农业基础数据、图片及影像资料等数据资源，实现大数据汇集、建模分析预判、信息互联互通共享。2015 年底，江西省已完成农业数据云基础设施建设，2016 年投入运行。

（2）两个中心打造覆盖全省的农业科技信息服务体系。两个中心是指 12316 资讯服务中心和农业指挥调度中心，这两个中心能够为农业生产提供科学的指导和完善的服务。12316 资讯服务中心是江西省重点打造的农业信息综合服务平台，通过 12316 热线、短信、彩信、12316 惠农直播广播节目、远程专家诊断系统、手机 App、微信公众号等手段，针对农业生产、经营、管理等环节，提供政策、法规、农技、市场等信息咨询及专家远程视频诊断等服务，构建面向江西省、市、县、乡、村的覆盖全省农业生产经营主体的农业科技信息服务体系。农业指挥调度中心已经于 2015 年建成并投入使用，通过该中心可以实现重大动植物疫病疫情实时监测、重大自然灾害应急处理、农产品质量安全事件应急处置，从而提升农业部门的指挥管理水平。

（3）三个平台推动信息技术在农业发展中的深化应用。三个平台分别是农业物联网平台、农产品质量安全监管追溯平台、农产品电子商务平台。

江西农业物联网云平台是全省农业物联网建设的"总开关"，为全省农业物联网项目提供数据采集、数据分析、精准控制、决策指导等服务，实现精准化生产和远程操控。通过传感器采集的数据都将接入物联网云平台，云平台分析、处理后统一发布操作指令，实现完全智能化生产。

江西省利用无线射频识别（RFID）、二维码等技术，建立起全省统一的农产品质量安全监管追溯平台，重点监测农业企业、合作社、家庭农场等的农产品以及农业生产资料的信息，并按行业、地域建立全省统一的发布查询系统。

农产品电子商务平台采取部门合作共建方式，打造成熟的农产品电商"江西模式"。赣农宝是江西省着力打造的江西省权威农产品电商平台，它汇集全省"三品一标"和特色农产品，一站式呈现、一站式采购，构建全新的江西农产品电子商务营销体系，融合了 O2O、众筹、认领、私人定制等新型流通业态，实现了农产品质量安全查询、物联网种养环境及生产指标查看功能。

（4）N 个系统推动农业全程信息化发展。江西智慧农业中的 N 个系统涉及种植业、养殖业及 OA 无纸化办公、农业综合执法、农业技术服务等 47 个子系统，省市县都可以共享共用，在共享的同时，市县也可以结合需求开发本地化系统，不但能够提高效率，而且可以节省成本。当前全省 OA 无纸化办公系统、渔政指挥调度系统、畜禽检疫电子出证、测土配方施肥等平台系统已上线。

第五章

中国电子商务创新发展道路

　　随着物联网、云计算和移动互联网等新一代信息技术的飞速发展和普及应用，越来越多的企业运用网络化手段开展国内外商务活动。基于互联网开放性、共享性、超时空性、高效性的特点，电子商务在 20 世纪 90 年代中期兴起并逐渐发展壮大。电子商务作为一种新型商业模式，成为推动传统服务业转型升级、促进企业实现现代化经营的重要手段。电子商务能够带动企业生产模式的改变，带动生产服务业的创新，为企业带来新的经济增长点。

一、电子商务发展模式

（一）电子商务的相关概念

1. 电子商务。

　　电子商务是以信息网络技术为手段，以商品交换为中心的商务活动，是基于信息技术和互联网而产生的一种新型商业交易模式："在因特网开放的网络环境下，基于浏览器、服务器应用方式，买卖双方不见面地进行各种商贸活动，实现消费者的网上购物、商户之间的网上交易和在线电子支付以及各种商务活动、交易活动、金融活动和相关的综合服务活动的一种新型的商业运营模式。"①

IBM 公司是电子商务的倡导者和先行者。该公司认为，电子商务是在互联网和信息技术相结合的背景下产生的商务活动，买卖双方、金融机构、政府等所有参与者都要在因特网、内部网和外部网集成环境中共同从事商业或社会电子化应用，而不仅仅是交易活动。

经济合作与发展组织认为："电子商务是企业、家庭、个人、政府以及其他公共或私人机构之间通过以计算机为媒介的网络进行的产品或服务的买卖活动。买卖产品或服务是通过网络进行的，至于付款和产品或服务的最终递送则既可以在网上完成，也可以在网下完成。"②

联合国统计局认为："电子商务是指业务部门在接收订单和办理货物与服务的销售时，采用各种不同的方式进行的商务活动，例如电话、传真、电视、电子数据交换、小型电传以及互联网。"③

国际组织从不同的角度对电子商务进行定义，其内涵和外延存在差别。但是在当前电子商务的应用中，交易媒介主要是互联网，电话、电视的应用范围较小。根据经济合作与发展组织对电子商务的定义，我们可以把电子商务区分为完全电子商务和不完全电子商务。电子商务的整个交易过程可以分为商流、信息流、资金流、物流等不同的环节。如果买卖协议的达成、付款、产品或服务的配送等交易的全过程都是通过互联网完成的，商流、信息流、资金流、物流通过互联网实现集成，我们称之为完全电子商务；如果买卖双方仅仅是通过互联网达成协议，而付款、售后

---

① 中国国际电子商务网——电商百科。
② OECD, Information Technology Outlook 2002, 2002.
③ 周宏仁：《信息化论》，人民出版社 2008 年版，第 544 页。

服务、产品递送等相关辅助环节都是通过线下进行的，我们将这种模式称为不完全电子商务。

因此，电子商务活动不仅包括商务交易活动，所有参与者围绕交易而展开的咨询、金融、保险、物流等相关活动都属于广义的电子商务范围。买卖双方是电子商务活动的发起者和主要参加者，政府、金融保险机构、物流企业等其他参与者为商务交易活动提供各种支持和辅助。

2. 电子数据交换。

电子商务早期的形式可以追溯到电子数据交换。电子数据交换（EDI）是一种应用广泛的企业间在线交易方式。在具体操作中，买卖双方按照统一规定的通用标准格式，将标准的经济信息，通过通信网络传输，在贸易伙伴的电子计算机系统之间进行数据交换和自动处理。

电子数据交换开启了无纸化交易的先河，基于互联网和信息技术实现了企业之间的便捷贸易和数据共享。电子数据交换的整个过程都是通过标准格式自动完成，提高了企业间交易的效率，降低了成本。电子数据交换主要应用于大型企业，采用电子数据交换业务可以将原材料采购与生产制造、订货与库存、市场需求与销售，以及金融、保险、运输、海关等业务有机地结合起来，集先进技术与科学管理为一体，极大地提高了工作效率。

3. 电子商务技术手段。

电子商务的发展和完善必须有强大的信息技术基础设施作为支撑，即电子商务技术手段。周宏仁（2008）认为，当前电子商务发展的基础设施主要包括电子邮件、互联网站、网内网、网外网、电子数据交换、电子资金转账以及呼叫中心。[1] 随着电子商务的发展，越来越多的信息技术在电子商务活动中得到应用，如大数据、云计算、人工智能、物联网等新一代信息技术以及条码

---

① 周宏仁：《信息化论》，人民出版社 2008 年版，第 532 页。

技术、无线射频识别技术、GIS 技术、GPS 技术。

4. 移动电子商务。

移动电子商务是新型电子商务模式，是电子商务在移动领域的发展和延伸，是对传统电子商务的有益补充。"它将因特网、移动通信技术、短距离通信技术及其他信息处理技术完美结合，使人们可以在任何时间、任何地点进行各种商贸活动，实现随时随地、线上线下的购物与交易、在线电子支付以及各种交易活动、商务活动、金融活动和相关的综合服务活动等。"① 移动电子商务扩大了供应链管理的范围，降低了供应链管理的成本，应用领域越来越广。

当前，移动电子商务促进了企业交易便利化，在企业仓储、销售终端、售后服务等方面发挥着重要作用。销售人员通过移动终端设备能够准确迅速地获得产品销售信息，有助于促进精准营销，并提高售后服务的质量和效率。

（二）传统电子商务发展模式

随着信息革命的发展，现代信息技术、新一代信息技术和互联网融合发展并推广应用，电子商务模式日益多样化。按照电子商务在不同行业的应用，可以将其分为工业电子商务、农业电子商务、服务业电子商务以及电子政务。按照参与电子商务活动的主体不同，电子商务可以分为不同的模式：企业对企业（B2B），是指企业面向企业的采购和批发，是电商的主流；企业对消费者（B2C），是企业面向消费者的在线销售；消费者对消费者（C2C），以个人拍卖为主的交流销售平台。其中，B2B 和 B2C 电商活动交易量较大，应用范围广，是电子商务业务的主体。

1. 企业对企业（B2B）电子商务。

企业对企业（business to business，B2B）电子商务也称

---

① 中国国际电子商务网——电商百科。

eB2B（电子化 B2B），指的是企业通过互联网或专用网，以网络化、电子化手段进行的商务交易。根据交易主体之间业务关系的差别，B2B 电子商务可以分为两种类型：第一类是企业和供应链成员之间的垂直 B2B；第二类是面向中间交易市场的水平 B2B。在第一种类型中，企业和上游供应商或下游销售商之间通过网络平台进行原料、零部件采购或产品营销等商务活动。海尔商城是企业和供应链成员之间 B2B 电商平台的典型代表。在第二种类型中，电子商务平台将采购商和供应商聚集起来，为交易双方提供交易机会和交易场所，如阿里巴巴电商平台，不同领域、不同类型的企业都可以在平台上进行交易。B2B 电子商务是电子商务的主体，交易量最大，大约占电子商务交易总量的 90% 以上。

在 B2B 电子商务模式中，交易对象非常广泛，原材料、零部件、半成品、最终品都可以通过电商平台进行交易。B2B 电商模式克服了传统商务活动搜索成本高、交易效率低等问题。买卖双方运用信息技术和网络提高了企业交流效率、降低企业间的交易成本，减少了企业的库存，从而缩短了企业生产周期，提高了经济效益。

B2B 电子商务主要经历了两个不同的发展阶段：以交互信息为主的阶段和以在线交易为主的阶段。在电子商务兴起的 2000年前后，B2B 以交互信息为主，企业通过电子商务平台获取供求信息，而真正的交易对接和营销服务则在线下进行，这个阶段是不完全电子商务。以交互信息为主的 B2B 电商平台根据服务内容的不同，分为综合型平台和垂直型平台。阿里巴巴、慧聪网、环球资源网等都属于综合型平台，这类平台提供跨行业和跨产品的综合型信息，业务范围广泛；中国化工网、维库电子网、全球五金网等都属于垂直型平台，这类平台主要提供某一具体行业的供需信息，专业性较强。随着大数据、云计算、物联网等现代信息技术以及互联网的突破性发展，B2B 电商平台发展到以综合在线交易为主的阶段。电子商务平台可以为买卖双方提供交易服务、数据服务、金融服务、物流服务等综合性服务，将信息流、订单流、物流、资金流通过互联网整合在一起。

2. 企业对消费者（B2C）电子商务。

企业对消费者电子商务（business to customer，B2C）是企业和消费者通过互联网进行交易的电子商务活动，是企业通过信息网络直接面向消费者销售产品和服务的电子零售模式。根据交易内容和经营模式的不同，B2C 电商平台可分为综合型和垂直型。综合型 B2C 电商平台经营的商品种类齐全，面向所有类型的消费者。而垂直型 B2C 电商平台只面向单一类型的细分群体，经营专业化的产品。根据电子商务平台服务主体的不同，B2C 电商平台分为自主经营型和第三方平台型。目前发展较为成熟的 B2C 平台的类型主要包括门户网站、电子零售商、内容提供商、交易经纪人。

门户网站主要向消费者提供搜索、新闻、购物、娱乐等集成的综合性服务与内容。根据消费者的不同，门户网站分为水平型门户网站和垂直型门户网站。水平型门户网站面向所有的互联网用户，受众范围广。垂直型门户网站主要是面向特定的细分人群，为消费者提供特定主题的内容或服务。

电子零售商主要是指在线的零售商店，为网上消费者提供在线的零售服务。电子零售商又可分为经营着离线商店的 B2C 零售企业和没有离线商店的虚拟 B2C 零售企业。有些企业经营着线下商店，网上的零售只是作为企业开拓市场的一条渠道。有些企业是没有离线商店的虚拟 B2C 零售企业，网上销售是企业唯一的销售方式。

内容提供商是网络中的传媒资讯提供商，向消费者提供信息、娱乐服务和数字产品。交易经纪人是在线的交易处理人，主要为消费者提供职业介绍、金融服务、旅游服务等，为交易当事人提供缔结网络交易合同所必需的信息发布、信息传递、合同订立等服务，在企业和消费者之间发挥中介的作用。

（三）新型 C2B 电商模式①

随着现代信息技术的发展、互联网的创新以及现代消费理念的引导，C2B、A2A、P2P、ASP、X2X、ESP、ITM、O2O 等新型的电商模式不断出现并得到应用发展。

C2B（customer to business）是以消费者为中心、由消费者驱动的新型电商模式。随着信息技术和互联网的深化应用，这种新型商业模式不断发展并带来很大的利益增长点。消费者可以通过美团网以团购价格拍下中意产品；倡导个性、时尚、简约生活方式的年轻消费群体可以在统帅平台定制家电；天猫商城可以实现产品预售，汇集订单后再投入生产；游客可以通过携程网实现与自己需求相一致的车票和酒店的对接；个人可以通过 toidea 发布自己的创意设计等待商家认购，这些都是"互联网＋"时代 C2B 模式的典型应用。

1. C2B 电商模式的主要类型。

C2B 电商模式的核心是借助网络平台聚合数量庞大且分散的消费群，形成强大的采购集团，改变 B2C 模式中消费者的弱势地位，从而实现个性化生产、按需定制。随着新兴电子商务的发展，C2B 应用越来越广泛，常见模式有以下几种：聚合消费者需求模式、个性化定制模式、消费者招标模式、商家认购和服务认领模式。

（1）聚合消费者需求模式。C2B 电商平台通过汇集小市场而产生巨大的消费团体，消费者在交易过程中掌握更多的主动权。团购和商品预售就是这一模式的典型代表。

①集体团购。C2B 发展主要以团购为主，由第三方商务平台通过聚合消费者形成数量巨大的采购订单，如淘宝聚划算、糯米

---

① 本部分的核心观点已经发表。朱燕：《C2B 新型电商模式运作效率及对社会福利影响研究》，载于《商业经济研究》2015 年第 28 期，第 66~67 页。

团、美团等。平台集合众多具有一致需求的用户形成购买团体，享受优惠价格，即团体定制价格。随着生活水平的提高，消费者更看重商品的品质，因而产生了团体定制产品。

②预售模式。企业通过 C2B 平台发布产品信息，通过预售产品工具聚集消费者订单，在规定时间将商品提供给消费者。预售模式首先汇聚精准订单，然后企业整合前端供应链，在短时间内组织采购、生产并快速发货，即先有订单后有生产。企业的即需即产实现了零库存，降低了资金占用率、仓储成本，消费者可以享受更低的价格，因此，消费者是在用"时间"换"价格"。

（2）个性化定制模式。消费者根据自身个性化需求定制产品，企业进行定制化生产。消费者对产品的款式、功能等提出个性化需求，或主动参与产品设计，产品彰显消费者的个性化需求。企业打破原来的标准化生产流程，调整生产环节，增加了生产成本，因此消费者需要为个性化元素支付溢价。

海尔集团秉承"你设计，我制造"的品牌理念以及"只为需要的功能买单，为不需要的功能免单"的价值主张，打造了定制家电品牌"统帅"。通过统帅电器官网可以快速获取用户个性化需求，线下快速满足用户需求。通过 UU 定制网，消费者可以定制个性化书刊、邮票、家居生活用品。消费者还可以在尚品宅配平台定制房间设计方案。

（3）消费者招标模式。这一模式又称要约模式，商家与消费者的位置调换，消费者在平台上发布自己需要的商品和价格，电商平台把消费者信息传递给供应商，商家选择是否接受要约，实际上就是消费者招标。如果商家接受要约，交易成功，若多个供应商投标，消费者会重新报价或对产品提出更高要求。消费者的需求欲望不同，支付能力也不同，他们愿意支付的最高价格就会存在差异，因此通过要约模式最终形成差别定价，对于企业而言可以在差异化的顾客身上分别实现收益的最大化。这种模式广泛运用于旅游、酒店、车票、金融支付等领域。携程网作为个人经纪人可以为消费者匹配合适的酒店、车票、旅行社。

（4）商家认购和服务认领模式。电商平台鼓励个人在网站中发布原创设计、摄影作品、动画、视频等，企业根据需求及标价来认购，即为商家认购模式。这种模式为美术院校学生及在家上班族（SOHO）提供了很好的平台。另外，有创意需求的企业也可以在平台发布所需服务，消费者个人认领，即为服务认领模式。

猪八戒网和 toidea 就是实现企业和消费者双向对接的平台。它们的交易品类涵盖创意设计、网站建设、网络营销、文案策划、生活服务等多种行业，创意和技能在客户和创意人之间交易，从而转化为商业价值。

2. C2B 模式供应链分析。

美国战略学家迈克尔·波特提出了价值链模型，他把企业内外价值增值活动分为五项基本活动和四项支持性活动。传统的价值链是以企业为主导的推式战略，企业在价值链的源头，先有企业上游供应链即原材料采购，再有企业的生产，然后是企业的下游分销环节，最后消费者才能得到标准化的产品和服务。传统模式追求的是"大采购＋大生产＋广分销＋大物流＋大零售"，生产者和消费者中间环节繁杂，效率较低。消费者处于价值链的末端，不能参与产品的设计，不能得到个性化的产品和服务。C2B模式下消费者对电子商务平台服务商提出个性化需求，供应商通过电商平台和用户对接，根据消费者需求完成上游供应链的整合，形成逆向的倒逼式供应链。C2B 商品主导权和先发权由卖方转移至买方，由消费者驱动，通过前端定制改变产业链运作模式，"以消费者需求为起点"在商业链条上一个一个环节地进行倒逼式传导（见图 5 - 1）。

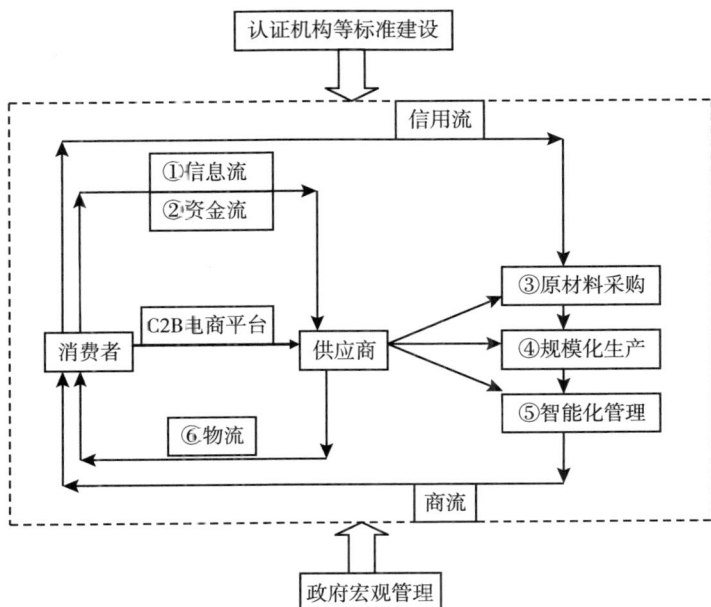

图 5-1 C2B 模式倒逼式供应链流程

C2B 以消费者的差异化需求为起点，信息流是从消费者到商家的逆向过程，信息会更加透明，企业可以直接根据消费者的偏好和需求进行量产，取消中间商，优化价值链，实现扁平化管理，降低库存成本，提高整个环节的运作效率。C2B 模式下，消费者根据需求直接驱动供应链，所以企业产品的精准性大大提高。同时，随着供应链的缩短，企业的生产效率以及产品流转效率都得到大幅度提高。

在消费者个性化需求逐渐显现的"互联网+"时代，C2B 的发展受到差异化消费者的推崇，消费者可以定制个性化产品，同时可以进行集体议价，获得更高的消费者剩余。而从企业的角度看，通过 C2B 电商平台，企业可以在短时间聚集订单，批量化生产，形成规模效应，缩短并整合供应链，提高运作效率，实现社会福利最优化。所以新型 C2B 模式的发展对买卖双方是双赢的，在双方利益以及电商平台的利益驱动下，C2B 电商模式必定会逐渐完善和成熟，成为电商运作的主流模式。

二、中国电子商务发展的关键措施

电子商务概念最早引入中国是在 1993 年，到 1998 年我国才建立了第一个网上交易平台——阿里巴巴，之后电子商务从理论走向应用。进入 21 世纪，我国电子商务在国家政策支持下进入了发展的黄金时期和高速增长期。我国的电子商务在探索中不断向前发展，目前已经成为全球规模最大的网络零售市场，为世界经济增长做出了巨大的贡献，成为引领中国国民经济增长的重要力量。高铁、支付宝、共享单车和网购被称为新时代中国的四大发明。我国电子商务的高速发展得益于国家良好的政策环境、电子商务示范工程的推进、国家"大众创业、万众创新"战略的实施以及精准扶贫和电子商务的协同发展策略。当前，我国农村电商、跨境电商、移动电商对经济的推动作用也逐渐增强。

（一）国家密集出台政策加强电商发展的顶层设计

发展电子商务是以信息化带动工业化、走新型工业化道路的重大举措。政府加强顶层设计，相继出台了一系列政策法规和指导意见，积极推动电子商务发展。

21 世纪初，我国的电子商务处于发展的初期阶段，为了给电子商务的发展创造良好的环境，党中央、国务院相继发布政策建议，从制度建设、法律法规建设等方面加强保障。2005 年，国务院办公厅印发《国务院办公厅关于加快电子商务发展的若干意见》，这是我国较早提出完善政策法规环境、推进电子商务发展的文件。该意见提出要充分发挥企业的主体作用，不断提升电子商务技术和服务水平。通过财税政策、法律法规以及投融资机制完善政策法规环境，加快信用、认证、标准、支付和现代物流建设，形成有利于电子商务发展的支撑体系。

2006 年发布的《2006～2020 年国家信息化发展战略》，将电子商务行动计划作为我国信息化发展的战略行动计划，提出要通过供应链、客户关系管理等构建以大型重点企业为龙头、中小企业积极参与的完整电子商务价值链，积极探索多层次、多元化的电子商务发展方式。

党的十八大以来，电子商务进入飞速发展时期，党中央、国务院更是密集出台政策，为电子商务的健康有序发展提供良好的环境，推动电子商务向更高层次、更高水平发展。

2015 年，国务院制定了《关于促进跨境电子商务健康快速发展的指导意见》，以促进"互联网＋外贸"健康有序快速发展。该指导意见提出，要通过优化配套的海关监管措施、完善检验检疫监管政策措施、完善电子商务支付结算管理、提供积极财政金融支持、建设综合服务体系等支持我国企业跨境电商的发展、推动开放型经济发展升级。

2015 年，国务院办公厅印发《国务院办公厅关于促进农村电子商务加快发展的指导意见》，指出要通过政策扶持、培养电商人才、完善农村物流体系、加快农村基础设施建设、加大金融扶持力度等措施推动农村电子商务与农村三次产业深度融合。

2016 年 4 月，国务院办公厅印发《关于深入实施"互联网＋流通"行动计划的意见》，提出通过流通领域的信息化促进电子商务的发展。

商务部、中央网信办、发展改革委分别于 2007 年、2012 年、2016 年制定的《电子商务发展"十一五"规划》《电子商务"十二五"发展规划》《电子商务"十三五"发展规划》为不同时期的电子商务发展提供了具体发展规划和行动指南。

（二）以电子商务示范工程推动电子商务普及应用

在国家政策的支持和引导下，中央和地方各级政府相继扶持了一批电子商务试点企业，积极推进跨境电子商务综合试验区、跨境电子商务综合试点城市、电子商务示范城市、电子商务示范基地、电子商务示范企业、电子商务进农村综合示范县等重大工程。国家把电子商务示范作为促进经济转型升级、培育经济增长新动力的举措，以电子商务推动传统服务业转型升级，推动农村电子商务和跨境电子商务的发展，在总结经验的基础上逐步推广，促进电子商务普及应用。

2009年9月，发改委和商务部正式批准深圳创建首个国家电子商务示范城市，开启探索中国特色电子商务发展之路。2011年11月，北京、天津、上海、重庆等23个城市成为国家第一批国家级电子商务示范城市，2014年3月，国家开始在东莞市、义乌市、泉州市等30个城市创建第二批国家电子商务示范城市。2017年1月，国家在大连市、包头市、海口市、西宁市等17个城市创建第三批国家电子商务示范城市。各示范城市以建立国家电子商务示范城市为契机，建设电子商务基础设施和交易保障措施，健全电子商务支撑环境和政策体系，保障电子商务快速发展。各市把创建国家电子商务示范城市作为增强城市公共服务能力和竞争优势的新途径，以电子商务促进传统服务业转型升级。

电子商务进农村综合示范县工程于2014年启动第一批试点，涉及全国56个县。2015年扩大到100个县，2016年为240个县，2017年为260个县，以点带面、逐步推进，在全国范围内依次展开，带动了农村电子商务的发展。

2012年，商务部将北京市通州商务园等34家基地列为首批国家电子商务示范基地，2015年，商务部又将北京市海淀区中关村软件园等66家基地列为第二批国家电子商务示范基地。国家级电子商务示范企业、智慧物流配送示范单位等国家级示范工程不断推进，为电子商务在全国各地、各行各业的普及应用提供了动力和支撑。

（三）大众创业、万众创新成为电商发展的重要推动力

随着我国"大众创业、万众创新"战略的实施，电子商务已经成为双创的热点和首选领域。"双创"和电子商务相互促进、协同发展。"双创"发展战略促进了电子商务的发展，同时电子商务也助力创业创新，2016 年，电子商务直接和间接带动就业人数达到 3 700 万，成为促进就业、稳定社会的重要方式。

国家从营造宽松发展空间、夯实健康发展基础、塑造自律发展机制和持续构建发展环境四个方面提出具体的政策措施推进"四众"支撑平台的发展。2015 年，国务院发布《关于加快构建大众创业万众创新支撑平台的指导意见》，提出要充分发挥我国互联网应用创新的综合优势，充分激发广大人民群众和市场主体的创业创新活力，大力发展众创、众包、众扶、众筹等方式。国家通过财政金融、税收、体制改革等政策的扶持，为众创、众包、众扶、众筹等电子商务创业创新活动提供良好的环境，激发电商创业热情。

众创即通过创业创新服务平台聚集全社会各类创新资源，汇众智搞创新。国家鼓励推进网络平台众创：鼓励大型互联网企业、行业领军企业通过网络平台向各类创业创新主体开放技术、开发、营销、推广等资源，鼓励各类电子商务平台为小微企业和创业者提供支撑。众包即运用"互联网＋"，将传统由特定企业和机构完成的任务向自愿参与的所有企业和个人进行分工，汇众力增就业。国家鼓励企业与研发机构等通过网络平台、网络社区等实现供需对接，形成大众智慧集聚共享新模式。众扶即通过政府和公益机构支持、企业帮扶援助、个人互助互扶等多种方式，共助小微企业和创业者成长，汇众能助创业。国家鼓励通过网络平台扶助大众创业就业。众筹即通过互联网平台向社会募集资

金，满足产品开发、企业成长和个人创业的融资需求，汇众资促发展。国家鼓励互联网企业依法合规设立网络借贷平台，为投融资双方提供借贷信息交互、撮合、资信评估等服务。①

当前，电商创业在全国范围内已成热点，东部沿海开放城市广州、金华、深圳位居电商创业最活跃的城市前三甲。为了给电商创业提供良好的环境，国家大力搭建"双创"平台，积极推动双创公共服务平台建设，建设商务公共服务云平台、开展商品流通全流程追溯和查询服务，大力推进中小企业公共服务平台网络建设，建设信息互通和跨部门协同平台，以双创推进电子商务全方位发展。截至2016年底，中央企业已经搭建各类双创平台247个，建立国家级地方技术创新战略联盟159个，中国石化已经建成国内最大的工业品电子商务平台"易派客"。同时，各级政府积极推进建设电子商务产业园、众创空间、企业孵化器等平台，以建立健全电商创业服务体系。

（四）农村电商、跨境电商、移动电子商务成为电商市场的新力量

国家通过各项优惠政策加大对"三农"的扶持力度，农村电商成为企业投资的热点，成为我国电商发展的新市场。随着农村信息基础设施不断完善以及农村网民规模的持续扩大，农产品电商和农资电商发展迅速，农产品网站和农资网站数量增多，电商交易额逐年增长。农村电子商务已经成为促进农业信息化和农村现代化发展的重要力量。当前，我国农村已经建立起集批发、物流、金融、旅游、创业等各类服务于一体的农村电子商务社区综合体，农村电商进入品牌化发展阶段。在互联网和现代信息技术的支撑下，已经建立起农业生产产前、产中和产后全产业链的电

---

① 国务院：《关于加快构建大众创业万众创新支撑平台的指导意见》，中华人民共和国中央人民政府网，http://www.gov.cn/xinwen/2015-09/26/content_2939239.htm。

子商务生态圈，农户、加工企业、物流企业、电商服务中心、金融保险机构等通过电子商务已经建立起高效运作的有机统一体。

跨境电商被列入"一带一路"倡议中，成为推动新时期外贸增长和经济合作的重要引擎。随着国家政策支持和跨境电商综合实验区的建设，我国的跨境电商产业链在政策法规、监管模式、管理服务等方面持续创新体制机制并不断深化发展。

随着移动客户端用户规模的扩大，我国移动电子商务成为电商发展的新市场和主力军。商务部发布的《中国电子商务报告2016》指出，截至2016年底，我国手机网民规模达到4.67亿，占我国总体网民的95%，手机上网成为居民上网的主要方式。在庞大的手机网民规模支撑下，2016年我国手机网络购物用户达到4.41亿，占总体网络购物用户的94%。移动端购物正成为网络消费的主要方式，2016年我国移动购物规模在整体网络购物交易规模中的占比为70.7%。①

三、物流信息化助力电子商务

完善的物流体系是电子商务发展的重要支撑。以信息技术为支撑的现代物流是物流发展的趋势。《关于加快我国现代物流发展的若干意见》将现代物流定义为："泛指原材料、产成品从起点至终点及相关信息有效流动的全过程。它将运输、仓储、装卸、加工、整理、配送、信息等方面有机结合，形成完整的供应链，为用户提供多功能、一体化的综合性服务。"② 因此，现代

---

① 商务部：《中国电子商务报告2016》，中华人民共和国商务部网站，2017年6月14日，http://dzsws.mofcom.gov.cn/article/ztxx/ndbg/201706/20170602591881.shtml。

② 国家经贸委等：《关于加快我国现代物流发展的若干意见》，中华人民共和国中央人民政府网，2001年3月1日，http://www.gov.cn/gongbao/content/2002/content_61945.htm。

物流是综合性的物流服务形式，通过信息技术实现了供应链的有机整合。物流的发展经历了企业自营物流、第三方物流和第四方物流等阶段。随着我国电子商务的快速发展，物流企业也逐渐加大信息化投资力度，以实现物联网、条形码、电子单证等信息技术在物流供应链中的应用。当前，我国物流信息化也逐渐进入第四方物流发展阶段，以信息技术为支撑的现代物流体系逐渐发展完善，成为电子商务快速发展的重要支撑。

（一）第四方物流的兴起

现代物流不仅包括运输、仓储、配送、装卸、包装、物流信息处理等基础物流服务，还包括根据客户个性化需求提供的增值服务。现代物流业是生产性服务业，是为企业的各项生产活动提供的高附加值服务。第三方物流、第四方物流、物流园区等均是在现代物流业发展中产生的新型业态。随着发展方式的转变以及对效率的追求，企业逐渐放弃自营物流模式，将不断增长的物流业务外包给专业的第三方物流和第四方物流服务商。

第三方物流（third party logistics，3PL 或 TPL）又称合同制物流，是生产性企业将物流业务通过合同方式委托给专业物流公司，同时通过信息系统实现对物流过程的管理和控制。企业通过外包物流业务，精简了部门、降低了库存，从而能够集中力量发展核心业务，提高竞争力。随着企业业务的发展，其个性化要求越来越高，企业客户希望获得更多的诸如订单处理、库存管理、对供应链进行监督等个性化的增值服务，但第三方物流企业因为缺乏整合供应链的相关技术和管理能力，不能满足异质企业的特殊需求。在这样的背景下，具备更强的物质资源、信息资源整合能力和管理能力的新型现代供应链组织形式即第四方物流逐渐发展起来。信息技术、通信技术的创新和电子商务的繁荣也推动了第四方物流的产生和发展。

第四方物流（fourth party logistics，4PL 或 FPL）的概念是由

美国的安达信咨询公司（后改名为埃森哲）最先提出的，并将其注册为商标。该公司认为："第四方物流是一个供应链集成商，它对公司内部和具有互补性的服务供应商所拥有的不同资源、能力和技术进行整合及管理，提供一整套供应链解决方案。"（Gattorna J.，1998）[①]

随着云计算、物联网、人工智能等新一代信息技术的创新和广泛应用，以"第四方物流"为代表的现代物流业快速发展，成为企业降低成本、提高效率、增强国际竞争力的重要手段，是企业发展的第三利润源泉。第四方物流是随着信息化的发展而兴起的，利用信息技术和信息网络，建立起协同共享的信息服务平台，为客户提供系统化的供应链整体解决方案和增值服务，通过整合并优化供应链，降低企业的流通成本，促进企业转型升级，提高整体运作效率。

作为一种新型的物流外包模式，第四方物流将第三方物流企业、信息技术提供商、管理咨询机构、电子商务服务商、增值服务提供商通过第四方物流平台进行集成和优化，提供综合的供应链解决方案，实现资源和信息共享，以降低供应链各个环节的成本，缩短物流周期并改善整个供应链结构。第四方物流提供商不仅集成各种服务能力，而且还帮助客户设计整个物流过程的最优方案，为企业供应链上的物流、商流、资金流、信息流提供高效率、低成本、人性化的一站式集成服务，形成供应链合作联盟。第四方物流平台主要提供物流路径设计、仓储中心设计、信息系统规划、配送方案优化、金融和法律服务、供应链成本管理、选择第三方物流供应商等系统化和整体性服务。第四方物流协助企业建立新的商业模式，改变了传统的运输流程。

---

① Gattorna J. *Strategic supply chain alignment: Best practice in supply chain management.* England: Gower Publishing Company, 1998.

（二）第四方物流的运作模式

第四方物流是以信息、技术和管理为核心的供应链集成商，是在信息充分整合、技术综合创新的基础上发展起来的。第四方物流平台通过计算机和互联网等现代信息技术建立信息资源网络平台，整合多个服务供应商和企业客户。随着平台上各类服务商数量的增多，复杂的信息组成了庞大的数据库，云计算可以对复杂的数据库进行处理和分析，从而为企业客户挑选出最佳的物流服务提供商。云计算技术提高了第四方物流网络平台的信息处理能力。在具体物流业务执行过程中，物联网技术增强了第四方物流提供商对物流执行过程的管理和监督，为物流标准化及安全运作提供了保障。

计算机和信息网络是实现资源共享的基础信息设施，而云计算、物联网等新一代信息技术的应用大大提高了信息资源的传播速度和物流效率，并推动现代物流业向信息化、自动化、智能化、集成化的方向发展。

第四方物流平台能够整合供应链各环节的资源并实现共享。基于云计算和物联网的第四方物流通过信息共享平台，为企业客户提供一体化的供应链解决方案，具体的运作模式主要包括协同运作模式、方案集成商模式、行业创新者模式和动态联盟模式。① 协同运作模式、方案集成商模式、行业创新者模式分别应用于第四方物流发展的初级、中级和成熟阶段，而动态联盟模式作为市场补缺者是一种临时性的业务联盟形式。

1. 协同运作模式。

该模式又称为强强联合模式。拥有强大的物流配送能力的第三方物流和拥有最优供应链解决方案的第四方物流，签订商业合

---

① 信息化和工业化深度融合知识干部培训丛书编写委员会：《生产性服务业创新发展知识干部读本》，电子工业出版社2012年版，第131页。

同或结成战略联盟，整合优势资源，共同开发物流市场，提供最优的综合服务。在这种模式下，第四方物流还未以独立的形式出现，而是在第三方物流企业的内部工作，提供包括供应链策略、业务流程设计、项目管理、技术支持等供应链方案服务。第四方物流不直接与客户接触，而是通过第三方物流服务商为客户提供物流供应链方案。通过战略性联盟，第三方物流的物流配送能力和第四方物流的供应链解决方案实现无缝集成，第四方物流提供各类信息和咨询服务，第三方物流承担具体物流业务，双方发挥各自专长，提升了物流整体效率。在这种模式下，第三方物流的主体地位更明显，是整个供应链的枢纽，而第四方物流更多的是提供支持服务。

2. 方案集成商模式。

在这种模式下，第四方物流是一个综合方案集成商，整合第三方物流和其他服务商的资源和技术，为一个主要客户提供全面而集成的一体化供应链解决方案。第四方物流是供应链的枢纽和核心，它根据客户的个性化需求，整合与物流供应链相关的多个服务商的资源和能力，为客户提供最优化的物流服务。第四方物流服务对象是一个主要客户，通过对资源、技术和能力的集成，提供个性化的供应链方案。

3. 行业创新者模式。

行业创新者模式与方案集成商模式的主要区别在于，它为多个行业的多个客户提供服务和供应链解决方案，而不是只为一个主要客户服务。第四方物流通过物流信息平台将各个行业的第三方物流供应商、信息技术服务商、咨询管理和增值服务商整合起来，为多个行业的客户设计物流方案。在这个战略联盟中，第四方物流是联盟的领导和组织者，通过网络信息平台将物流业务的需求者和各类供应者集合在一起，实现精准对接。第四方物流是各类服务提供商和多行业客户群的枢纽，必须具备较强的多行业信息整合能力以及跨行业管理经验，为多个行业、多个企业提供服务。

4. 动态联盟模式。

动态联盟模式是虚拟化组织的一种表现，是指在有市场需求时，第三方物流、咨询机构、生产企业、技术提供商等一些相对独立的服务商通过信息和管理技术组成临时业务联盟提供物流服务。联盟中的各个成员以完成某一业务流程为主线，共享利益、共担风险，当这个项目完成后，联盟就解散。这种物流模式是作为市场补缺者出现的，是市场导向的动态性联盟，对需求信息的捕捉是至关重要的，因此动态联盟之间必须有强大的信息技术平台和信息网络，以保证信息快速通畅地传递。

（三）第四方物流的动态供应链

第四方物流通过不同的运作模式，重新整合了物流供应链，实现了以企业客户个性化需求为中心的，以第四方物流信息平台为领导的，物流、信息流、资金流、商流融为一体的动态供应链。

供应链是连接生产者和消费者之间的功能网，通过对物流、信息流、资金流、商流的控制，实现对从原材料采购到成品销售的整个流程的管理。优质的供应链以消费者的最终需求为核心，能协调并整合供应链中的所有参与者，实现各个活动的无缝衔接。第四方物流是以企业客户的需求为中心开展物流活动的，最终形成的供应链解决方案是为了满足企业对物流业务的个性化需求，因此第四方物流提供的是以企业客户为中心的个性化供应链。

第四方物流的基础是信息化网络平台，运用计算机、互联网、大数据、云计算等信息技术整合信息资源并实现共享，物流的需求方和供给方通过网络平台实现对接和匹配，因此第四方物流提供的是信息化的供应链。供应链的信息化，同时也提高了资金结算、金融保险等资金流的流通速度和安全系数。通过物联网等技术,实现了对物流执行过程的监督,各个物流服务提供商的业务能力和信誉都能被监测并分享到第四方物流信息平台,平台上的信息是动态更新的。第四方物流提供商会根据变化了的信息,利用大数据和云计算,重新为需求方选择供给者,重新设计供应链解决方案,因此第四方物流提供的是动态的供应链。动态的信息化供应链实现了信息流、物流、资金流、商流的融合,其中信息流是保障性要素,资金流、物流、商流的完成都是以信息的共享为基础的(见图5-2)。

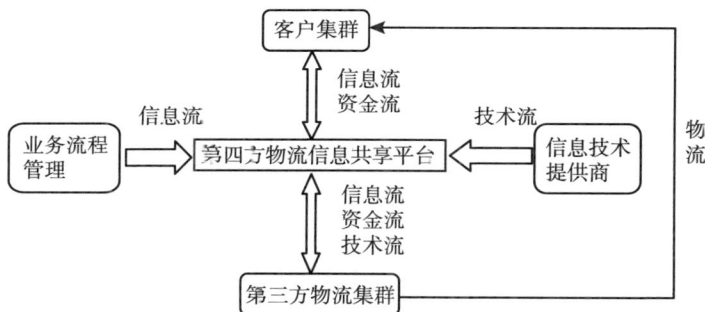

图5-2 第四方物流一体化供应链解决方案

(四) 中国第四方物流进入发展的快车道

第四方物流是现代物流业发展的新趋势,是物流信息化的结果,其优越性逐渐显现,日益成为国民经济发展的重要战略支柱型产业,以及经济增长的新动力和利润源泉。我国政府大力支持这种新兴业态的发展,相继出台了《关于促进我国现代物流业发展的意见》《物流业调整和振兴规划》《物流信息化发展规划》《关于促进物流业健康发展政策措施的意见》《物流业发展中长期规划 (2014~2020年)》等文件,提出要加快物流信息化建设,通过完善标准化的物流体系、开发物流技术、建设物流公共信息平台等措施加快发展新现代物流业,促进产业结构调整,提高国民经济竞争力。

1. 物流技术研发能力不断增强。

国家提出要以物联网、无线射频、GIS、GPS 等新兴信息技术为支撑，大力发展物流信息化。国家不断加强物流技术的自主研发，增加研发投入重点支持货物跟踪定位、无线射频识别、物流信息平台、智能交通、物流管理软件、移动物流信息服务等关键技术攻关，推动物流技术的创新和应用。2017 年 11 月 5 日，随着北斗三号双星在西昌卫星发射中心发射成功，中国北斗卫星导航系统步入全球组网新时代。北斗导航系统可以在全球范围内为各类用户提供高精度、高可靠定位的服务，为物流信息化的发展提供重要的技术保障。

2. 现代物流体系初步建立。

现代物流业是连接企业上下游供应链、连接国内国外两个市场的重要媒介。国家出台多项政策加强北斗导航、物联网、云计算、大数据、移动互联等先进信息技术在物流领域的应用，推动物流公共信息平台的发展和现代物流产业体系的完善。早在2004 年国家发展和改革委员会等九部委联合下发的《关于促进我国现代物流业发展的意见》就提出要建立全国、区域、城镇、企业等多种层次的物流信息平台和物流服务网络体系，提高综合服务能力。我国在物流信息化发展中把物流监管信息化和物流信息化标准规范体系建设作为重点内容。2013 年发布的《工业和信息化部关于推进物流信息化工作的指导意见》提出，要提高政府部门物流服务和监管的信息化水平，建立跨部门监管平台，提高协同服务和监管水平。同时，国家把物流信息化标准规范体系、法律法规体系、安全体系的建设作为主要任务，建立完善的物流信息服务和监管体系。

3. 持续加强物流体制改革。

我国现代物流体系的建立，是企业降低经营成本的重要保障，不仅降低了企业的库存成本、运输成本，而且剔除了体制性成本。传统的物流供应链环节复杂，涉及众多物流相关部门和政府管理机构，因此物流行业的体制性成本居高不下，影响了物流效率。尤其对中小微企业来说，高昂的物流成本成为企业发展壮大的重要瓶颈。2014年国务院出台的《关于促进内贸流通健康发展的若干意见》提出，要加大行政审批制度改革、加强行政监管，大力降低物流体制性成本，改善物流产业环境。国家行政体制改革和政策体系的完善，为众多中小企业依托新一代信息技术发展物流信息化提供了新生动力。

当前，以物联网、大数据系统、工业机器人、人工智能、无人车、无人机等武装的超级智能中心仓库均实现自动分拣、装箱，以第四方物流为代表的中国智慧物流体系的建设已经领先全球。随着经济全球化的发展和"一带一路"倡议的推进，对第四方物流等智慧物流的需求将呈不断上升的趋势。在国家政策的支持和市场需求的推动下，中国的第四方物流逐渐进入了发展的快车道，不断助力电子商务发展、助力企业转型升级、助力国家信息化建设。物流信息化推动供应链向一体化集成方向发展，实现了资源的优化配置，降低了流通环节的各类成本，促进了企业结构调整和转型升级，进一步推动了国家新型工业化进程。但高素质的物流技术人才和物流管理人才短缺、国家物流标准化体系发展不完善等问题仍然是现代物流发展的制约因素。因此，我国物流信息化建设任重而道远，需要国家不断创新政策、加强体制改革、加强研发投入以及人才培养，为物流信息化营造良好的环境。

四、电子商务助力扶贫攻坚

在"互联网＋"行动战略的指导以及打赢脱贫攻坚战决定的推动下，党中央、国务院及地方各级部门积极开展"互联网＋

扶贫攻坚"工作，将互联网与扶贫工作深度融合，不断创新扶贫工作的新形式，电子商务成为精准扶贫、脱贫攻坚的重要载体。电商扶贫成为"互联网+"时代背景下扶贫攻坚的新模式。广大贫困地区抓住"大众创业、万众创新"的发展机遇，把当地的优势资源与电子商务有机结合，以线上发展带动线下实体经济转型，从而推动农业转型升级、促进农民增收。电子商务为农村扶贫工作提供了新的发展思路。

（一）国家多措并举，推动电商扶贫工程

党中央、国务院密集出台多项政策，推动电子商务助力国家的脱贫攻坚工作。《中国农村扶贫开发纲要（2011～2012 年)》《关于创新机制扎实推进农村扶贫开发工作的意见》《中共中央　国务院关于打赢脱贫攻坚战的决定》《关于加大脱贫攻坚力度支持革命老区开发建设的指导意见》《关于促进农村电子商务加快发展的指导意见》《关于促进电商精准扶贫的指导意见》等政策文件相继出台，要求加快推进农村的信息基础设施建设，实施村村通有线电视、电话和互联网工程，加快宽带网络覆盖贫困村，推动电商精准扶贫工程的实施。

电商扶贫是国家精准扶贫十大工程之一。电商扶贫在 2014 年的全国扶贫工作会议中被纳入国家主流扶贫政策体系。2015 年发布的《中共中央　国务院关于打赢脱贫攻坚战的决定》提出，要加大"互联网+"扶贫力度，实施电商扶贫工程。2016 年国务院扶贫办颁布的《关于促进电商精准扶贫的指导意见》提出以电商扶贫推动精准扶贫。国家多措并举，通过完善服务支撑体系、加强电商立法、强化监管等措施规范电商扶贫行为，同时积极发展完善农民信息化教育体系、加强电商扶贫人才的培养，更有效地发挥电子商务的带动作用。

国务院扶贫办建立的"全国扶贫信息网络系统"为"互联网+"扶贫的实施提供了便利。国务院扶贫办与苏宁电器等企业

探索"农户＋企业＋基地＋电商"的扶贫模式，共同推动"电商扶贫双百示范工程"。国家通过电子商务推动产业扶贫，将电子商务服务嵌入产业生产经营的全过程，推动贫困地区传统产业转型。国家不断为贫困地区电子商务的发展提供技术支持、财政税收优惠，通过 12316 三农综合信息服务平台加强对农民的技能培训、政策引导，增强信息综合服务对扶贫工作的支撑能力。电子商务进农村综合示范县工程的实施，有力地推动了县域经济的发展。

（二）发挥农村电商溢出效应，助力脱贫攻坚

电子商务为农村扶贫开发工作带来了巨大的活力，在农村减贫扶贫中发挥着重要的作用。农产品网上销售已经成为电商扶贫的切入点。国家通过政策支持、教育培训、提供服务等方式帮助贫困地区建立电子商务平台，实现贫困地区特色农产品的网上销售，拓展销售市场。电商扶贫为贫困户提供了发展的机遇，促使贫困户提高自身经营能力和脱贫致富的能力。电子商务的发展，推动了农业生产的规模化和品牌化，有助于农民调整产业结构，发挥贫困地区的种养大户等新型农业经营主体的龙头作用，建立起电子商务农业产业链，带动全体贫困户脱贫致富。农村电子商务的发展，不仅拓宽了农民增收的渠道，为农民提供了就业机会，提高了贫困农民收入，而且提高了贫困农民脱贫致富的能力。

在国家政策的支持下，互联网和扶贫开发工作深度融合，电子商务扶贫模式不断创新，呈现多元化发展趋势。"农村淘宝""陇南模式""沙集模式""母亲电商"等电商扶贫的典型发挥了带头示范作用。随着互联网向农村的覆盖和普及，农村电商迅速兴起，"淘宝村"成为贫困农村脱贫致富的典型模式。甘肃省陇南市发展农产品电子商务助力扶贫开发，已经初步探索出通过农村电商实现脱贫致富的"陇南模式"。2015 年，陇南作为全国唯

一的电商扶贫试点市，在政府的推动之下开展电商扶贫。陇南因地制宜，把当地的农产品优势通过电子商务向外传递。在发展中，陇南市创新出"一店带一村带多户"的网店带贫机制，利用农产品电子商务的溢出效应带动贫困户的发展，帮助贫困农民在家实现创业、就业。"陇南模式"已经成为电商带动农民增收、促进农村经济发展的典范。江苏省睢宁县沙集镇探索出发展农村电子商务带动脱贫致富的"农户＋网络＋公司"的"沙集模式"。① 农民利用互联网和市场直接对接，通过公共电子商务交易网，实现了产品的网络销售。以市场为导向，农民通过网络销售带动产品的加工制造，促进了农民自主经营的公司发展壮大，从而建立起市场驱动的良性产业链。"沙集模式"通过互联网，借助电子商务，带动了农产品加工制造，优化了电商扶贫机制，实现了农民增收致富。贵州省铜仁市探索出"母亲电商"②的扶贫开发模式，不仅促进了农产品电子商务的发展，而且运用互联网思维带动了妇女就业。

随着互联网在农村地区的普及应用和消费需求的增加，农村电子商务向集成化方向发展，农村电子商务产业园区应运而生，成为电商扶贫的新模式。农村电子商务网站平台作为载体和核心，将分散的单个农产品网络零售商聚集在一个平台，并融合研发设计、管理、物流、金融等服务内容，构建集成的、完整的产业链，实现规模化经营。综合集成的电子商务产业园区实现了农户和市场的快速、精准对接，有效解决了"三农"服务"最后一公里"问题。

---

① 汪向东、张才明：《互联网时代我国农村减贫扶贫新思路——"沙集模式"的启示》，载于《信息化建设》2011年第2期，第6～9页。
② 周玉林：《贵州铜仁："母亲电商"打造创业扶贫新模式》，载于《中国妇女报》2015年12月18日。

五、中国电子商务发展成效

进入 21 世纪，全球电子商务保持强劲的发展势头，我国电子商务在良好的政策环境保障之下发展迅速，成为经济新常态下重要的增长点。电子商务交易规模呈跨越式增长，农村电子商务、跨境电子商务产业链不断完善。随着信息技术和互联网的深化应用，企业运用电子商务平台将内部的业务流程和外部交易有机整合，建立起从供应商到企业再到消费者的完整电子商务供应链，实现了全程电子商务。

（一）电子商务成为经济的新增长点

全球电子商务进入高速增长时期，联合国贸易和发展会议报告数据显示，2015 年全球电子商务规模已经达到 25 万亿美元，2016 年全球网络零售交易额达 1.915 万亿美元。从区域分布来看，亚太地区是网络零售额最高的区域，网络零售年均增速在 20% 以上，其中中国的增速最为明显。商务部发布的《中国电子商务报告（2016）》数据显示，2016 年中国网络零售交易额占全球电子商务零售市场的 39.2%，连续多年成为全球规模最大的网络零售市场，中国已经成为促进世界经济复苏的重要增长极。[①] 中国电子商务协会发布的《中国电子商务发展报告（2016~2017）》数据显示，2016 年，中国全社会电子商务交易额 26.1 万亿元，其中网上零售额达 51 556 亿元，同比增长 26.2%。

在互联网和新一代信息技术的驱动下，我国的电子商务发

[①]　商务部：《中国电子商务报告 2016》，中华人民共和国商务部网站，2017 年 6 月 14 日，http://dzsws.mofcom.gov.cn/article/ztxx/ndbg/201706/20170602591881.shtml。

展迅速，信息技术与传统经济不断融合，为我国经济产业结构升级和经济持续发展提供了新动能，成为经济增长的新引擎。党中央、国务院充分认识到电子商务发展的战略意义，不断加强电子商务发展的顶层设计，为我国电子商务多元化发展提供战略指导。近几年，我国电子商务发展呈现出多元化、服务化、国际化等特点，新模式、新业态不断出现，交易规模持续增长，网络购物人数持续增加，移动购物比例逐年提高，农村电子商务和跨境电子商务发展迅速，成为新常态下经济发展的新增长点。

（二）网络零售交易规模持续扩大

随着互联网的普及应用以及网民数量的飞速增长，我国网络零售市场份额逐渐增加，发展潜力不断释放。从网络购物规模、电子商务交易额等指标看，我国已经成为全球最大的电子商务市场。根据中国互联网络信息中心的统计数据，截至 2015 年 12 月，我国网络购物用户规模达到 4.13 亿，增长率为 14.3%，高于 6.1% 的网民增速。截至 2016 年 12 月，我国网民规模达到 7.31 亿，网络购物用户规模达到 4.67 亿，手机网络用户购物规模达到 4.41 亿。

国家统计局的数据显示，在数量庞大的网民和网络购物用户的支持下，在 2004 年仅为 0.93 万亿元的电子商务交易额，到 2016 年快速增长到 26.10 万亿元，十几年间一直保持高速增长，其中 2014 年的同比增长率高达 57.62%。2016 年网上零售交易总额达到 5.16 万亿元，而在 2011 年这个数字仅为 0.78 万亿元，在 2011～2016 年这几年中实现了高速增长（见表 5-1）。2016 年网络零售中 B2C 和 C2C 交易额分别为 2.82 万亿元和 2.34 万亿元。艾瑞咨询的《2016 年度数据发布集合报告》显示，我国的移动网络购物规模持续增长，已经成为我国网络购物的主要方式，2016 年移动网络购物规模在整体网络购物中的比重高达70.7%。①

表5-1　2004～2016年中国电子商务交易总额及增长率

年份	电子商务交易总额（万亿元）	增长率（%）	网络零售交易总额（万亿元）	增长率（%）
2004	0.93	—	—	—
2005	1.30	39.80	—	—
2006	1.55	19.26	—	—
2007	2.17	40.11	—	—
2008	3.14	44.76	—	—
2009	3.67	16.87	—	—
2010	4.55	23.88	—	—
2011	6.09	33.80	0.78	53.70
2012	8.11	33.20	1.31	67.25
2013	10.40	28.23	1.86	42.20
2014	16.39	57.62	2.91	56.10
2015	21.79	32.95	4.09	40.40
2016	26.10	19.78	5.16	26.20

资料来源：国家统计局和商务部《中国电子商务报告》。

　　在我国网络零售规模日益扩大的同时，网络零售市场也呈集中化发展态势。天猫商城、京东商城、苏宁易购等综合类B2C网络零售市场规模位居前三，市场总份额占一半以上。面向单一细分市场的垂直类B2C的市场份额也逐渐提高，但是总体份额要低于综合类电子商务平台。随着B2C网络零售市场规模的扩大，通过电商平台交易的行业覆盖面越来越广，产品种类越来越多。越来越多的线下实体企业建立起电子商务平台，实现了线上

① 艾瑞咨询：《2016年度数据发布集合报告》，艾瑞咨询网站，2017年1月19日，http://www.iresearch.com.cn/report/2889.html。

线下融合发展。我国网络零售市场规模扩大的一个重要原因是众多垂直类 B2C 电商平台向综合性方向发展，从而扩大了消费群。消费需求的增加正推动我国 B2C 电子商务向综合型、多元化、服务型方向发展。

（三）B2B 电子商务进入发展的黄金时期

当前，B2B 电子商务仍然是我国电子商务发展的主力军和中坚力量，市场交易额占比最大。在我国供给侧结构性改革时期，创新驱动的电子商务高速发展。互联网和现代信息技术加快普及应用，大数据、物联网等新一代信息技术驱动电商平台不断发展完善，以钢铁、石油、煤炭、化工、建材、农业、物流等领域为代表的 B2B 电商进入发展的黄金时期。B2B 电商平台业务不断向纵深发展，以在线交易为切入点，逐渐向物流配送、供应链管理、供应链金融等服务扩展。B2B 电子商务平台充分发挥互联网高效连接的功能，帮助供应链的上下游企业实现高效对接。平台将原材料供应商和采购商通过网络进行整合，缩短了交易环节，提高了交易效率，降低了搜索成本。

中国电子商务协会发布的《中国 B2B 电子商务市场年度分析简报》[①] 显示，2016 年，我国 B2B 电子商务市场交易规模达 15.26 万亿元，同比增长 25.6%。近几年，我国 B2B 市场营收规模增长迅速，从 2012 年的 198.4 亿元增长到 2016 年的 1 720.9 亿元。2012 年、2013 年、2014 年营收规模分别为 198.4 亿元、223.8 亿元、267.5 亿元。随着新一代信息技术的推广应用，B2B 电子商务的业务范围增大并呈爆炸式增长。2015 年，营收规模跃升到 1 385.7 亿元，2016 年增长到 1 720.9 亿元。以中国电商龙头企业阿里巴巴为例，其业务逐渐向综合性发展，从最初的信

---

① 中国电子商务协会：《中国 B2B 电子商务市场年度分析简报》，中国电子商务协会网站，http：//www.ec.org.cn/？info－1047.html。

息发布平台、营销平台、采购交易平台发展到现在的全球贸易生态圈，业务范围扩展到核心电子商务、云服务、数字媒体、娱乐以及其他股权投资等。阿里巴巴 2016 年度活跃买家增至 4.43 亿户，公司线上交易客户数目达到 20 705 名，超过 10 万个品牌通过其平台交易。规模的扩大促进企业净利润持续增长，2016 年阿里巴巴 B2B 电子商务净利润达到 366.88 亿元。

（四）农村电子商务快速发展

国家通过各项政策不断加强农村信息基础设施建设，实施村村通工程、直播卫星户户通工程，加快推进宽带网络在农村全覆盖，努力缩小数字鸿沟，推动农村信息化不断发展。工业和信息化部启动的"宽带中国"2015 专项行动明确要求城市提速升级与农村普遍服务同步推进，实现城乡网络基础设施的协调发展。随着"三网融合"、物联网、大数据、云计算等信息技术的广泛应用，我国的涉农电商环境日趋改善。农村信息基础设施的完善为农村电子商务的发展提供了支撑和保障，农产品电子商务平台建设得到进一步加强。农业部不断加强农产品质量追溯体系建设，积极推动建立农垦农产品质量追溯电商平台。在农业部的推动下，广东、上海、黑龙江等垦区已经建立起自主电商平台。商务部推动建立全国农产品商务信息公共服务平台，并与财政部合作共同推动农村电子商务综合示范工作，促进县域电子商务发展。河北、河南、湖北等 8 省 56 个县和中西部 200 个县的农村电商示范工作成效显著。农村信息基础设施的完善和农业电子商务平台的发展，为我国农村电商的快速发展提供了良好的条件。

当前，我国的农村电子商务市场体系和网络体系已经逐渐完善，包括涉农网上期货交易、涉农大宗商品电子交易、涉农 B2B 电子商务交易平台以及涉农 B2C 电子商务交易平台等。据商务部统计数据，2015 年农村网购市场规模达 3 530 亿元，同比增长

96%。商务部发布的《中国电子商务报告2016》显示，[①] 2016年我国农村网络零售市场交易额达到 8 945.4 亿元，占全国网络零售额的 17.4%。从区域来看，东部地区农村电子商务发展水平较高，网络零售额达到 5 660.8 亿元，占全国的 63.3%，而中西部地区电子商务发展水平较低。在农村网络零售中，实物型产品占主导，且以农产品交易为主，比重达到 64.8%，而服务型网络零售额占比仅为 35.2%。近几年，农产品网商数量快速增长，农产品电子商务交易额高速增长。2014 年农产品电子商务交易额突破 800 亿元，生鲜产品电商交易额达到 260 亿元，2015 年全国农产品大宗商品交易市场达到 402 家，涉农电商交易额超过 20 万亿元，其中生鲜农产品网络交易额达到 544 亿元。2016 年农产品网络零售额高达 1 588.7 亿元。

农资电商发展相对滞后，但是潜力巨大。农资企业的电子商务发展模式主要有第三方电商平台模式和农资企业自营模式。2016 年，中国国际电子商务中心发布的全国首份《中国农村电子商务发展报告（2015～2016)》指出，随着"互联网＋"战略的实施，阿里巴巴、京东、诺普信、金正大、云农场等企业大力发展农资电商，2015 年全国农资电子商务交易额超过 150 亿元，比 2014 年增长了 5 倍。[②]"农一网"是专业服务于农资零售商和种植大户的电商平台，该平台创造性地探索出独特的"平台＋县域工作站＋代购"的运营模式，组织企业利用信息化手段改造传统销售渠道，促进农资交易电商化。同时，网站不断拓展业务范围，现已发展为集仓储、技术服务、产品推广、配送为一体的综合型电子商务平台。

[①] 商务部：《中国电子商务报告2016》，中华人民共和国商务部网站，2017 年 6 月 14 日，http：//dzsws. mofcom. gov. cn/article/ztxx/ndbg/201706/20170602591881. shtml。

[②] 中国国际电子商务中心：《中国农村电子商务发展报告（2015～2016)》，中国国际电子商务网，2016 年 10 月 26 日，http：//www. ec. com. cn/article/nsfzdh/ns-fzxwzx/201610/12477_1. html。

（五）跨境电商产业链加速完善

在国家政策的支持和引导下，跨境电商快速发展，跨境电子商务综合实验区成效显著。2015 年 3 月 7 日，国家首先在杭州设立杭州跨境电子商务综合试验区，在跨境电子商务交易、支付、物流、通关、退税、结汇等环节的技术标准、业务流程、监管模式和信息化建设等方面先行先试。中国（杭州）跨境电子商务综合试验区通过制度创新、管理创新、服务创新和协同发展，构建信息共享体系、金融服务体系、智能物流体系、电商信用体系、统计监测体系、风险防控体系等六体系以及线上"单一窗口平台"和线下"综合园区平台"两大平台，打造完整的跨境电子商务产业链和生态链，实现跨境电子商务便利化、规范化发展。在杭州跨境电商积累初步经验的基础上，2016 年国务院发布《关于同意在天津等 12 个城市设立跨境电子商务综合实验区的批复》，在宁波、天津、上海、重庆、合肥、郑州、广州、成都、大连、青岛、深圳、苏州 12 个城市设立跨境电子商务综合试验区，把在杭州初步探索出的相关政策体系和管理制度向更大范围推广，推进我国跨境电商的发展，推动我国国际贸易形式多样化。

在国家政策支持以及跨境电子商务综合试验区的带领下，我国跨境电商市场规模和增长速度都保持良好的发展势头，跨境电商的贸易伙伴已经覆盖了全球 220 个国家和地区。我国跨境电商的网购消费群体规模逐渐扩大，区域分布也逐渐从一线城市向二三线城市转移。《中国电子商务报告 2016》① 显示，2016 年，我国跨境电子商务交易额约 5.85 万亿元，同比增长 28.2%。我国跨境电商 B2B 出口在欧美地区增长迅速，面向北美和加拿大的

---

① 商务部：《中国电子商务报告 2016》，中华人民共和国商务部网站，2017 年 6 月 14 日，http://dzsws.mofcom.gov.cn/article/ztxx/ndbg/201706/20170602591881.shtml。

跨境电商交易额的增长率在 50% 以上，面向西班牙、德国、法国、荷兰等国的跨境电商交易额年增速均超过 30%。我国跨境电商服务支撑体系整体推进，信息交换平台、在线交易平台以及跨境电商服务平台等跨境电商产业链也趋于完善。随着"一带一路"建设的推进，我国与"一带一路"沿线国家的国际贸易规模显著增长，经济合作的需求为跨境电商提供了发展机遇。

第六章

中国电子政务实践探索

　　经济信息化发展离不开政府的高效管理和有效服务。我国政府部门利用信息技术，不断提高行政效率，改善公共服务。政府信息化是经济信息化的重要支撑。

　　电子政务已经成为我国国家信息化建设体系的重要组成部分。习近平指出："我们要深刻认识互联网在国家管理和社会治理中的作用，以推行电子政务、建设新型智慧城市等为抓手，以数据集中和共享为途径，建设全国一体化的国家大数据中心，推进技术融合、业务融合、数据融合，实现跨层级、跨地域、跨系统、跨部门、跨业务的协同管理和服务。"① 2016 年 5 月 25 日，李克强总理在贵阳出席中国大数据产业峰会暨中国电子商务创新发展峰会时指出，要打破"信息孤岛"和"数据烟囱"，推动政府信息共享，提升政府效能，让企业和群众办事创业更方便。电子政务能够推动我国政府社会管理能力和公共服务水平的提高，推动服务型政府的建设，为我国经济现代化发展提供保障。

---

　　① 《中共中央政治局就实施网络强国战略进行第三十六次集体学习》，中华人民共和国中央人民政府网，2016 年 10 月 9 日，http：//www.gov.cn/xinwen/2016 - 10/09/content_5116444.htm。

一、电子政务的内涵和模式

（一）电子政务的内涵

电子政务也叫电子政府。电子政务即政府运用现代信息技术和互联网协助各级政府部门完成其业务活动，从而建立更高效的政府、为公众提供更好的服务并不断改进民主进程。信息技术的持续创新促进了电子政务实践形式不断变化，因此关于电子政务的定义也处于不断变化之中，其中比较权威的是联合国经济社会理事会和世界银行对电子政务内涵的概括。

联合国经济社会理事会将电子政务定义为："政府通过信息通信技术手段的密集性和战略性应用组织公共管理的方式，旨在提高效率、增强政府的透明度、改善财政约束、改进公共政策的质量和决策的科学性，建立良好的政府之间、政府与社会、社区以及政府与公民之间的关系，提高公共服务的质量，赢得广泛的社会参与度。"[①]

世界银行将电子政务的内涵理解为："电子政府主要关注的是政府机构使用信息技术赋予政府部门以独特的能力，转变其与公民、企业、政府部门之间的关系。这些技术可以服务于不同的目的：向公民提供更加有效的政府服务、改进政府与企业和产业界的关系、通过利用信息更好地履行公民权，以及增加政府管理效能。因此而产生的收益可以减少腐败、提供透明度、促进政府服务更加便利化、增加政府收益或减少政府运行成本。"[②]

因此，电子政务是信息技术和政府管理职能的有机结合。通

---

①② 福建省信息协会：《福建省电子政务科学发展报告》，载于《海峡科学》2011 年第 1 期，第 162～169 页。

过信息技术和互联网构建信息化的公共服务体系，有助于推进政府职能转变、完善社会管理并提高政府的公共服务能力。政府公共服务水平的提高是一国电子政务发展的重要标志。

电子政务的具体作用体现在四个方面：第一，建立起以互联网为基础的、多种技术手段相结合的电子政务公共服务体系，从而改善公共服务；第二，建立全面高效的社会管理信息网络，加强社会管理，增强社会综合治理能力；第三，深化相关业务系统建设，促进部门间业务协同，提高政府监管能力；第四，完善经济运行信息系统，增强宏观调控能力。

（二）电子政务的模式

根据服务对象不同，电子政务可以分为四种基本模式，即政府间的电子政务（G2G）、政府对企业的电子政务（G2B）、政府对公众的电子政务（G2C）、政府对雇员的电子政务（G2E）。

政府间的电子政务（government to government，G2G）是指上下级政府、不同地方政府和不同政府部门之间的电子政务活动。各级政府和部门之间利用电子公文系统、财政管理系统、人事工资管理系统、企业基础信息交换系统等管理信息系统开展业务活动，实现部门之间的业务协同，提高行政工作效率。政府部门之间交流的信息系统主要包括政府内部网络办公系统，电子法规、政策系统，电子公文系统，电子司法档案系统，电子财政管理系统，电子培训系统，垂直网络化管理系统，横向网络协调管理系统，网络业绩评价系统，城市网络管理系统等信息网络系统。

政府对企业的电子政务（government to business，G2B）是指各个政府部门通过网络信息系统进行电子采购和招标，并为企业提供各种在线服务。具体包括电子化报税、电子证照办理与审批、相关政策发布、提供咨询服务等。通过信息网络系统，政府的业务相关部门在资源共享的基础上高效地为企业提供各种信息服务，通过在线服务的方式简化手续，精简业务流程，提高效率，为企业的发展提供优质的环境。

政府对公众的电子政务（government to customer，G2C）是指政府利用信息网络系统为公民提供各种服务，并及时接收公众的各种反馈信息和意见。其主要应用包括公众信息服务、电子身份认证、电子税务、电子社会保障服务、电子民主管理、医疗卫生服务、社会保险服务、劳动就业服务、数字图书馆、电子教育与培训服务、电子交通管理等。通过 G2C 电子政务平台，政府和公众之间建立起良好的互动交流渠道，实现了双向沟通。

政府对雇员的电子政务（government to employee，G2E）是指政府机构通过网络技术建立政府内网，实现内部电子化管理，建立起有效的行政办公和员工管理体系，以便提高政府工作效率和公务员管理水平。

因此，在政府间的电子政务模式下，政府内部结构的上下级部门之间以及不同的部门之间利用信息网络和信息系统实现了信息共享和业务协同。在政府对企业以及政府对公众的电子政务模式下，政府与企业和公众之间通过信息网络和服务平台，实现了政务信息的公开、传播与反馈并实现了业务的网上办理。在政府对雇员的电子政务模式下，政府机构内部利用信息技术和网络实现办公自动化、管理自动化，提高了行政效率。

二、中国电子政务发展历程

中国的电子政务发展是从 20 世纪 80 年代政府部门利用信息技术实现办公自动化开始的。有的学者把中国的电子政务发展划分为四个阶段：起步阶段、业务管理电子化阶段、政府上网阶段和全面发展阶段（邹生，2009）。① 也有的学者将其划分为三个阶段：单机应用阶段的办公自动化、政府上网及能力建设全面推进、应用主导阶段（汪向东，2009）。② 纵观中国电子政务的发展历程，笔者认为可以将其划分为办公自动化阶段、政府上网阶段、全面应用发展阶段三个阶段。

（一）办公自动化阶段（20世纪80年代到1999年）

20世纪80年代，电子政务处于起步阶段。电子政务的发展以政府部门的办公自动化为标志，政府部门在办公过程中引入计算机对文件进行管理。在这一时期，信息技术的应用水平较低，仅仅处于单机应用和分散开发的阶段。但是，也有部分政府部门开始积极筹备并建立信息机构，开发信息系统，在经济、金融、铁道、电力、民航、统计、财税、海关、气象、灾害防御等领域建立国家级政府信息系统。

1989年，国务院办公厅组建的全国第一代数据通信网启动。到1990年10月，国务院与全国各省级政府间全面实现了"全国政府系统第一代电子邮件系统"的应用。③ 1993年3月，时任总理朱镕基提出要建设"金关"工程，1993年12月，我国正式启动了国民经济信息化的起步工程——"三金工程"，即金桥工程、金关工程和金卡工程。以"三金工程"为标志，国务院有关部门相继建设了一批业务系统，我国"金"字工程全面铺开并积极推进。

（二）政府上网阶段（1999～2001年）

1999年1月，"政府上网工程"正式启动，主网站

---

① 邹生：《信息化十讲》，电子工业出版社2009年版，第98页。
②③ 汪向东：《我国电子政务的进展、现状及发展趋势》，载于《电子政务》2009年第7期，第44～68页。

www. gov. cn 开始运行。同时，各级政府部门开始在互联网上建立网站，我国电子政务进入互联网应用阶段。1999 年被称为政府上网年。中国互联网络信息中心数据显示，截至 1998 年 6 月，我国在"GOV"下的注册域名数仅为 561 个，到 2000 年 12 月增长到 4 615 个，到 2001 年 12 月进一步增长到 5 864 个。"政府上网工程"的启动推动了我国各政府部门建立网上政府，开启了电子政务的新阶段。

在此期间，国务院制定多项政策促进信息基础设施大规模建设，进一步推动了政府业务的网上应用和政府系统政务信息化建设。国务院办公厅分别于 2000 年和 2001 年发布《关于进一步推进全国政府系统办公自动化建设和应用工作的通知》和《全国政府系统政务信息化建设 2001～2005 年规划纲要》，提出了建设"三网一库"的任务。"三网一库"指的是内网、专网、外网以及信息资源数据库。

（三）全面应用发展阶段（2001 年至今）

1. "政府先行，带动信息化发展"战略提出。

2001 年 8 月，新一届国家信息化领导小组成立，朱镕基任组长。同年 12 月，国家信息化领导小组召开第一次会议，提出"政府先行，带动信息化发展"的战略。2002 年 8 月，中共中央办公厅、国务院办公厅联合转发《国家信息化领导小组关于我国电子政务建设指导意见》，这是我国第一个电子政务建设的纲领性文件。国家信息化领导小组决定，把电子政务建设作为今后一个时期我国信息化工作的重点，政府先行，带动国民经济和社会发展信息化。从此，我国电子政务进入了有序发展的新阶段，以政府公共服务的信息化带动经济和社会信息化，为国家信息化提供保障和支撑。

《国家信息化领导小组关于我国电子政务建设指导意见》提出要围绕"两网、一站、四库、十二金"推进我国电子政务发展。电子政务建设的主要任务确定为：建设和整合统一的电子政务网络、建设和完善重点业务系统、规划和开发重要政务信息资源、积极推进公共服务、基本建立电子政务网络与信息安全保障体系、完善电子政务标准化体系、加强公务员信息化培训和考核、加快推进电子政务法制建设。

中华人民共和国中央人民政府门户网站于 2005 年 10 月 1 日试运行，2006 年 1 月 1 日正式开通。我国政府网站功能逐渐扩展，从简单的信息发布向信息公开、公众参与、网上办事的综合应用转变，政府门户网站体系基本形成。

2. 以提高应用水平为电子政务发展重点。

进入 21 世纪以来，党中央、国务院密集出台政策，为我国电子政务的发展提供了良好的环境。国家不断强调电子政务的应用性，通过电子政务促进政府的社会管理能力和公共服务水平不断提高。2006 年，国家信息化领导小组下发《国家电子政务总体框架》，提出国家电子政务的发展要以提高应用水平为重点，以政务信息资源开发利用为主线，建立信息共享和业务协同机制，更好地促进行政管理体制改革，带动信息化发展，走中国特色的电子政务发展道路。2007 年 10 月，党的十七大报告提出要完善公共服务体系，推行电子政务，强化社会管理和公共服务。

有关部门积极研究并推广云计算在电子政务中的应用模式，创新性地提出了"云计算服务优先"模式。2011 年 12 月，工业和信息化部印发《国家电子政务"十二五"规划》，提出要加强以云计算为基础的电子政务公共平台顶层设计，鼓励电子政务向云计算模式迁移，大力推进政府部门提升履行职责的能力和水平。该规划将加快推动重要政务应用发展、加快保障和改善民生应用、加快创新社会管理应用、强化政务信息资源开发利用、建设完善电子政务公共平台、提高政府信息系统的信息安全保障能力作为"十二五"期间我国电子政务的发展方向和应用重点。

2014 年，中央网信办发布了《关于加强党政机关网站安全管理的通知》，国务院办公厅发布了《关于促进电子政务协调发展的指导意见》，2015 年，国家发改委发布了《关于开展国家电子政务工程项目绩效评价工作的意见》，党中央、国务院通过不同的侧面加强网站安全管理并积极开展绩效评价工作，不断提升电子政务的综合发展水平。

3. 积极推进"互联网+政务服务"。

国家不断创新电子政务发展模式，2015 年，李克强在第一次国务院常务会议上提出要积极推进行政审批网上办理。2016 年以后，"互联网+政务服务"成为我国电子政务发展的重点。

2016 年 3 月，李克强总理在《政府工作报告》中提出，要大力推进"互联网+政务服务"，实现部门间数据共享，让居民和企业少跑腿、好办事、不添堵。同年 4 月，国家发展改革委等部门制定了《推进"互联网+政务服务"开展信息惠民试点实施方案》，积极推进"互联网+政务服务"，促进部门间信息共享，深化简政放权、放管结合、优化服务改革，力争在试点地区实现"一号一窗一网"目标，提高政府公共服务能力。"一号申请"即以公民身份证号码作为唯一标识，依托统一的数据共享交换平台，实现群众办事"一号申请"。"一窗受理"即整合构建综合政务服务窗口，建立统一的数据共享交换平台和政务服务信息系统，实现政务服务事项"一窗受理"。"一网通办"即建成网上统一身份认证体系，推进群众网上办事"一次认证、多点互联"，实现多渠道服务的"一网通办"。[①] 国务院印发的《关于加快推进"互联网+政务服务"工作的指导意见》和《"互联网+政务服务"技术体系建设指南》推动"互联网+政务服务"向更高水平发展。

---

① 《国务院办公厅关于转发国家发展改革委等部门推进"互联网+政务服务"开展信息惠民试点实施方案的通知》，中华人民共和国中央人民政府网，2016 年 4 月 14 日，http://www.gov.cn/zhengce/content/2016-04/26/content_5068058.htm。

三、中国电子政务重点工程

在"政府先行，带动信息化发展"的战略指引下，从 2002 年开始，我国电子政务进入快速发展时期。我国电子政务的发展以信息基础设施建设和政府核心业务系统建设为突破口。党中央、国务院大力开展重大信息系统工程建设，为政府信息化以及国民经济领域信息化提供基础保障。

（一）"两网、一站、四库、十二金"工程

从 2002 年《国家信息化领导小组关于我国电子政务建设指导意见》发布开始，"两网、一站、四库、十二金"工程就成为我国电子政务建设的重点，从此我国电子政务向全面深化应用阶段发展。

"两网"是指国家电子政务内网和国家电子政务外网。政务内网主要是副省级以上政务部门的办公网；政务外网是政府的业务专网，主要运行政务部门面向社会的专业性服务业务和不需在内网上运行的业务。"一站"是指政府门户网站。"四库"是四大基础数据库：人口基础信息库、法人单位基础信息库、自然资源和空间地理基础信息库、宏观经济数据库。"十二金"工程是政府十二个重点业务系统建设工程，根据内容的不同分为四大类别。第一，提供宏观决策支持的工程：办公业务资源系统和"金宏"工程；第二，加强财政和金融监督的工程："金税"工程、"金关"工程、"金财"工程、"金卡"工程、"金审"工程；第三，加强国民经济和社会发展基础的工程："金农"工程、"金水"工程、"金质"工程；第四，关系社会秩序的工程："金盾"

工程、"金保"工程。①

（二）"两网、一站、四库、十二金"工程的深化发展

2012 年 5 月，国家发改委印发了《"十二五"国家政务信息化工程建设规划》，明确了国家政务信息化工程的四大重点任务：构建国家电子政务网络、深化国家基础信息资源开发利用、完善国家网络与信息安全基础设施、推进国家重要信息系统建设。这四大重点任务实际上是对"两网、一站、四库、十二金"工程的深化发展。

第一，构建国家电子政务网络。发展国家电子政务内网平台和国家电子政务外网平台，建好内网，扩展外网，整合优化已有业务专网，不断完善"两网"的建设。

第二，深化国家基础信息资源开发利用。国家基础信息资源库主要包括基础信息库和业务信息库两类。工程的重点在原来"四库"的基础上加上"文化信息资源库"的建设，发展为"五库"。

第三，完善国家网络与信息安全基础设施。具体包括网络与信息安全基础设施、重要信息系统安全保障设施的建设和完善。国家信息化的发展坚持以促发展、保安全为主线，加快安全保障设施发展，提高基础信息网络和重要信息系统的安全保障能力。

第四，推进国家重要信息系统建设。这是对"十二金"工程的扩展。国家提出要在继续加快推进金盾、金关、金财、金税、金审、金农等重要信息系统建设的基础上，重点建设保障和改善民生、维护经济社会安全、提升治国理政能力等方面的重要信息系统。具体扩展内容包括"全民健康保障信息化工程、全民

---

① 《国家信息化领导小组关于我国电子政务建设指导意见》，工信部网站，2002 年 8 月 6 日，http：//www.cac.gov.cn/2002 - 08/06/c_1112139134.htm。

住房保障信息化工程、全民社会保障信息化工程、药品安全监管信息化工程、食品安全监管信息化工程、安全生产监管信息化工程、市场价格监管信息化工程、金融监管信息化工程、能源安全保障信息化工程、信用体系建设信息化工程、生态环境保护信息化工程、应急维稳保障信息化工程、行政执法监督信息化工程、民主法制建设信息化工程、执政能力建设信息化工程"。[①]

"两网、一站、四库、十二金"工程在加强社会管理、改善公共服务、完善宏观调控以及强化综合监督方面发挥了重要作用，提升了政府的社会管理能力和公共服务水平。我国电子政务在"金字工程"的推动下不断向前发展。

（三）一体化政务数据平台

随着大数据等新一代信息技术的发展，电子政务也进入了大平台共享、大数据慧治的发展时期。2017 年，国家发展改革委印发《"十三五"国家政务信息化工程建设规划》，对国家重大政务信息化工程建设进行了系统性设计，这是指导我国政务信息化工程建设的纲领性文件。按照"数、云、网、端"融合创新趋势及电子政务集约化建设需求，一体化政务数据平台的建设成为"十三五"时期我国政务信息化的重点工程。

《"十三五"国家政务信息化工程建设规划》提出的一体化政务数据平台是集约化、综合性公共基础设施平台。平台建设的主要内容包括：建成统一的国家电子政务网络，实现各类政务专网的整合迁移和融合互联；建成数据中心和云计算一体融合的国家政务数据中心，支撑政务业务协同和数据共享汇聚；建成统一的国家数据共享交换枢纽，形成全国政务信息共享体系；建设国

---

① 《国家发展改革委关于印发"十二五"国家政务信息化工程建设规划的通知》，中华人民共和国中央人民政府网，2012 年 5 月 16 日，http：//www.gov.cn/gzdt/2012 – 05/16/content_2138303. htm。

家公共数据开放网站，提升公共数据的有效利用。国家通过大平台共享信息设施，推进国家电子政务网络、国家政务数据中心、国家数据共享交换工程和国家公共数据开放网站的协同发展，从而打破"信息孤岛"，促进政务信息系统整合。

四、中国电子政务发展新变化

我国电子政务在发展过程中，逐渐从电子政务能力建设向深化应用阶段转变，逐渐从分散建设向政务信息资源系统整合方向转变，逐渐从政府的自我服务向公共服务方向转变。政府数据开放程度不断提高，一体化集成走向深入，各类创新应用不断涌现，政府网站的公共服务能力大幅度提升，惠及全民的基本公共服务体系初步建立。

（一）电子政务向集成一体化方向发展

尽管我国电子政务起步较晚，但是在国家政策以及信息基础设施的支撑下，经过"十五""十一五""十二五"时期的快速发展，我国电子政务在网上公共服务、政务业务应用等方面都有明显提升。从《国家信息化领导小组关于我国电子政务建设指导意见》提出要围绕"两网、一站、四库、十二金"推进电子政务发展，到《国家电子政务总体框架》提出国家电子政务的发展要以提高应用水平为重点，再到《关于加快推进"互联网＋政务服务"工作的指导意见》提出发展"互联网＋政务服务"的战略，党中央、国务院根据时代发展的要求和经济社会发展的需要出台了多项政策，为我国电子政务的发展提供了良好的环境。国家关于电子政务的基本政策也从促进政府部门办公自动化、政府上网向公共服务职能转变，全面建设服务型政府。

随着互联网的发展，国家网络基础设施不断完善，国家电子政务内网建设稳步推进，网络基础设施的完善促进了电子政务应用水平的提高。全国范围内电子政务外网接入贯通率、覆盖率逐渐提高，截至 2015 年 5 月，国家电子政务外网的省、市、县、乡镇四级覆盖率分别达到 100%、94.3%、83.5%、33.6%。[①]随着政府网站覆盖率的提高，政务服务逐渐向集成一体化方向发展，市民可以通过一个窗口完成所有相关部门的行政审批事项。广东、浙江等省份都已经建立起一体化的网上办事大厅，实现了线上行政审批的一体化、集成化。国家工信部积极推动政务云建设，促进云计算在电子政务领域的广泛应用。广东省、北京市等部分省市先行试点，已经建立起统一、高效、集成的电子政务云平台，大幅度降低了政务基础设施建设和运营成本，提高了政务服务效率。2017 年，国家部署道路交通事故损害赔偿纠纷"网上数据一体化处理"改革试点，推动了政务服务向一体化集成化方向发展。

（二）电子政务创新应用不断涌现

政府网站已经成为政府发布信息，提供在线服务、政民沟通互动的基本渠道。当前，我国 100% 的国务院组成部门和省级政府以及 99.1% 的地市和 85% 以上的县政府都已经建成并开通了政府网站，首页链接全年可行性也逐渐提高。大数据、云计算、物联网等新一代信息技术向政务领域渗透，"互联网＋在线政府"新模式不断涌现，推动电子化、网络化的社会管理和公共服务深化发展。

首先，政务微博、政务微信、移动 App 应用已经成为各级政府推行电子政务的重要手段。新华网舆情监测分析中心发布的《全国政务新媒体综合影响力报告（2014）》显示，截至 2014 年

---

① 中国电子信息产业发展研究院：《2015～2016 年中国信息化发展蓝皮书》，人民出版社 2016 年版，第 95 页。

底，我国政务微博认证账号（含新浪微博、腾讯微博两个平台）达到27.7万个，累计覆盖43.9亿人次。《2015微信政务民生白皮书》显示，截至2015年8月底，全国政务微信公众号超过8.3万个，已认证账号比例高达62.6%，部委微信公众号拥有率超过40%，其中医疗、政府办、街道社区的政务微信公众号总量位列前三。① 政务App正在稳步发展，北京、浙江等省市纷纷推出政务App，业务范围覆盖交通、教育、医疗、政府办事、旅游、就业等。北京的"北京服务您"App、浙江省的"浙江政务服务"App等促进了政府服务向智能化、便利化、移动化方向发展。

其次，线上线下融合发展，提高了公共服务效率。近几年，O2O电子政务模式不断普及应用，尤其是在民政、公安等领域，护照办理、签证办理、居住证办理等都可以通过网上申请和预约，网下办理，从而简化了办事流程、减少了公众排队等待时间、提高了办事效率。

（三）移动政务用户规模和服务范围迅速扩张

中国庞大的移动宽带用户和手机网民规模推动了移动政务加速发展，为中国电子政务的发展提供了赶超世界先进水平的基础。中国互联网络信息中心的数据显示，2015年，中国移动宽带用户累计达6.74亿户，手机网民规模达到6.20亿，手机上网人群占全体网民的90.1%。截至2017年6月，我国手机网民规模达7.24亿，网民中使用手机上网的比例由2016年底的95.1%提升至96.3%，手机上网比例持续提升。数量庞大的移动网民为中国移动电子政务的发展提供了基础，推动了政府移动政务范围的扩展和处理能力的提高。目前，移动政务的业务范围已经扩展到水电缴费、医疗挂号、交通出行、法院立案、港澳通行证续签等。

---

① 腾讯研究院：《2015微信政务民生白皮书》，腾讯研究院网站，2015年12月，http://www.tisi.org/Article/lists/id/4357.html。

结　语

中国特色信息化道路的
经验、挑战及前景

新中国成立以来，尤其是改革开放以来，党中央、国务院带领全国各族人民开展信息化建设，贯彻实施国家大数据战略，加快建设网络强国和数字中国，取得了巨大的成就：网民数量、网络零售交易额、电子信息产品制造规模居全球第一，已经建立起较为完善的信息产业体系；信息技术应用不断深化，"互联网＋"已广泛深入经济社会发展的各个领域；信息化和工业化深度融合，农业信息化发展迅速，电子商务成为新的经济增长点，电子政务较大幅度地提高了政府的社会管理和公共服务能力，信息化在现代化建设全局中的引领作用日益凸显。经过几十年的探索，我国已经走出了一条以"创新、协调、绿色、开放、共享"五大发展理念引领的、具有中国特色的信息化发展道路。

一、中国特色信息化经验总结

（一）党和政府高度重视，将信息化作为国家发展战略

1. 党和国家领导人审时度势，带领中国抓住信息革命发展机遇。党中央、国务院高度重视信息化建设，把信息化作为覆盖现

代化建设全局的战略举措。我国从社会主义初级阶段的基本国情出发，积极主动地加入全球信息革命的浪潮，并根据时代发展的要求加强顶层设计和制度建设，统筹规划、协调发展，促进国家信息化水平不断提高。

新中国成立后，党和国家领导人审时度势，带领全国各族人民积极抓住信息革命发展的机遇。早在 1956 年，周恩来同志主持制定的《一九五六———一九六七年科学技术发展远景规划纲要》就已经将计算机、半导体和电子学列入科学技术发展的重点项目。改革开放以后，历届党和国家领导人都非常重视国家的信息化建设。1984 年，邓小平同志提出"开发信息资源，服务四化建设"。[1] 1991 年，江泽民同志指出"四个现代化，哪一化也离不开信息化"。[2] 2000 年，胡锦涛同志在共青团十四届四中全会上的讲话中指出："如何利用高新技术缩小与发达国家的差距，已成为包括我国在内的广大发展中国家共同面临的紧迫课题。"[3] 2001 年，朱镕基同志指出："信息化是当今世界经济和社会发展的大趋势，也是我国产业优化升级和实现工业化、现代化的关键环节。"[4] 2014 年，习近平同志在中央网络安全和信息化领导小组第一次会议上指出："没有网络安全就没有国家安全，没有信息化就没有现代化。"[5] 党和国家历届领导人根据国内外的政治经济形势以及信息化发展趋势，都认为信息化是我国现代化建设的重要组成部分，都把推进国民经济和社会信息化作为覆盖现代化建设全局的战略举措。

2. 国家力量是我国信息化建设取得成功的必要条件和重要支撑。

党和国家领导人的高度重视成为我国信息化全面快速发展的

---

① 中共中央文献研究室：《邓小平年谱（1975～1997）（下）》，中央文献出版社 2004 年版，第 994 页。

②④ 《十五大以来重要文献选编（下）》，中央文献出版社 2003 年版，第 361 页。

③ 《胡锦涛同志在共青团十四届四中全会上的讲话》，中国共产党新闻网，2000 年 12 月 20 日，http://cpc.people.com.cn/GB/64162/124333/124349/17730336.html。

⑤ 沈逸：《推进网络强国建设》，载于《光明日报》2017 年 4 月 18 日。

重要推动力。在党中央的支持下，1983 年成立国务院电子振兴领导小组，1993 年成立国家经济信息化联席会议，1996 年成立国务院信息化工作领导小组，1997 年召开全国信息化工作会议部署国家信息化建设，2001 年又成立了国家信息化领导小组。20 世纪 90 年代初，党中央和国务院开始启动以金关、金卡、金税为代表的重大信息化工程建设。党的十五届五中全会将信息化提到了国家战略的角度，党的十六大做出了以信息化带动工业化、以工业化促进信息化、走新型工业化道路的战略部署。

信息化是一个复杂的工程，不仅涉及信息技术在政治、经济、社会、文化以及军事等各个领域的推广应用，而且还涉及体制、管理等方面的变革。信息化是一个全民参与的重大工程，不仅需要各级政府、各类企业的参与，而且要求全社会的人民群众广泛融入。因此，只有在中国共产党的领导下，在政府的统筹规划下，全民参与的国家信息化工作才能顺利开展。国家力量是我国信息化建设取得成功的必要条件和重要支撑。

（二）政府统筹规划，同时积极发挥市场作用

1997 年，在全国信息化工作会议上，国家提出了"统筹规划、国家主导，统一标准、联合建设，互通互联、资源共享"的二十四字信息化建设指导方针。《2006～2020 年国家信息化发展战略》明确提出，我国信息化发展必须坚持"统筹规划、资源共享，深化应用、务求实效，面向市场、立足创新，军民结合、安全可靠"的战略方针。2016 年发布的《国家信息化发展战略纲要》又将我国信息化发展的基本方针调整为"统筹推进、创新引领、驱动发展、惠及民生"。由此可见，"统筹规划""统筹推进"是我国信息化发展的首要战略方针。信息化是推动经济社会变革的重要力量，事关国家经济社会长期可持续发展，事关国家长治久安，事关人民群众的福祉，因此必须由党和政府统筹规划，即统筹中央和地方的关系，统筹阶段性目标和长远目标，统

筹政府和市场的作用，统筹城市和农村信息化协调发展，统筹东部、中部和西部地区性平衡，从而确保国家信息化全面、协调、可持续地发展。

1. 统筹规划、统一部署。

为了保持我国信息化发展的连续性和协调性，党中央、国务院坚持统一谋划、统一部署、统一推进、统一实施。信息化已经成为国家现代化发展的重要战略举措，是全面建设小康社会、建设创新型国家的迫切要求。我国现在正处于工业化进程中，在农业社会向工业社会的转变尚未完成的情况下推进国家信息化建设，必将面临众多挑战。面对复杂的国内外环境，党和政府必须对国家信息化发展进行统筹规划，以战略的眼光和科学的规划，制定政治、经济、军事、科技、文化、社会等各个领域信息化的发展目标及建设重点。同时，信息化的发展离不开体制和制度的保障，离不开财政金融政策的支持以及法律法规的规范和约束，因此需要政府部门统一谋划，完善信息化发展的保障措施，如制定并完善信息化发展的政策体系、深化体制改革、完善各类投融资政策、推进法制化建设等。《2006～2020 年国家信息化发展战略》《国民经济和社会发展第十个五年计划信息化重点专项规划》《关于大力推进信息化发展和切实保障信息安全的若干意见》《"十三五"国家信息化规划》《"十三五"信息化标准工作指南》《国家信息化发展战略纲要》等国家信息化发展的战略规划为我国信息化建设指明了方向、统一了思想、提供了制度性保障。

2. 应用主导、面向市场、开放竞争。

在政府统筹规划促进协调发展的同时，我国在信息化发展实践中坚持面向市场，以应用需求为导向。发挥企业作为创新主体、研发主体的作用，加快建立以企业为主体、市场为导向、产学研相结合的技术创新体系，推进信息化标准的技术创新、制度创新、应用创新和管理创新，引领和驱动信息化创新发展。《国民经济和社会发展第十个五年计划纲要》提出了我国信息化发展的新思路："应用主导，面向市场，网络共建，资源共享，技术创新，竞争开放。"① 信息技术的创新及应用都必须坚持市场导向，以市场需求为出发点，以企业为主体，充分释放创新的潜力。

信息基础设施建设是信息化发展的庞大的基础工程，需要大量资源的投入，国家在公共财政支出的同时广泛募集社会资源，充分发挥市场机制的作用优化配置资源。我国的信息化建设取得的成就离不开市场的作用。"应用主导，面向市场，开放竞争"的思路为信息化的持续发展提供了创新动力，推动我国信息技术不断取得突破。总之，政府推动和市场驱动共同促进了我国信息化的发展。

（三）政府先行，带动信息化发展

2001 年，朱镕基任组长的国家信息化领导小组成立，旨在加强对全国信息化工作的领导。2001 年 12 月，国家信息化领导小组召开第一次会议，提出了"政府先行，带动信息化发展"的战略，即政府先行，以政府信息化带动国民经济和社会发展信息化。

国家信息化涉及政治、经济、社会、文化、军事等各方面，各个领域的信息化都离不开政府的管理和公共服务。政府信息化可以较快地提升管理和服务水平，从而更好地为经济社会服务。我国的电子政务尽管起步较晚，但是党中央和国务院高度重视，制定了电子政务发展规划，密集出台政策以加强国家信息基础设施建设，推动政府上网，促进我国政府宏观经济调节能力、社会管理能力、市场监督能力以及公共服务能力大幅度提升，增强了政府对经济社会发展的支撑作用。

---

① 《国民经济和社会发展第十个五年计划纲要》，载于《人民日报》2001 年 3 月 18 日。

经济和社会领域信息化的发展需要硬件、软件和制度的支撑与保障。在硬件方面，我国的信息基础设施在政府的推动下不断完善，涌现出众多具有国际先进水平的装备设施。在软件方面，政府从 20 世纪 90 年代开始启动国家重大信息系统建设，"两网、一站、四库、十二金"应用系统工程为我国宏观经济管理、质量监督、金融、财政、农业、水利等领域的信息化提供了应用系统支撑。在保障条件方面，政府积极推进体制改革、制定基础性标准、完善国民信息化教育体系、进行国民信息技能培训、建设跨部门业务系统和信息共享应用工程等。政府先行实施信息化，大力发展电子政务，提高了政府为经济、社会各个领域的服务能力，从而带动了国民经济和社会信息化协同发展。

（四）创新信息化、新型工业化和农业现代化融合发展道路

西方国家是在工业化完成之后开始实行信息化的，而中国开始信息化时工业化尚未完成，现代农业体系也还没有建立起来。我国现在处于并将长期处于社会主义初级阶段，基本国情决定了我们在建设现代化的道路上必须坚持信息化、工业化、农业现代化、新型城镇化的同步发展。在中国共产党的带领下，中国创新了一条信息化、工业化和农业现代化协同发展的道路。

党和政府创新发展思路，以信息化带动工业化，走新型工业化道路，实现信息化和工业化的融合发展。农业是国民经济的基础，为了巩固农业的基础地位，促进农业稳定发展和农民持续增收，我们坚持以农业信息化培育现代农业发展新动力，推动信息化和农业现代化的协同发展。党的十五届五中全会提出："大力推进国民经济和社会信息化，是覆盖现代化建设全局的战略举措。以信息化带动工业化，发挥后发优势，实现社会生产力的跨越式发展。"[1] 党的十六大提出："信息化是我国加快实现工业化

---

[1] 《十五大以来重要文献选编（中）》，中央文献出版社 2001 年版，第 489 页。

和现代化的必然选择。坚持以信息化带动工业化，以工业化促进信息化，走出一条科技含量高、经济效益好、资源消耗低、环境污染少、人力资源优势得到充分发挥的新型工业化路子。"① 党的十七大提出："坚持走中国特色新型工业化道路……大力推进信息化与工业化融合。"② 党的十八大提出："坚持走中国特色新型工业化、信息化、城镇化、农业现代化道路，推动信息化和工业化深度融合、工业化和城镇化良性互动、城镇化和农业现代化相互协调，促进工业化、信息化、城镇化、农业现代化同步发展。"③ 党的十九大提出："使市场在资源配置中起决定性作用，更好发挥政府作用，推动新型工业化、信息化、城镇化、农业现代化同步发展。"④

在社会主义现代化建设中，我们坚持以信息化促进产业分工深化、经济结构调整和产业链升级，塑造新的竞争优势。首先，利用信息技术改造和提升传统产业。国家提出利用信息技术推动传统产业调整升级，促进信息技术在能源、交通运输、冶金、机械、化工等传统行业的普及应用，加快对高能耗、高物耗、高污染行业的升级改造。加快推动信息技术在企业全产业链的深度融合，实现研发设计、生产过程、营销管理等产品全生命周期的信息化、智能化和网络化。实施制造业提升工程，制定《中国制造2025》行动纲领，加快大数据、云计算和物联网等新一代信息技术的应用，大力发展智能制造。通过推进国家智能制造示范区、建设制造业创新中心、完善制造强国建设政策体系等多种途径促进传统产业转型升级。其次，以信息技术为基础培育并壮大战略性新兴产业。国家不断创新政策体系，促进核心技术和关键技术

---

① 《十六大以来重要文献选编（上）》，中央文献出版社2004年版，第16页。
② 《十七大以来重要文献选编（上）》，中央文献出版社2009年版，第17～18页。
③ 《十八大以来重要文献选编（上）》，中央文献出版社2014年版，第16页。
④ 习近平：《决胜全面建成小康社会夺取新时代中国特色社会主义伟大胜利》，人民出版社2017年版，第21～22页。

的自主创新。制定实施战略新兴产业发展规划，发展以人工智能、集成电路、第五代移动通信技术为基础的信息产业，提升新兴产业的市场竞争力。

在信息化和农业现代化的融合发展中，党和政府坚持把信息化作为农业现代化的制高点，推动信息技术和智能装备在农业生产经营中的应用，培育互联网农业，建立健全智能化、网络化农业生产经营体系，加快农业产业化进程。国家积极推进面向"三农"的信息基础设施建设、整合涉农信息资源、建设"三农"信息公共服务平台，实现信息化和农业现代化的协同发展。在农村大力推广并实施"互联网＋"战略，发展"互联网＋现代农业"，利用互联网提升农业生产、经营、管理和服务水平。

（五）坚持信息化建设与保障国家信息安全并重

没有网络安全就没有国家安全，没有信息化就没有现代化，网络安全和信息化是一体之两翼、驱动之双轮，是事关国家发展、事关广大人民群众工作生活的重大战略问题。习近平指出："做好网络安全和信息化工作，要处理好安全和发展的关系，做到协调一致、齐头并进，以安全保发展、以发展促安全，努力建久安之势、成长治之业。"[1] 我国在信息化发展实践中，坚持信息化建设与保障国家信息安全并重，不断提高基础信息网络和重要信息系统的安全保护水平，在国际合作中强调尊重网络主权，为国民经济和社会信息化建设创造良好的环境，建设网络强国。我国在信息安全保障工作中主要积累了以下几点经验：

第一，制定并实施国家信息安全战略，成立网络安全和信息化领导机构，建立信息安全管理体制和工作机制。国家建立网络安全和信息化领导小组，负责研究制定网络安全和信息化发展战略，统筹协调涉及经济、政治、文化、社会及军事等各个领域的

---

① 《中央网信领导小组成立》，载于《新京报》2014 年 2 月 28 日。

网络安全和信息化重大问题。2016 年国家互联网信息办公室发布的《国家网络空间安全战略》确定了九项加强网络安全的重点战略任务：坚定捍卫网络空间主权、坚决维护国家安全、保护关键信息基础设施、加强网络文化建设、打击网络恐怖和违法犯罪、完善网络治理体系、夯实网络安全基础、提升网络空间防护能力、强化网络空间国际合作。[①]

第二，构建关键信息基础设施安全保障体系，实施网络安全审查制度，确保关键信息基础设施安全。国家建立了信息安全等级保护制度，重点保护国家关键信息基础设施的安全，确保提供公共通信、广播电视传输等服务的基础信息网络以及能源、金融、交通、教育、科研、水利、工业制造、医疗卫生、社会保障、公用事业等领域和国家机关的重要信息系统安全运行。国家成立了互联网金融风险专项整治工作领导小组，规范和保障互联网金融的安全运行。同时，国家建立并实施了网络安全审查制度，对关键信息基础设施中使用的重要信息技术产品和服务开展安全审查。国家还建立了信息安全监控体系，制定了《公共互联网网络安全突发事件应急预案》，不断完善网络安全监测预警、公共互联网突发事件预警制度和网络安全重大事件应急处置机制。

第三，加强网络文化建设，增强全社会网络安全意识和防护技能。在信息化时代，互联网已经成为文化思想传播的重要渠道。国家高度重视网络文化建设，积极实施网络内容建设工程，加强网上思想文化阵地建设，发展积极向上的、具有中国特色的网络文化，倡导网络文明，强化网络道德约束，建立健康安全的网络文化空间。同时，国家大力开展全民网络安全宣传教育，推动网络安全教育进教材、进学校、进课堂，提高广大网民对网络违法

---

① 国家互联网信息办公室：《国家网络空间安全战略》，中华人民共和国国家互联网信息办公室网站，2016 年 12 月 27 日，http：//www. cac. gov. cn/2016－12/27/c_1120195926. htm。

有害信息、网络欺诈等违法犯罪活动的辨识能力和抵御能力，积极引导广大群众的网络文化创作实践，自觉抵制不良内容的侵蚀。

另外，国家积极推动关键信息技术自主创新计划，确保核心技术的自主可控。同时，积极推动国家信息安全标准化建设，发挥其在信息安全保障体系建设中的基础性和规范性作用。

（六）加强机制、体制和法律建设，健全信息化发展的制度环境

在信息化过程中，信息是核心，网络是基础，制度是保障。为了保障信息化建设的顺利进行，党中央、国务院不断创新制度建设，积极推动法制建设、标准化建设，强化知识产权保护，为信息化发展创造良好的制度环境。

为了推进我国信息化发展的协调性和持续性，国家充分发挥社会主义制度的优势，不断深化和完善信息化发展领域的体制改革。第一，规范法人治理结构、完善市场准入和退出机制。第二，建立统一的监管制度，适应网络融合与信息化发展的需要。第三，制定信息化领域的投融资政策，积极引导非国有资本参与信息化建设，发展社会融资机制。第四，制定适应信息产业和中小企业发展的财税政策和金融政策。第五，强化标准化建设与管理，促进标准化体系与产业政策的协同推进。我国通过体制改革促进了技术创新，强化了企业的市场主体地位，提高了中小企业信息化建设的积极性，实现了资源的合理配置。

在法律建设方面，党和政府加快推进信息化法制建设，将制定和完善信息基础设施、政府信息公开、电子政务、电子商务、信息安全、个人信息保护等方面的法律法规作为工作重心。不断完善涵盖网络基础设施、网络服务提供者、网络用户、网络信息等对象的法律、行政法规框架，合理有序地推进信息化立法进程。国家把信息网络安全方面的法制建设作为重点。《中华人民共和国网络安全法》由中华人民共和国第十二届全国人民代表大会常务

委员会第二十四次会议于 2016 年 11 月 7 日通过，自 2017 年 6 月 1 日起施行，其内容主要涉及网络运行安全（尤其是关键信息基础设施的运行安全）网络信息安全、监测预警与应急处置。另外，《全国人大常委会关于维护互联网安全的决定》《中华人民共和国计算机信息系统安全保护条例》《计算机信息网络国际联网安全保护管理办法》《计算机病毒防治管理办法》等涉及网络信息安全方面的法律法规体系不断健全。同时，《中华人民共和国促进科技成果转化法》的制定、修改和完善有力地保护了科技创新成果，加快了科技成果的生产力转化，推动国家信息化建设稳步发展。

（七）不断加强信息化人才队伍建设

信息化人才是信息化成功的关键。我国在信息化建设过程中，不断健全信息化人才培养体系，加强信息化人才队伍建设，培养高素质信息化人才。改革开放以来，国家出台的关于信息化建设的各项政策，都强调完善信息化人才培养体系、建设信息化人才队伍。如《国务院关于积极推进"互联网＋"行动的指导意见》《国务院关于印发"宽带中国"战略及实施方案的通知》等提出加强制造业、农业等领域人才的互联网技能培训，加强高层次、复合型人才的引进与培养，《2006～2020 年国家信息化发展战略》将"国民信息技能教育培训计划"作为重要战略行动，为我国信息化发展提供基础保障。

我国信息化人才的培养和信息化队伍的建设主要从以下几个方面进行：第一，大力发展信息技术教育，完善信息技术基础课程体系，构建"以学校教育为基础、在职培训为重点、基础教育与职业教育相互结合、公益培训与商业培训相互补充的信息化人才培养体系"①，从而培养信息化建设的基础性技术人才。第二，

---

① 《中国信息化年鉴》编委会：《2015 中国信息化年鉴》，电子工业出版社 2016 年版，第 385 页。

加大政府资金支持，大力培养信息化管理人才，培养领导干部和公务人员的信息技术技能和信息化管理能力。第三，政府不断加强对农村地区的政策倾斜和资金投入，发展农村信息化教育，大力培养农村地区和偏远地区的信息化人才队伍，实现协调发展。第四，以市场为导向，发挥市场机制在信息化人才资源配置中的基础性作用，不断培养出与市场需求相适应的复合型信息化人才。第五，加强信息化人才的国际交流与合作，坚持"引进来"和"走出去"相结合，鼓励国内信息化从业人员出国培训，并制定优惠政策吸引海外高层次信息化人才参与我国信息化建设。第六，依托信息化建设项目，加强对专业性较高的信息化人才的培养，在实践中不断提高信息化从业人员的素质和技能。

二、中国特色信息化发展战略

自新中国成立以来，中国的信息化建设在探索中不断向前发展，取得了巨大的成就。中国特色信息化发展道路的成功得益于中国共产党的领导，得益于国家统一制定的符合中国经济社会实际的重大发展战略。自主创新发展战略、对外开放发展战略、人才强国战略、协调发展战略、共享发展战略、可持续发展战略共同指导中国信息化建设稳步发展，并推动中国特色社会主义现代化建设走向新时代。

（一）自主创新发展战略

中国的信息化建设始终践行创新驱动发展战略，坚持以创新引领、以创新驱动，提高国家信息化水平，增强国际竞争力。早在新中国成立之初，党中央、国务院就提出以"自力更生为主，争取外援为辅"的方针，走独立自主信息化发展道路，创新出一条中国特色的社会主义现代化发展之路。党中央、国务院把创新作为五大发展理念之首，指导我国社会主义现代化建设，如党的十八大提出实施创新驱动发展战略，要走中国特色自主创新道路，党的十九大提出创新是引领发展的第一动力。

为了推进科技创新，党中央、国务院不断加强创新驱动发展顶层设计，制定了《国家创新驱动发展战略纲要》，为国家创新发展提供了行动指南。要建设创新型国家，必须以人才驱动，实现科技创新和体制机制创新的协同发展，以科技创新带动社会全面创新。

信息技术是信息化发展的关键因素。新中国成立以来，国家就非常重视科技研发投入，实施重大科技项目，推进技术创新。国家信息化发展战略明确提出实施关键信息技术自主创新计划，加大研发投入，实现关键共性技术的突破性发展。积极推进新一代人工智能开放创新平台、工业技术研究基地建设工程、智能制造创新工程，加强关键核心技术的研发，提高国家自主创新能力。《2006～2020年国家信息化发展战略》将关键信息技术自主创新计划作为信息化发展的战略行动，优先启动具有自主知识产权的标准，通过关键核心技术的自主创新掌握产业发展的主动权。

我国不断加强创新体系建设。以市场为导向，充分发挥企业的市场主体地位，创立政、产、学、研、用深度融合的新机制、新体系，积极引导创新要素向企业集聚。企业在工业技术创新中的主体地位日益突出。在工业信息化过程中，国家建立了以制造业创新中心为核心载体的制造业创新网络，推进政府和社会的合作共享，激发全社会创新的积极性，同时强化科技成果产业化体系建设，推进科技成果的生产力转化，并加强立法，强化知识产权保护，为科技创新创造良好的环境。

我国不断加强创新人才培养体系建设和完善。国家建立并不断完善基于企业全产业链的人才培养体系，以培养创新型人才为重点，实施卓越工程师培养计划，完善各类人才信息库，健全以市场为导向的人才流动机制。

随着国家创新工程、国家创新体系、创新人才培养体系的发展完善，我国产业技术自主创新能力显著增强。当前，我国在量子通信、航空航天、载人深潜、大型飞机、北斗卫星导航、超级计算机、高铁装备、百万千瓦级发电装备、万米深海石油钻探设备等一大批重大技术装备领域都取得了重大突破，形成了较强的国际竞争力。

（二）对外开放发展战略

在信息化发展过程中，我国始终坚持信息化国际交流与开放合作，在开放的环境中提升国家信息能力，积极倡导构建网络空间命运共同体。2014 年 7 月，习近平在巴西国会演讲时指出："国际社会要本着相互尊重和相互信任的原则，通过积极有效的国际合作，共同构建和平、安全、开放、合作的网络空间，建立多边、民主、透明的国际互联网治理体系。"[1] 在信息化建设和维护网络安全过程中，因为经济的全球化以及网络的开放性，加强国际交流与合作是非常必要的。我国在信息化发展中立足全球视野、坚持开放合作，充分利用国内国外两种资源，统筹标准引进来与走出去。

在信息技术发展方面，我国坚持引进消化先进技术与增强自主创新能力相结合，逐步增强信息化的自主装备能力。我国的信息化起步较晚，在信息化建设的初期，拥有自主知识产权的信息技术较少，因此党中央、国务院坚持开放合作原则，充分利用国内国外两种资源，引进国外先进信息技术，坚持"引进、消化、吸收、创新"的方针，把引进与自主创新结合起来，逐步增强自主创新能力。同时，国家通过一系列优惠政策，强化企业的创新

---

[1] 《习近平提出构建国际互联网治理体系的基本遵循》，中国新闻网，2016 年 11 月 16 日，http：//www. chinanews. com/gn/2016/11 - 16/8065105. shtml。

主体地位，鼓励企业根据市场的需求积极参与技术创新。当前，我国拥有自主知识产权的信息技术不断取得突破：中国无锡国际超级计算机中心的"神威·太湖之光"已经成为世界上运算速度最快的超级计算机；自主建设、独立运行的北斗卫星导航成为全球无线电导航系统的组成部分，已经进入产业化、国际化阶段；我国已经完成了世界上最远距离点对点量子通信实验，率先发射了"墨子号"量子科学实验卫星；通信网络设备的核心器件在多项技术上已经达到全球领先水平。

在信息化标准方面，我国积极参与信息化领域国际标准化工作，推动国家标准与国际标准双向转化。当前已经通过了中欧、中德、中英等标准合作机制，信息化重点领域标准国际交流与合作不断发展。从 2014 年开始，我国积极倡导世界互联网大会，搭建中国与世界互联互通的国际平台和国际互联网共享共治的平台。在维护网络空间安全方面，我国提出通过积极有效的国际合作，建立多边、民主、透明的国际互联网治理体系。

通过国际交流与合作，信息基础设施在全球范围内共建、共享、共用。在全球信息化建设稳步推进的同时，我国信息化建设能力也大大增强。经过几十年的发展，我国在信息技术自主创新能力、信息技术应用能力、信息传送能力以及信息安全保障能力等方面都取得了长足进步，国家信息化竞争优势以及国家信息化能力显著提升。

（三）人才强国战略

劳动力素质的提高是技术进步的决定力量，高素质的人才是创新发展的关键，是赢得国际竞争主动权的重要战略资源。在信息化发展中，国家将培养信息化人才作为战略重点。在人才建设方面，国家以信息化项目为依托，坚持党管人才的原则，积极培养具有国际水平的战略科技人才、科技领军人才和创新团队，着力培养创新型人才和复合型人才。

在人才培养过程中，国家实施战略引导，提出科教兴国和人才强国战略，实施"千人计划""万人计划"等国家重大人才工程，不断完善人才体系建设。党和政府积极构建基础教育与职业教育相互结合、公益培训与商业培训相互补充的信息化人才培养体系，不断完善人才培养、选拔、使用、评价、激励机制，强化学校和企业的合作，积极推进产、学、研、用相结合，推广订单式人才培养，提高人才匹配能力。

中共中央制定的《关于深化人才发展体制机制改革的意见》提出要实施人才发展体制机制改革，建立具有国际竞争力的人才制度优势。国家不断健全多层次人才培养制度，完善从研发设计、生产经营到管理服务的完整人才培养体系。信息化人才不仅包括信息技术人才，而且还包括信息化管理人才。信息化技术研发人员、企业管理者、信息技术应用者、政府部门管理者都是推动信息化发展的重要力量。国家提出要依托国家重大人才工程，加大对信息化领军人才支持力度，培养造就世界水平的科学家、网络科技领军人才、卓越工程师、高水平创新团队和信息化管理人才。国家制定了《高校毕业生基层成长计划》，把基层高校毕业生纳入人才政策扶持范围，大力培养基层人才，健全人才培养梯度。党中央、国务院坚持政策引导，实施"博士服务团""西部之光"等人才协调项目，为中西部经济发展提供智力支持。

在人才体系建设方面，国家不仅自己培养信息化复合型人才，而且积极发挥市场机制在人员配置中的作用，扩大开放力度，完善海外引才政策，吸引和扶持海外高层次人才回国创新创业。在人才强国战略的推动下，我国信息化建设取得了巨大的成就。随着国家高科技人才队伍的完善，我国的信息化将释放出巨大的潜力，大大加快社会主义现代化进程。

（四）协调发展战略

中国的信息化建设始终坚持协调发展战略，促进产业链上下游的协调发展，促进东中西部地区之间的协调发展，促进城市和乡村的协调发展，促进信息化发展和信息安全的协调发展，努力缩小并消除数字鸿沟，实现信息化的全面、协调、健康、可持续发展。

积极推动产业链上下游的协调、优化布局全产业链是我国信息化建设中始终遵循的方针。在工业信息化过程中，国家积极推动信息技术在产品全生命周期的渗透应用，实现研发设计信息化、生产信息化、经营管理信息化、服务信息化的全面发展。在农业信息化过程中，国家把农业全程信息化作为目标，积极推动农业生产信息化、农业经营信息化、农业管理信息化和农业服务信息化的共同发展，实现产业链上下游协同发展。

面对我国经济社会发展存在的"二元结构"，国家在信息化发展过程中实施缩小数字鸿沟计划，缩小区域之间、城乡之间以及不同社会群体之间利用信息资源的能力和信息技术应用水平差距，促进协调发展。在"宽带中国"战略实施过程中，国家把推进区域宽带网络协调发展作为重点任务，努力推进东部地区、中西部地区和农村地区的协调发展。首先要支持东部地区的网络升级和创新应用，发挥东部地区的优势，提高信息化水平，缩小与世界先进水平的差距。其次要给予中西部地区适当的政策倾斜，为落后地区的信息化发展创造优惠的政策环境，积极引导研发中心、创新平台落户中西部地区。国家在信息化过程中制定了适当向中西部地区倾斜的优惠政策，以加大力度推进中西部地区信息基础设施建设，加大对信息技术人才的培养，创造均等发展的社会环境，消除地区差异。2014 年李克强同志在西部地区调研时强调要加快发展西部地区信息基础设施，推动东部地区产业向中西部地区转移，为中西部地区提供发展的机遇。

我国不断加强城镇和农村地区信息化发展的协调性。国家在坚持工业信息化稳步发展的同时，重点支持农业、农村、农民信息化。我国是农业大国，农业又是国民经济的基础，国家将农业信息化作为国家信息化发展的重点，在精准扶贫中推进农业信息化建设，农村的信息基础设施建设和扶贫开发工作协同推进。党和政府综合运用各种手段加大对农村的支持力度，通过免费或低价接入互联网等手段加大农村信息基础设施建设，通过公共服务平台建设提高农业信息化公共服务能力，通过教育培训努力提高农民的信息化水平，提高农村人口获取网络信息的能力，努力消除"数字鸿沟"。2017 年党的十九大提出要实施乡村振兴战略，把农业、农村、农民问题作为全党工作的重中之重。农业、农村、农民的信息化建设是实现乡村振兴的关键，培育新型农业经营主体、构建现代农业产业体系、实现农村三大产业融合发展都离不开信息化的支撑。

在信息化建设中，国家始终把维护网络安全作为重要工作，努力处理好网络安全和信息化发展的关系，促进二者协调发展、齐头并进。政府不断强化国家安全监管职能，积极推进网络安全法律建设，加强网络文化建设，严厉打击网络犯罪，净化网络生态，为信息化建设创造了安全、健康的环境。党的十八大以来的国家领导集体高度重视网络安全问题，2014 年中央成立了网络安全和信息化领导小组，习近平亲自担任组长，统筹协调涉及经济、政治、文化、社会及军事等各个领域的网络安全和信息化重大问题。

（五）共享发展战略

中国的信息化发展始终坚持以人为本，实施共享发展战略，使信息化发展成果惠及全民。中国共产党代表先进生产力的发展要求，代表先进文化的前进方向，代表中国最广大人民的根本利益，其根本宗旨是全心全意为人民服务。党和国家领导人提出"以人民为中心"的发展思想，以保障和改善民生为重点，坚持使改革发展成果更多、更公平地惠及全体人民。中国共产党在带领全中国人民发展信息化、建设社会主义现代化的道路上，始终坚持以人为本，使信息化发展的成果惠及全民，带领全国人民朝着共同富裕的目标稳步前进。

在制定信息化发展战略时，国家提出要以人为本，惠及全民，坚持以造福社会、造福人民为工作的出发点和落脚点，创造广大群众用得上、用得起、用得好的信息化发展环境。在信息基础设施建设过程中，国家低价或免费为偏远的农村地区建立公共网络，实施"村村通"工程，提高农村互联网的普及率，积极发挥互联网在脱贫攻坚中的作用。国家实施"宽带中国"战略以及"互联网＋"战略，有效降低了网络资费，完善了电信普遍服务补偿机制，为农村及偏远地区宽带建设和运行维护提供了支持，使互联网下沉为各行业、各领域、各区域都能使用，人、机、物泛在互联的基础设施。国家充分利用互联网的共享性，为各个行业、各个阶层、各级群众提供良好的信息公共服务平台，促进互联网在医疗、卫生、交通等民生项目中的应用。国家在完善信息化的保障性措施中，着力发展普惠金融、实行财政倾斜和税收优惠，创造惠及全民的信息化发展环境。

在信息化实施过程中，国家建设惠及全民的12316"三农"综合信息服务平台，为农民、农技、农资、农贷、农保、仓储、物流、电商等提供服务，提高农民科学生产、科学管理的能力。国家通过建立普惠型的电子商务平台、电子商务孵化中心和精准数据库，实施电商扶贫工程，使现代信息技术发展的成果应用到每一个地区、每一位民众。党和政府紧紧围绕人民的期待和需求，以信息化促进基本公共服务均等化，发展"互联网＋益民服务"，加快发展基于互联网的医疗、健康、养老、教育、旅游和社会保障等新兴服务。

（六）可持续发展战略

中国特色信息化道路是创新发展之路，是开放发展之路，是协调发展之路，是共享发展之路，更是可持续发展之路。

我国始终坚持自主创新发展，不断加大研发投入，提高自主创新能力，走出了一条信息化创新发展之路。中国信息化的创新发展之路从本质上讲就是可持续发展之路。在新型工业化、农业现代化、服务业信息化的过程中，只有拥有自主知识产权、掌握关键核心技术，才能提高在国际合作中的利润分享能力，才能为国家的持续发展积累资本。

我国始终坚持对外开放发展，积极参与经济全球化，积极融入国际分工体系，在国际交流和合作中推进国家信息化建设。世界各国的资源禀赋和比较优势存在差异，只有在全球布局产业链，才能实现资源优化配置，降低成本，提高效率，从而在国际竞争中取得优势。国家在维护网络安全方面也积极推进国际合作，为信息化发展创造健康良好的国际环境。因此，信息化建设的开放合作之路也是一条可持续发展之路。

我国始终坚持东中西部地区协调发展，坚持城乡协调发展。一方面，我国是世界上最大的发展中国家，地缘辽阔，因为资源、环境和历史等因素，地区之间发展不平衡的问题长期得不到解决。党中央、国务院创新性地提出以信息化带动工业化的新型工业化道路，推动信息基础设施建设向中西部地区倾斜，在中西部地区实施政策优惠，将更多的智力资本引入落后地区，为经济社会的可持续发展提供永久动力。另一方面，我国是农业大国，农业现代化和信息化需要协同推进，以信息化带动农业、农村、农民的信息化和现代化，实施乡村振兴战略，促进城乡协调发展。国家将精准扶贫和农业信息化相结合，利用信息技术、信息网络和信息资源为贫困户提供发展的机遇，提高农民获取、掌握和运用信息技术的能力，为永久脱贫提供内生动力。因此，中国信息化的协调发展之路也是一条可持续发展之路。

我国始终坚持以人为本、以人民为中心的共享发展，努力使信息化成果惠及全民。党中央、国务院以信息化为重要抓手，带领人民实现共同富裕。人民生活水平的提高，反过来会创造出更多的、更高层次的消费需求，推动国家经济从速度型增长向质量型增长转型，从而进一步促进信息技术创新发展。信息化推动了良性循环、推动了可持续发展。因此，我国信息化的共享发展之路也是一条可持续发展之路。

三、中国信息化发展面临的挑战

党中央、国务院高度重视信息化建设，将信息化作为国家发展战略，积极制定各项方针政策，不断完善各项保障措施，加速信息化的发展。尽管我国的信息化建设已经取得了长足进步，但是也存在一些亟待解决的问题，比如信息技术自主创新能力不足、核心技术和设备受制于人、信息资源开发利用水平较低、信息技术应用水平不高、信息化发展不平衡、网络信息安全问题仍然比较突出等。

（一）信息技术自主创新能力不足

尽管我国的网民规模、信息产业规模等已经跃居世界前列，但是我国的核心信息技术依然发展迟缓，特别是高端芯片、核心软件、关键元器件、仪表仪器等领域自主知识产权竞争力不足，核心技术对外依存度较高。当前，我国在电感器、物联网发展所需的高精度传感器、集成电路、平板显示关键设备、自动贴片机等领域的自主创新能力不足，部分技术和设备长期依赖进口。高性能集成电路、智能电视、5G 技术研发与高速宽带、智能硬件、OLED 等新型显示设备已经成为新一代信息技术发展的热点，但是我国的新一代信息技术研发创新水平不高，电子信息产业在国际分工中以从事加工制造环节为主，占据全球价值链的中低端环节，产品附加值较低。我国关键核心技术的自主创新能力不足，对国防、军事等领域的安全问题带来了严峻的挑战。

我国信息技术自主创新能力不强的一个重要原因是企业的技术创新主体地位未得到充分发挥。综合型、复合型、高水平信息化人才的缺乏，也是导致我国自主创新能力不足的重要因素。国家的培养制度、培养体系的不健全阻碍了信息化人才队伍建设。信息化人才理论培养和应用实践环节的脱节导致科研成果转化率较低，进一步影响了我国的信息化建设。

（二）信息资源开发利用水平较低

经过长期发展，我国已经建立起较完善的人口基础信息库、法人单位基础信息库、自然资源和空间地理基础信息库、宏观经济数据库、文化信息资源库等，为信息化发展积累了较丰富的信息资源。但是，我国的信息资源开发利用水平较低，对经济社会的促进作用未充分发挥。

当前，我国的信息化发展已经进入了全方位、多层次、多领域推进的阶段，对信息技术的需求越来越高。但是从整体上看，信息技术的潜能尚未充分发挥，应用水平落后于实际需求，尤其是在经济水平较落后的区域和广大的农村地区，信息技术的应用效果不明显。另外，还存在科研成果的生产力转化能力不足的问题。受科技创新服务体系不健全、科技孵化中心等科技中介机构发展不完善的制约，科技成果与实际应用之间存在脱节问题。

（三）信息化发展不平衡

受二元经济结构的影响，我国的信息化发展的二元结构也较明显。不同地区、不同领域、不同社会群体之间的信息技术应用水平、网络普及程度、信息化整体水平存在较大差距，城乡、区域和行业之间数字鸿沟依然明显。在信息化和工业化融合领域，东中西部两化融合发展水平差距呈扩大趋势。中国电子信息产业发展研究院的数据显示，2015年东部地区的两化融合平均指数为86.06，中部地区的平均指数为73.40，而西部地区的平均指数仅为 59.93。近几年，尽管国家加大了对农业、农村、农民信息化的政策扶持，但是由于农村网络信息基础设施发展滞后，农民掌握的信息技术水平较低，农村信息化发展与城市差距依然明显，数字鸿沟依然存在。

（四）网络信息安全问题仍然比较突出

尽管国家信息安全管理体制不断完善，但是我国网络空间安全依然形势严峻，网络病毒泛滥、黑客花样繁多、网络安全漏洞大量存在，各种网络攻击、网络窃取、网络恐怖主义和网络犯罪等活动仍然较严重。我国信息网络安全立法较滞后，互联网相关的立法较少、立法层次也较低。由于我国网络信息安全管理机构存在资源分散、专职管理人员稀缺、高端技术人员匮乏等问题，信息安全监控能力和应急指挥能力有待提高。

没有网络安全就没有国家安全，当前我国还未建立起完整的国家信息安全保障体系、管理体系和监督体系。互联网用户的安全意识较淡薄，对复杂的网络信息缺乏独立判断能力，对网络犯罪行为缺乏高度警觉性。因此，网络安全问题仍然是我国信息化发展中亟待解决的重点问题。

四、中国特色信息化发展前景展望

信息化是当今世界经济和社会发展的大趋势，是我国加快实现现代化和工业化的必然选择。经过改革开放 40 年的发展，我国的信息化水平逐渐提高，信息技术与农业、工业和服务业加速融合，传统产业结构不断优化升级，信息产业成为新的经济增长点，数字经济进入了发展的快车道。当前我国已经进入中国特色社会主义新时代，处于全面建成小康社会、实现中华民族伟大复兴的关键发展时期。我国社会的主要矛盾已经转化成人民日益增长的美好生活需要和不平衡不充分的发展之间的矛盾。在新的历史时期，中国必须坚持走中国共产党领导下的社会主义现代化发展之路，继续走中国特色的信息化发展道路，以信息化驱动现代化，不断增强国家信息化发展能力，让信息化更好地造福社会、造福人民。

（一）构建立体覆盖的泛在网络，不断完善信息基础设施

信息基础设施尤其是网络关键基础设施是信息化发展的基础，是极其重要的信息资源，是影响信息化发展成败的关键因素。党和政府把完善综合信息基础设施，构建陆地、海洋、天空、太空立体覆盖的泛在网络作为国家信息化发展的战略重点。

泛在先进的基础设施是信息化发展的基石，国家正在加快实施"宽带中国""互联网+"等战略，巩固网络基础，积极构建人、机、物泛在互联的基础设施。第一，组织实施新一代信息基础设施建设工程，从业务、网络、终端等层面推进"三网融合"，实施宽带网络光纤化改造，大幅度提高网络访问速率。第二，加快应用光电传感、射频识别等技术扩展网络功能，实现向下一代网络的转型，推进下一代互联网的商务应用。第三，积极分类推进农村网络全覆盖，边远地区、林牧区、海岛等区域采用移动蜂窝、卫星通信等多种方式实现覆盖，实现城乡和区域的协调发展，实现宽带网络、第三代移动通信（3G）、第四代移动通信（4G）网络无缝覆盖。第四，加快宽带无线通信、下一代广播电视网、下一代互联网、云计算、物联网等重点领域的新技术的自主研发，积极参与国际标准的制定，提升自主发展能力。第五，统筹北斗卫星导航系统的建设和应用，提高北斗卫星的全球服务能力，构建天地一体、互联互通的信息网络。

网络信息基础设施的共建共享是未来的发展趋势，党和政府应积极推动引进民间社会资源参与信息基础设施建设，提高市场活力。同时积极完善国际网络布局，开展技术联合研发，加强网络基础资源的国际合作，推动国际互联网健康发展，为信息化发展提供良好的国际环境以及高质量的信息基础设施。

（二）物联网等新一代信息技术全面深化应用

物联网是新一代信息技术的高度集成和综合运用，打造具有国际竞争力的物联网产业体系，推动经济社会向智能化、精细化、网络化方向发展已经成为我国信息化发展的战略重点。当前我国在物联网发展方面已经具备一定的基础，技术研发、产业培育、行业应用等方面水平较高，因此以物联网为代表的新一代信息技术的创新发展以及在经济社会领域的全面深化应用是我国信息化未来发展的典型特征。

为了推进物联网有序健康发展，国家需要统筹规划，以企业为主体，以应用需求为导向，通过创新发展打造一个具有国际竞争力的物联网产业体系、物联网数据网和综合管理系统。第一，国家计划在"十三五"期间，建设 20 家左右的国际技术创新中心，完善新一代信息技术创新平台。在物联网技术研发实验室、工程中心和企业技术中心等创新平台的支撑下，物联网的核心芯片、软件、仪器仪表等基础共性技术以及传感器网络、智能终端、大数据处理、智能分析、服务集成等关键技术必将取得重大突破，为物联网的产业应用提供技术基础。第二，国家不断创新有利于物联网发展的政策体系、完善物联网发展的服务支撑体系，设立物联网发展专项资金，加强财税政策支持，为物联网健康发展创造良好的环境。第三，随着物联网技术的创新发展以及物联网支撑保障体系的完善，物联网的应用水平将逐渐提高，加速传统产业的转型升级，推进节能减排，保障安全生产。物联网的集成性和共享性，将促进其在工业、农业、商贸流通等经济领域以及社会保障、医疗卫生、民生服务等公共服务方面实现全面应用。2017 年 11 月 21 日，我国成功发射吉林一号视频 04、05、06 星，星座观测能力大幅度提升，将促进我国遥感行业的发展以及物联网的应用。物联网将传感器、控制器、机器和工人连接在一起，能够实现远程管理以及智能化生产，促进生产效率进一步提高。

（三）信息化和工业化深度融合，发展智能制造、绿色制造

创新和融合是信息化发展的关键因素，因此国家在坚持创新的基础上不断加强信息化和工业化的融合发展。改革开放以来，国家始终坚持把信息化和工业化融合发展作为一项中心工作。党的十六大提出要坚持走以信息化带动工业化、以工业化促进信息化的新型工业化道路；党的十七大提出要大力推进信息化与工业化融合发展，促进工业由大变强；十七届五中全会和党的十八大进一步提出要推动信息化和工业化深度融合。党的十九大提出要推动新型工业化、信息化、城镇化、农业现代化同步发展。坚持走中国特色新型工业化道路，信息化和工业化必将进一步深化融合，信息化将带动工业结构不断优化升级，实现智能制造、绿色制造和服务型制造。

在国家制造强国建设领导小组的带领下，在相关政府部门的统筹规划和政策协调下，两化融合的重大工程和重点项目逐步推进实施，传统产业转型升级步伐不断加快。在《中国制造2025》战略的引领下，中国将继续以创新引领加速迈向制造强国之列。移动互联网、大数据、云计算、物联网等新一代信息技术将在制造业领域加速创新并普及应用，继续推动"中国制造"向"中国智造"转变。国家坚持"以点带面"的战略方针，继续实施智能制造示范工程，积极开展智能制造示范城市试点、重点行业智能制造示范，分期分批进行试点示范，把成功经验逐渐推广，企业车间、部门、工厂将循序渐进地实现智能化改造。应继续发挥企业的主体地位，加大研发投入，加强"产学研"一体化建设，提高企业的自主创新能力，提高生产过程的自动化和信息化水平。

　　以信息技术为支撑，全面推进绿色制造是中国建设制造强国的战略任务和重点。信息技术与传统制造业的融合发展将进一步促进节能减排、降低环境污染，真正实现绿色制造。国家应该通过加大先进节能环保技术的研发力度，构建低碳、循环、集约化的绿色制造体系，加快制造业绿色升级改造，推进资源高效循环利用。在国家统筹规划和部署下，推广低功耗、易回收的技术工艺，逐渐淘汰落后技术，全面推进钢铁、有色、化工、建材、轻工、印染等传统制造业的绿色化改造。应积极打造绿色供应链，加快建立低碳、环保、节能的采购、生产、营销、物流及回收体系，实现全产业链的绿色发展。

　　在信息化带动工业化发展的进程中，互联网在改造和提升传统产业项目中将发挥越来越重要的作用，信息技术加快向工业生产体系全面渗透，将催生多样化的制造业服务新业态，主要包括工业研发设计服务、工业软件、信息服务及现代物流等。随着信息技术在制造领域的深度应用，面向两化融合的生产性服务业将加快发展，推动生产制造向价值链的高端延伸。应加快生产与服务的协同发展，促进低端的生产型制造向服务型制造转变，不断发展在线支持服务、个性定制服务、网络精准营销等新形式。

（四）农业全程信息化水平进一步提高

　　利用现代信息技术推动农业发展，已经成为我国传统农业向现代农业转型的重要战略部署。自从 2014 年中央一号文件提出建设以农业物联网和精准装备为重点的农业全程信息化和机械化技术体系以来，农业全程信息化就成为我国农业现代化发展的重点。农业物联网技术、精准装备、大数据技术、云计算技术等现代信息技术和农业的生产、经营、管理、服务的全过程深度融合，有助于实现农业生产的智能化、精准化和数字化，提高农业生产力水平和农业生产效率。随着云计算技术在农业全产业链的应用，农业信息资源存储、农业生态环境监测和管理、农业生产过程智能监测控制、农产品质量安全溯源、农产品物流追踪管理等应用系统不断完善，提高了农业的科学决策水平、自动监测能力以及农产品仓储和物流效率。

随着信息进村入户试点工程、宽带乡村试点工程、通信村村通工程、直播卫星户户通工程的实施，信息服务逐渐均等化，农村的信息基础设施加速完善。良好的基础环境将加快推进信息化与农业现代化的全面深入融合。

随着农村信息基础设施不断完善，以互联网为基础的涉农电子商务将成为未来农业信息化的重要推动力。在国家政策的支持下，农业部、商务部等不断推进农产品商务信息公共服务平台建设和农村电子商务综合示范工作，农产品电子商务和农业生产资料电子商务将不断发展壮大，从而带动县域经济发展。

在"金农"工程一期成功经验的基础上，国家积极筹划"金农"工程二期。"金农"二期的实施，将进一步完善国家农业监测指挥管理信息化体系、国家农业电子政务体系、服务支撑体系和信息资源体系，提高农业信息服务的质量和水平，为农业现代化的快速发展提供高质量、高水平的综合信息服务系统。

（五）全程电子商务推动企业信息化加速发展

在互联网经济时代，电子商务已经成为中国经济的新增长点。中国抓住世界信息化发展潮流，实施"互联网＋"战略，不断完善电子商务发展环境、创新政策体系、开展电子商务示范工程，积极培育电子商务新领域和新业态。电子商务与企业供应链有机融合的全程电子商务将成为中国电子商务发展的主要形态。

基于全球供应链的全程电子商务将开创一种新的经营管理理念，成为企业信息化发展的重要手段。随着企业信息化水平的不断提高，企业的内部运营管理、企业供应链上下游各个环节的业务活动以及企业的商贸活动等企业生产经营的全程业务活动都将实现网络化、数字化和电子化。全程电子商务以全球供应链网络管理为基础，能够为企业构建全球化的供应链协同平台，把企业管理、信息技术和商务活动融为一体，不断提高企业经营管理质量、扩展业务范围。因此，企业应具有全球视野，积极构建全程电子商务平台，通过全程电子商务门户网站、全程电子商务业务协同平台和全程电子商务企业管理系统，实现企业内部业务管理、电子商务交易、伙伴关系管理的信息化和网络化，促进企业高速发展。①

早在 2006 年，北京网信在线网络科技有限公司就公开提出要打造全程电子商务平台，随后重庆金算盘软件有限公司发布了国内第一个面向中小企业用户、融合 ERP 软件和电子商务应用的全程电子商务平台。② 随着信息技术的创新发展以及企业信息化水平的提高，将企业、供应商、分销商、客户融合在一个平台的全程电子商务会成为未来电子商务发展的必然趋势。因为平台的开放性、服务的全程性，企业在经营管理中能够获得一体化服务，从而以更高的效率获得无限商机。随着经济全球化以及跨境电商的发展，以信息技术和互联网为基础的全程电子商务将成为越来越多企业的选择。

（六）实现由网络大国向网络强国的迈进

继续实施网络强国战略，加速推进我国经济社会转型发展。党的十八大以来，以习近平同志为核心的党中央加快部署，全面实施网络强国战略。2014 年，习近平在中央网络安全和信息化领导小组第一次会议上首次提出了建设网络强国的愿景："要从国际国内大势出发，总体布局，统筹各方，创新发展，努力把我

---

① 毛华扬、魏然：《全程电子商务发展及架构模型探讨》，载于《中国管理信息化》2008 年第 17 期，第 95～97 页。
② 吴澄：《信息化与工业化融合战略研究——中国工业信息化的回顾、现状及发展预见》，科学出版社 2013 年版，第 236 页。

国建设成为网络强国。"① 2015 年十八届五中全会通过的《中共中央关于制定国民经济和社会发展第十三个五年规划的建议》提出要实施网络强国战略。

要实现我国由网络大国向网络强国迈进，就必须从以下几个方面共同努力：第一，强化创新引领，加快研发具有自主知识产权的关键核心技术；第二，建设并完善综合信息基础设施，为信息化提供硬件支持；第三，建立丰富全面的综合信息服务平台，为信息化提供全方位、全天候的服务；第四，培养创新型、复合型的信息化和网络安全人才，为信息化提供人才保障；第五，加快立法进程，完善互联网信息内容管理、关键信息基础设施保护等法律法规和政策监督体系；第六，继续实施制度改革以及财税优惠政策，将制度创新和技术创新结合起来，鼓励企业成为技术创新和信息化发展的主体；第七，进行网络空间治理，建设良好的网络生态；第八，积极开展国际交流与合作，实现信息网络共建共享，让人民共享互联网发展成果。

在"创新、协调、绿色、开放、共享"五大发展理念引领下，中国共产党带领全国各族人民共同奋斗，取得了改革开放和社会主义现代化建设的历史性成就，创新了一条符合中国特色社会主义初级阶段发展实际的信息化道路。中国特色信息化发展道路是在实践中探索出来的，是历史的选择，是人民的选择。随着社会主义现代化建设的推进，中国的信息化道路也将在改革中不断向前发展。在中国特色社会主义建设的新时代，中国共产党将继续贯彻以人民为中心的发展思想，坚持深化改革、创新管理体制、完善各项保障措施，推动新型工业化、信息化、城镇化和农业现代化同步发展，促进国家信息化向更高层次发展，建成屹立于世界民族之林的现代化强国，实现中华民族伟大复兴的中国梦。

---

① 张洋：《向着网络强国扬帆远航——推进网络安全和信息化工作综述》，载于《人民日报》2017 年 11 月 27 日。

参 考 文 献

1. 《马克思恩格斯选集》第 1 卷，人民出版社 2012 年版。

2. 马克思：《资本论》第一卷，人民出版社 2004 年版。

3. 《毛泽东文集》第七卷，人民出版社 1993 年版。

4. 《周恩来选集》下卷，人民出版社 1984 年版。

5. 《邓小平文选》第二卷，人民出版社 2001 年版。

6. 《江泽民文选》第一卷，人民出版社 2006 年版。

7. 《胡锦涛文选》第三卷，人民出版社 2016 年版。

8. 《习近平谈治国理政》，外文出版社 2014 年版。

9. 《习近平谈治国理政》第二卷，外文出版社 2017 年版。

10. ［美］保罗·巴兰著，蔡中兴等译：《增长的政治经济学》，商务印书馆 2014 年版。

11. ［美］查尔斯·K. 威尔伯著，高铦等译：《发达与不发达问题的政治经济学》，商务印书馆 2015 年版。

12. ［美］伊曼纽尔·沃勒斯坦著，郭方等译：《现代世界体系》，社会科学文献出版社 2013 年版。

13. 钱书法：《分工演进、组织创新与经济进步——马克思社会分工制度理论研究》，经济科学出版社 2013 年版。

14. 吕新奎：《中国信息化》，电子工业出版社 2002 年版。

15. 周宏仁：《信息化论》，人民出版社 2008 年版。

16. 周宏仁：《中国信息化进程》，人民出版社 2009 年版。

17. 邹生：《信息化探索 20 年》，人民出版社 2008 年版。

18. 邹生：《信息化十讲》，电子工业出版社 2009 年版。

19. 《中国信息化年鉴》编委会：《2015 中国信息化年鉴》，电子工业出版社 2016 年版。

20. 郎咸平：《拯救中国制造业》，东方出版社 2015 年版。

21. 李兴山：《社会主义市场经济理论与实践》，中共中央党校出版社 2004 年版。

22. 吴澄：《信息化与工业化融合战略研究——中国工业信息化的回顾、现状及发展预见》，科学出版社 2013 年版。

23. 吴胜武、沈斌：《信息化与工业化融合：从"中国制造"走向"中国智造"》，浙江大学出版社 2010 年版。

24. 周子学：《信息化与工业化融合——探索工业结构优化升级之路》，电子工业出版社 2010 年版。

25. 金江军、沈体雁：《信息化与工业化深度融合——方法与实践》，中国人民大学出版社 2012 年版。

26. 国家制造强国建设战略咨询委员会：《中国制造 2025 蓝皮书（2016）》，电子工业出版社 2016 年版。

27. 夏妍娜、赵胜：《中国制造 2025：产业互联网开启新工业革命》，机械工业出版社 2016 年版。

28. 新华通讯社、中共青岛市委宣传部：《解码青岛制造》，青岛出版社 2017 年版。

29. 陈晓华：《农业信息化概论》，中国农业出版社 2012 年版。

30. 信息化与工业化深度融合知识干部培训丛书编写委员会：《制造业转型升级知识干部读本》，电子工业出版社 2012 年版。

31. 信息化与工业化深度融合知识干部培训丛书编写委员会：《生产性服务业创新发展知识干部读本》，电子工业出版社 2012 年版。

32. 卢山：《中国信息化与工业化融合发展水平评估蓝皮书（2015 年）》，人民出版社 2016 年版。

33. 卢山：《2015～2016 年中国信息化发展蓝皮书》，人民出版社 2016 年版。

34. 农业部信息中心课题组:《农业信息化研究报告 2016》,中国农业出版社 2017 年版。

35. 孔繁涛、张建华、吴建寨等:《农业全程信息化建设研究》,科学出版社 2015 年版。

36. 姜红波:《电子商务概论》,清华大学出版社 2009 年版。

37. 李冠:《现代企业信息化与管理》,清华大学出版社 2014 年版。

38. 习近平:《决胜全面建成小康社会夺取新时代中国特色社会主义伟大胜利》,人民出版社 2017 年版。

39. 洪毅、杜卫:《中国电子政务发展报告(2012)——十年回顾与展望》,社会科学文献出版社 2013 年版。

40. 周小虎、陈芬:《中国企业信息化管理案例》,经济管理出版社 2014 年版。

41. 李道亮:《农村信息化与数字农业》,中国建筑工业出版社 2010 年版。

42. 王劲松:《新农村建设政策与法规》,宁夏人民出版社 2011 年版。

43. 刘小卉:《物流信息管理》,中国物资出版社 2007 年版。

44. 王喜福、沈喜生:《现代物流信息化技术》,北京交通大学出版社 2014 年版。

45. 唐纳德·J. 鲍尔索克斯、戴维·J. 克劳斯、M. 比克斯比·库珀、约翰·C. 鲍尔索克斯著,马士华、张慧玉等译:《供应链物流管理》,机械工业出版社 2014 年版。

46. 周宏仁:《中国信息化形势分析与预测》,社会科学文献出版社 2010 年版。

47. 曲维枝:《中国特色信息化道路探索》,电子工业出版社 2008 年版。

48. 魏礼群:《中国未来经济转型升级的方向与路径》,载于

《全球化》2016 年第 12 期。

49. 陈运迪：《中国信息化发展历程》，载于《数码世界》2003 年第 2 期。

50. 郭诚忠：《信息化往事之 1：中国信息化的历史回顾》，载于《中国信息界》2004 年第 18 期。

51. 郭诚忠：《信息化往事之 2：中国信息化的历史回顾》，载于《中国信息界》2004 年第 19 期。

52. 刘国光：《党和政府推进中国信息化》，载于《中国信息界》2004 年第 21 期。

53. 高新民：《对国家信息化发展战略及当前主要任务的理解》，载于《中国教育信息化》2014 年第 11 期。

54. 江泽民：《论世界电子信息产业发展的新特点与我国电子信息产业的发展战略问题》，载于《上海交通大学学报》1989 年第 6 期。

55. 江泽民：《论世界电子信息产业发展的新特点与我国的发展战略问题》，载于《中国科技论坛》1991 年第 1 期。

56. 贺劲松：《国家信息化领导小组第一次会议在北京召开》，载于《工程地质计算机应用》2002 年总第 25 期。

57. 赵小凡：《信息资源开发利用是国家信息化的核心任务》，载于《中国信息界》2004 年第 8 期。

58. 冉智林：《招标网站的 C2B 模式》，载于《互联网天地》2009 年第 12 期。

59. 陈圆：《基于消费者需求的 C2B 电子商务模式研究》，载于《科技创业月刊》2013 年第 6 期。

60. 吴勇毅：《C2B 预售——颠覆传统产销模式》，载于《软件工程师》2013 年第 4 期。

61. 朱燕：《C2B 新型电商模式运作效率及对社会福利影响研究》，载于《商业经济研究》2015 年第 28 期。

62. 潘娅媚：《第四方物流运作模式及发展前景分析》，载于

《商业经济研究》2016 年第 12 期。

63. 徒君、黄敏、薄桂华：《第四方物流研究综述》，载于《系统工程》2013 年第 12 期。

64. 罗军舟、金嘉晖、宋爱波、东方：《云计算：体系架构与关键技术》，载于《通信学报》2011 年第 7 期。

65. 蒋永生、彭俊杰、张武：《云计算及云计算实施标准综述与探索》，载于《上海大学学报（自然科学版）》2013 年第 1 期。

66. 何颖：《中国制造业创新指标体系构建思路》，载于《中国工业评论》2015 年第 9 期。

67. 《全国村通工程"十一五"总结暨"十二五"启动大会召开——工业和信息化部副部长奚国华发表重要讲话》，载于《数字通信世界》2011 年第 5 期。

68. 汪向东、张才明：《互联网时代我国农村减贫扶贫新思路——"沙集模式"的启示》，载于《信息化建设》2011 年第 2 期。

69. 汪向东：《四问电商扶贫》，载于《甘肃农业》2015 年第 7 期。

70. 陈晓琴、王钊：《"互联网＋"背景下农村电商扶贫实施路径探讨》，载于《理论学刊》2017 年第 5 期。

71. 解梅娟：《电商扶贫："互联网＋"时代扶贫模式的新探索》，载于《长春市委党校学报》2016 年第 2 期。

72. 郑瑞强、张哲萌、张哲铭：《电商扶贫的作用机理、关键问题与政策走向》，载于《理论学刊》2017 年第 10 期。

73. 李逢春、唐端：《农产品电商为精准扶贫探路》，载于《国家治理》2015 年第 33 期。

74. 汪向东：《当前开展"电商扶贫"条件更加成熟》，载于《甘肃农业》2015 年第 11 期。

75. 王嘉伟：《"十三五"时期特困地区电商扶贫现状与模式

创新研究》，载于《农业网络信息》2016 年第 4 期。

76. 祝君红：《精准扶贫战略下农村电商扶贫的对策研究》，载于《电子商务》2017 年第 6 期。

77. 张岩、王小志：《农村贫困地区实施电商扶贫的模式及对策研究》，载于《农业经济》2016 年第 10 期。

78. 陈旧山：《江西于都："电商＋扶贫"的实践与探索》，载于《中国财政》2016 年第 2 期。

79. 王全春、周铝、龙蔚、陈骥：《我国农村电商扶贫研究述评》，载于《电子商务》2017 年第 3 期。

80. 李盛龙、张翊宝：《贫困地区电商扶贫研究——以贵州铜仁为例》，载于《贵州工程应用技术学院学报》2016 年第 6 期。

81. 史海斌：《浅谈我国电子商务的发展前景》，载于《中国商贸》2010 年第 28 期。

82. 林振强：《电子商务发展与物流系统建设》，载于《物流技术与应用》2012 年第 9 期。

83. 骆毅：《我国发展农产品电子商务的若干思考——基于一组多案例的研究》，载于《中国流通经济》2012 年第 9 期。

84. 叶佳莉：《中国电子商务发展现状及其面临的问题》，载于《商业经济》2010 年第 7 期。

85. 李博群：《我国电子商务发展现状及前景展望研究》，载于《调研世界》2015 年第 1 期。

86. 高坡等：《我国农村电子商务发展前景与建议》，载于《现代农业科技》2016 年第 3 期。

87. 王知音、王明宇：《中国农产品电子商务发展现状与对策研究》，载于《中国商贸》2015 年第 7 期。

88. 施於人：《全程电子商务：新阶段还是新模式》，载于《商场现代化》2007 年第 6 期。

89. 任毅：《浅析我国 B2C 电子商务的现状及发展趋势》，载于《中共成都市委党校学报》2010 年第 4 期。

90. 张雪琳：《浅析我国 B2C 电子商务模式发展现状》，载于《法制博览》2015 年第 22 期。

91. 陶俪蓓：《我国 B2C 电子商务发展现状分析》，载于《中国管理信息化》2015 年第 22 期。

92. 王晓燕、潘开灵、邓旭东：《我国 B2C 电子商务发展现状研究》，载于《经济研究导刊》2011 年第 29 期。

93. 《全国科学技术大会在北京胜利召开》，载于《中国科技产业》1995 年第 6 期。

94. 吕欣：《我国信息网络安全现状和趋势》，载于《中国信息界》2008 年第 10 期。

95. 赵林、李菁菁：《我国信息网络安全的立法现状与完善》，载于《信息网络安全》2003 年第 10 期。

96. 胡鞍钢：《中国特色自主创新道路（1949～2012）》，载于《中国科学院院刊》2014 年第 2 期。

97. 李中民：《我国物联网发展现状及策略》，载于《计算机时代》2011 年第 3 期。

98. 房夏：《中国物联网的现状及其发展因素分析》，载于《电子技术应用》2010 年第 6 期。

99. 孙其博、刘杰、黎羴、范春晓、孙娟娟：《物联网：概念、架构与关键技术研究综述》，载于《北京邮电大学学报》2010 年第 3 期。

100. 欧晓华：《我国物联网发展现状与对策研究》，载于《中国商贸》2013 年第 12 期。

101. 刘锦、顾加强：《我国物联网现状及发展策略》，载于《企业经济》2013 年第 4 期。

102. 阎芳、刘军、杨玺：《物联网环境下我国物流信息化发展策略研究》，载于《商业时代》2011 年第 4 期。

103. 包琳、朱森：《我国互联网的普及现状及其发展对策》，载于《电子制作》2013 年第 5 期。

104. 钟瑛：《我国互联网发展现状及其竞争格局》，载于《新闻与传播研究》2006 年第 4 期。

105. 闵璐：《浅谈我国移动互联网发展现状与趋势》，载于《中国科技信息》2015 年第 1 期。

106. 刘美荣：《我国移动互联网发展趋势研究》，载于《知识经济》2014 年第 10 期。

107. 何新洲：《移动互联网的发展趋势及对我国经济产生的影响》，载于《信息与电脑（理论版）》2015 年第 18 期。

108. 杨晴虹、吕东、程志超：《我国移动互联网发展现状及行业机会分析》，载于《经济界》2012 年第 3 期。

109. 文军、张思峰、李涛柱：《移动互联网技术发展现状及趋势综述》，载于《通信技术》2014 年第 9 期。

110. 李万山：《我国移动互联网发展现状及趋势探究》，载于《无线互联科技》2015 年第 19 期。

111. 陈斐、康松：《加快推进我国农业信息化进程的思考》，载于《农业现代化研究》2006 年第 2 期。

112. 郭雷风、钱学梁、陈桂鹏、王文生：《农业物联网应用现状及未来展望——以农业生产环境监控为例》，载于《农业展望》2015 年第 9 期。

113. 何勇、聂鹏程、刘飞：《农业物联网与传感仪器研究进展》，载于《农业机械学报》2013 年第 10 期。

114. 夏于、孙忠富、杜克明、胡新：《基于物联网的小麦苗情诊断管理系统设计与实现》，载于《农业工程学报》2013 年第 5 期。

115. 陈桂鹏、何俊海、苏小波、严志雁、宋晓、瞿华香、丁建：《基于无线传感器网的茶园环境监测系统设计与实现》，载于《广东农业科学》2014 年第 14 期。

116. 邹承俊：《物联网技术在蔬菜温室大棚生产中的应用》，

载于《物联网技术》2013年第8期。

117. 张建华、赵璞、刘佳佳、朱孟帅：《物联网在奶牛养殖中的应用及展望》，载于《农业展望》2014年第10期。

118. 于聚然：《浅析我国农业信息化现状、问题及对策研究》，载于《农业网络信息》2008年第2期。

119. 万学道、冯仲科：《我国农业和农村信息化发展现状与展望》，载于《中国农业信息科技创新与学科发展大会论文汇编》2007年10月。

120. 许世卫：《我国农业物联网发展现状及对策》，载于《中国科学院院刊》2013年第6期。

121. 吕连生：《农业物联网发展大趋势与安徽省对策研究》，载于《科技创新与生产力》2013年第2期。

122. 吴丹：《关于农业环境监测的作用的分析》，载于《北京农业》2012年第6期。

123. 储成祥、亐慧琴：《打造农业信息服务新模式》，载于《中国电信业》2012年第6期。

124. 李健、王娟、康平、董润坚、王新阳、张亮：《我国农业物联网技术应用现状及发展对策研究》，载于《内燃机与配件》2017年第9期。

125. 毕洪文、李金霞、宋丽娟：《基于文献的我国农业物联网研究发展态势分析》，载于《北方园艺》2015年第24期。

126. 秦怀斌、李道亮、郭理：《农业物联网的发展及关键技术应用进展》，载于《农机化研究》2014年第4期。

127. 杨林：《农业物联网标准体系框架研究》，载于《标准科学》2014年第2期。

128. 周婷婷：《我国农业信息化发展现状研究综述》，载于《广西财经学院学报》2015年第1期。

129. 梅方权：《农业信息化带动农业现代化的战略分析》，载于《中国农村经济》2001年第12期。

130. 于海侠：《论大力推进农业信息化建设的重大意义》，载于《中国农业信息》2013 年第 11 期。

131. 郭少华：《对我国农业信息化发展现状的调查与思考》，载于《农业考古》2011 年第 6 期。

132. 赵丽、邢斌、李文勇、吴晓明、杨信廷：《基于手机二维条码识别的农产品质量安全追溯系统》，载于《农业机械学报》2012 年第 7 期。

133. 王丽萍、张朝华：《基层农业信息供给状况与农户信息需求倾向调查——以广东珠海为例》，载于《特区经济》2012 年第 12 期。

134. 侯倩茹、林阳、郭鹏飞：《我国农业信息化现状及对策研究》，载于《中国农业信息》2011 年第 3 期。

135. 崔文顺：《云计算在农业信息化中的应用及发展前景》，载于《农业工程》2012 年第 1 期。

136. 张新民：《中国农业信息化发展的现状与前景展望》，载于《农业经济》2011 年第 8 期。

137. 丁亮、樊志民：《农村信息化的科学内涵和历史地位》，载于《西安财经学院学报》2015 年第 2 期。

138. 刘本之：《以信息农业推进农业产业化》，载于《中国信息界》2004 年第 11 期。

139. 吴龙婷、隆捷、林媛：《我国农业信息化和农村信息服务体系建设历程》，载于《中国信息界》2004 年第 15 期。

140. 周应萍：《新时期加快推进农业信息化建设的几点思考》，载于《科技管理研究》2011 年第 7 期。

141. 成德宁、汪浩、黄杨《"互联网＋农业"背景下我国农业产业链的改造与升级》，载于《农村经济》2017 年第 5 期。

142. 《吉林省率先实现农业现代化领导小组关于 2016 年率先实现农业现代化工作的实施意见》，载于《吉林农业》2016 年第 10 期。

143. 刘继芳、孔繁涛、吴建寨、周向阳、吴圣：《"互联网+"现代农业发展探讨》，载于《贵州农业科学》2017年第3期。

144. 张兴旺：《从"互联网+"中汲取"三农"工作新动力》，载于《农村工作通讯》2017年第4期。

145. 秦海：《如何认识和贯彻国家信息化发展战略》，载于《中国信息界》2007年第1期。

146. 宋则：《"十三五"期间促进我国现代物流业健康发展的若干要点》，载于《财贸经济》2015年第7期。

147. 孙志伟：《基于信息化的我国现代物流业发展研究》，载于《物流科技》2010年第4期。

148. 马妍、荀烨：《我国物流企业物流信息化的发展和创新》，载于《物流工程与管理》2012年第1期。

149. 陈佳怡、徐菱：《我国物流信息化的现状和发展前景分析》，载于《物流科技》2016年第6期。

150. 朱长征、屈军锁：《我国物流信息化发展现状分析》，载于《西安邮电学院学报》2010年第6期。

151. 刘万强、王博：《我国物流信息化现状与发展研究》，载于《物流科技》2006年第8期。

152. 白晨星：《我国现代物流信息化存在的问题及对策分析》，载于《改革与战略》2010年第6期。

153. 许尔青：《我国物流信息化发展研究》，载于《消费导刊》2009年第21期。

154. 吴澄：《"两化融合"和"深度融合"——我国工业信息化的现状、问题及未来展望》，载于《自动化与信息工程》2011年第3期。

155. 王育菁：《创新与融合：促进我国信息化进程的双重动力》，载于《西安财经学院学报》2015年第5期。

156. 李光勤：《工业化带动信息化还是信息化带动工业化？——基于修正的菲德模型实证分析》，载于《统计与信息论坛》2014 年第 5 期。

157. 师宏睿：《论我国信息化建设发展的新思路》，载于《图书馆学研究》2006 年第 10 期。

158. 汪向东：《我国电子政务的进展、现状及发展趋势》，载于《电子政务》2009 年第 7 期。

159. 宁家骏：《统筹整合，应用为本，扎实推进我国政务信息化建设——〈"十二五"国家政务信息化工程建设规划〉解读》，载于《电子政务》2012 年第 7 期。

160.《推进"互联网＋政务服务"造福民生》，载于《中国建设信息化》2017 年第 7 期。

161. 董立人：《智慧治理："互联网＋"时代政府治理创新研究》，载于《行政管理改革》2016 年第 12 期。

162.《解读〈"十三五"国家政务信息化工程建设规划〉》，载于《信息系统工程》2017 年第 9 期。

163. 李毅中：《我国工业和信息化发展的现状和展望》，载于《电气时代》2010 年第 1 期。

164. 唐静：《我国工业和信息化领域自主创新能力建设的现状和突出问题》，载于《科技信息》2011 年第 15 期。

165. 张成芬、李娟：《我国信息化与工业化融合发展现状和趋势》，载于《西安邮电学院学报》2011 年第 3 期。

166. 郭利：《我国两化融合现状分析》，载于《信息化建设》2012 年第 2 期。

167. 福建省信息协会：《福建省电子政务科学发展报告》，载于《海峡科学》2011 年第 1 期。

168. 杨雅芬：《电子政务知识体系框架研究》，载于《中国图书馆学报》2015 年总第 216 期。

169. 王钲淇：《新形势下我国信息网络安全面临的挑战及对策》，载于《未来与发展》，2016 年第 1 期。

170. 毛华扬、魏然：《全程电子商务发展及架构模型探讨》，载于《中国管理信息化》2008年第17期。

171. 姚聪、孟禹彤：《电子信息产业发展趋势及我国发展状况分析》，载于《黑龙江科技信息》2014年第3期。

172. 李勇、张江、郭斌：《电子信息产业发展趋势及现行发展状况分析》，载于《电子制作》2015年第24期。

173. 胡钧荣：《电子信息产业的发展新趋势与科学发展规律》，载于《电子世界》2012年第11期。

174. 孟塞伦：《电子信息产业发展模式的构建》，载于《电子技术与软件工程》2017年第1期。

175. 左丽容、车明诚：《我国26个省份电子信息产业竞争力评价及对策分析》，载于《商业经济研究》2017年第12期。

176. 秦伟：《赛迪预测2015中国电子信息产业发展趋势》，载于《装备制造》2015年第Z1期。

177. 韩昱：《当前我国电子信息产业安全面临的问题及对策》，载于《天津科技》2015年第12期。

178. 刘胜奇：《关于电子信息产业链竞争力三种模式比较研究》，载于《电子制作》2016年第22期。

179. 张鸿、代玉虎、张权：《区域电子信息产业竞争力评价研究》，载于《统计与信息论坛》2014年第3期。

180. 王舜：《浅析当前我国互联网金融发展现状及其对策》，载于《经营管理者》2016年第3期。

181. 王明国：《我国互联网金融发展的现状与问题》，载于《银行家》2015年第5期。

182. 冯星、韦帅：《我国互联网金融发展现状及问题研究》，载于《商》2016年第18期。

183. 何子珍：《我国互联网金融发展及存在的问题研究》，载于《经营管理者》2015年第8期。

184. 陈力丹、王敏：《中国互联网发展现状研究——解读ITU 2014〈衡量信息社会报告〉》，载于《新闻爱好者》2016年第 1 期。

185. 张建光：《国际电信联盟〈衡量信息社会报告 2014〉解读及建议》，载于《中国信息界》2014 年第 12 期。

186. 石仲泉：《毛泽东与党的八大（上）》，载于《湘潮》2016 年第 9 期。

187. 丁曰卿：《中国云计算的发展，政府走对了方向吗?》，载于《互联网周刊》2012 年第 10 期。

188. 刘海鲲：《浅析"云计算"背景下的计算机网络安全》，载于《民营科技》2016 年第 12 期。

189. 屈超、李晓静：《国内外信息产业分类标准研究——基于辽宁省 ICT 产业的投入产出分析》，载于《大连海事大学学报（社会科学版）》2015 年第 3 期。

190. 中国信息化百人会：《2016 中国信息经济发展报告》，载于《信息化建设》2017 年第 1 期。

191. 汪传雷、管静文、汪涛：《全球信息社会发展的困惑及其应对之道》，载于《电子政务》2011 年第 11 期。

192.《走进信息社会：中国信息社会发展报告 2010》课题组：《走近信息社会：理论与方法》，载于《电子政务》2010 年第 8 期。

193. 厉兵、汪洋：《跨越式迈进信息社会——快速克服"高原反应"》，载于《中国信息界》2010 年第 12 期。

194. 陈家喜：《互联网发展与治理的中国方案——习近平网络治理思想研究》，载于《理论视野》2017 年第 7 期。

195. 习近平：《加快推进网络信息技术自主创新朝着建设网络强国目标不懈努力》，载于《中国信息安全》2016 年第 10 期。

196. 殷延海：《我国第四方物流发展前景探索》，载于《物流管理》2010 年第 10 期。

197. 王文生：《中央 1 号文件的农业农村信息化政策研读》，载于《中国农村科技》2012 年第 7 期。

198. 曾诗淇：《电子商务助力中国农业转型升级》，载于《农村工作通讯》2016 年第 18 期。

199. 贾文艺：《我国 O2O 电子商务模式发展概述——基于现状、问题及对策的分析》，载于《商业经济研究》2016 年第 24 期。

200. 叶秀敏：《农村电子商务典型"沙集模式"十年发展经验总结》，载于《互联网天地》2017 年第 2 期。

201. 叶珊珊：《"众创、众包、众扶、众筹"的概念解析》，载于《陕西发展和改革》2015 年第 6 期。

202. 聂林海：《国家电子商务示范城市创建工作政策解读》，载于《中国科技投资》2012 年第 6 期。

203. 黄浩：《中国电子商务示范基地建设的问题与政策建议》，载于《电子商务》2013 年第 8 期。

204. 赵广华：《发展第四方物流的政府制度设计》，载于《经济社会体制比较》2012 年第 4 期。

205. 赵艳、李夏培：《农产品物流园服务模式创新》，载于《物流技术》2017 年第 8 期。

206. 刘馨蔚：《电商和快递两匹"黑马"并驾齐驱》，载于《中国对外贸易》2017 年第 7 期。

207. 王春晖：《解读〈国家网络空间安全战略〉》，载于《通信世界》2017 年第 3 期。

208. 周甄武、王倩茹：《论习近平的网络安全观》，载于《淮南师范学院学报》2016 年第 6 期。

209. 方滨兴、杜阿宁、张熙、王忠儒：《国家网络空间安全国际战略研究》，载于《中国工程科学》2016 年第 6 期。

210. 郭诚忠：《我国信息化建设任重而道远》，载于《中国电子报》2004 年 12 月 14 日。

211. 《脱贫攻坚的"陇南模式"——央视〈新闻联播〉报道陇南乡村旅游的背后》，载于《陇南日报》2016 年 8 月 16 日。

212. 张茜岚：《苏宁与扶贫办合作电商扶贫》，载于《北京日报》2015 年 9 月 26 日。

213. 周玉林：《贵州铜仁："母亲电商"打造创业扶贫新模式》，载于《中国妇女报》2015 年 12 月 18 日。

214. 刘燕：《伟库领航"全程电子商务"》，载于《科技日报》2010 年 4 月 7 日。

215.《中央网信领导小组成立》，载于《新京报》2014 年 2 月 28 日。

216. 朱竞若、董建勋：《我国为什么必须大力发展循环经济?》，载于《人民日报》2004 年 1 月 12 日。

217. 卢丽娜：《我国农业信息化的主要问题及解决途径》，载于《光明日报》2004 年 7 月 14 日。

218. 路榕、朱梅：《加快农村基础设施建设夯实全面小康社会基石》，载于《贵阳日报》2016 年 1 月 30 日。

219.《新一代人工智能发展规划全面启动》，载于《经济参考报》2017 年 11 月 16 日。

220.《习近平主持中央政治局集体学习强调以 6 个"加快"建网络强国》，载于《人民日报海外版》2016 年 10 月 10 日。

221. 胡锦涛：《坚定不移沿着中国特色社会主义道路前进，为全面建成小康社会而奋斗》，载于《人民日报》2012 年 11 月 9 日。

222. 慧芳、徐恒、刘静：《"十二五"工业和信息化综合实力又上新台阶》，载于《中国电子报》2015 年 12 月 25 日。

223.《中央经济工作会议在北京举行》，载于《人民日报》2014 年 12 月 12 日。

224.《中共中央关于制定国民经济和社会发展第十个五年计划的建议》，载于《人民日报海外版》2000 年 10 月 19 日。

225. 瑞闻：《国际电联发布 2016〈衡量信息社会报告〉》，载于《人民邮电》2016 年 11 月 30 日。

226.《国际电联〈2017 年衡量信息社会报告〉发布》，载于《人民邮电》2017 年 11 月 22 日。

227. 胡锦涛：《高举中国特色社会主义伟大旗帜为夺取全面建设小康社会新胜利而奋斗》，载于《人民日报》2007 年 10 月 25 日。

228. 布轩：《上半年我国互联网业务收入增速稳步提高》，载于《中国电子报》2017 年 8 月 8 日。

229.《我国超算项目再获国际最高奖》，载于《人民日报》2017 年 11 月 18 日。

230. 刘明志、吕兵兵：《临朐县：用物联网种鲜桃》，载于《农民日报》2017 年 8 月 17 日。

231. 张洋：《向着网络强国扬帆远航——推进网络安全和信息化工作综述》，载于《人民日报》2017 年 11 月 27 日。

232.《国民经济和社会发展第十个五年计划纲要》，载于《人民日报》2001 年 3 月 18 日。

233. Hoffmann W. G. *The growth of industrial economics*. Manchester：Manchester University Press，1958.

234. Fritz Machlup. *The Production and Distribution of Knowledge in the United States*. Princeton：Princeton Universitu Press，1962.

235. William J. Martin. The Information Society-Idea or Entity? . *Aslib Proceedings*，Vol. 40，1988，pp. 11 - 12.

236. Bhargava S. C.，Kumar A.，et al. A Stochastic Cellular Automata Model of Innovation Diffusion. *Technological Forecasting and Social Change*，Vol. 44，1992，pp. 87 - 97.

237. Bart van Ark，Robert Inklaar and Robert H. McGuckin. ICT and Productivity in Europe and United States，Where do the Differences Come From? *CESifo Economic Studies*，Vol. 49，March 2003，pp. 295 - 318.

238. Weiser M. The Computer of the 21st Century. *Scientific American*，Vol. 265，No. 3，1991，pp. 66 - 75.

239. Essa I. A. Ubiquitous Sensing for Smart and Aware Environ-

ments. *IEEE Personal Communication*, Vol. 7, No. 5, 2000, pp. 47 –49.

240. Janssen M. , Hoha A. Emerging Shared Service Organizations and the Service-oriented Enterprise-critical Management Issues. *International Journal of Strategic Outsourcing*, Vol. 1, No. 1, 2008, pp. 35 –48.

241. Walker W. T. Emerging Trends in Supply Chain. *International Journal of Production Research*, Vol. 43, No. 6, 2005, pp. 3517 –3528.

242. Kashiha M. , Bahr C. , Haredasht S. A. , et al. The Automatic Monitoring of Pigs Water Use by Cameras. *Computers and Electronics in Agriculture*, Vol. 90, 2013, pp. 164 – 169.

243. Jorge Verissimo Pereira, The New Supply Chain's Frontier: Information Management. *International Journal of Information Management*, Vol. 29, No. 5, 2009, pp. 372 – 379.